西北民族大学中国民族语言文字信息技术教育部重点实验室资助

西北民族大学引进人才科研项目（xbmuyjrcs201604）资助

言语空气动力学技术及应用

吕士良 ◎ 著

科学出版社

北京

内 容 简 介

人类发音过程中，气流贯穿始终，对发音气流的研究能够帮助人们更好地了解发音过程中的气流机制，从而对语音产生的生理过程有更深入的认识。

本书以语音气流气压实验为主，介绍了具体的软硬件、实验方法、参数设置等操作流程及注意事项，并通过普通话语音实验实例对言语空气动力学技术及应用进行了介绍。本书是言语声学和言语生理的交叉研究成果，相关研究方法可为实验语音学相关领域的学者提供参考，研究结果对言语工程、发声生理参数模型的建立和语言教学具有一定的参考价值。

图书在版编目（CIP）数据

言语空气动力学技术及应用/吕士良著.—北京：科学出版社，2021.11
ISBN 978-7-03-070705-5

Ⅰ. 言… Ⅱ. ①吕… Ⅲ. ①语言学－空气动力学 Ⅳ. ①H0

中国版本图书馆 CIP 数据核字（2021）第 245847 号

责任编辑：孙文影 冯雅萌／责任校对：王晓茜
责任印制：徐晓晨／封面设计：润一文化

科学出版社 出版
北京东黄城根北街 16 号
邮政编码：100717
http://www.sciencep.com

北京虎彩文化传播有限公司 印刷
科学出版社发行 各地新华书店经销

*

2021 年 11 月第 一 版 开本：720×1000 B5
2021 年 11 月第一次印刷 印张：15 1/4
字数：282 000

定价：99.00 元
（如有印装质量问题，我社负责调换）

前　言

人在发音过程中，气流由口鼻吸入体内，在完成气体交换之后，再通过肺动力将气体呼出体外。在此过程中，气流在胸膈膜和胸腔的压力之下由肺部呼出，流经气管到达喉头，气流冲击声带迫使声带颤动而出声，产生声源信号。随后，声源信号通过口腔和鼻腔的共鸣作用使声音扩大，并通过各共鸣腔的调节产生出不同的音色，最后就形成了我们所听到的语音。语音的产生离不开发音气流的参与，发音过程中伴随的气流速度、气流量和发音器官内气压的大小都会对语音产生影响。发声过程中，对呼吸的控制显得非常重要。其中，产生声音的强度取决于呼气过程中声门下压力（subgolttal pressure）和声门阻力的大小，声调则与发声过程中声带振动的张力、时长、质量和位置有关。

语言研究过程中，通常采用声学研究方法对其物理特征进行研究，除此之外，还包括对声源信号的研究，如声带的振动模式和声门的开启、闭合情况，对发音过程中舌位的动态轨迹的研究等。发音过程中，声带的振动离不开肺部呼出的气流，对伴随声带振动的气流特征进行研究，可以全面、系统地了解语音发声的整体面貌。因此，学者将研究语音产生过程中气流的模式及其参数特征的学科称为"言语空气动力学"。

参与发音的气流具有一定的黏滞性和密度。按照气流在声道内的类型，可以将气流分为两种模式：层流和湍流。发音过程中，发音会对气流行程加以阻碍和扰动，气流从肺部到声门再到气管的过程中所形成的气压、气流率、气流量和声门阻力，都是语音生理和言语空气动力学研究的主要内容。声带产生振动的一个重要因素就是声门下压力的大小，声门上下的压力差是声带得以振动的条件。发声过程中，声门下压力大于声门上压力（supragolttal pressure），压力冲击促使声带打开，声带每次放开时，气流都会因压力的作用迅速流出。通过气流气压设备采集到的气流和气压信号主要指在发音过程中口中呼出的气流量、气流速度和产生的气压大小。通过对气流和气压信号的研究，可以解释与语音产生有关的语音学现象，解释语音生理参数的差异和特征，如语音送气和不送气的差别、发音过程中声门下压力的大小、元音的气流模式和辅音成阻的情况等。

言语空气动力学研究从 20 世纪 50 年代发展至今，无论是在语言学、医学领域，还是在计算机领域，都有很大进展。在语言学领域，言语空气动力学作为阐释言语发声动力的一门学科，借助气流气压实验设备，通过采集发音过程中的气流和气压等信号，可以解释言语发声机理和语言声学机制。

呼吸系统是言语产生的动力源部分，呼吸除了维持人体的生命之外，对言语产生过程中声带的振动、发音气流的调节均起到了非常重要的作用。发声过程中，通过改变气流的大小、速度的快慢和气压的高低，可以对发声模式进行有效调节。此过程涉及玻意耳定律（Boyle's law）、伯努利效应、流体力学等相关理论。实验语音学作为一门新学科，除了以往对语音的声学分析以外，还有对语言心理和认知领域的研究，生理层面的研究也是其重要组成部分。言语空气动力学研究涉及声学和生理两个部分，对言语产生中的气流、气压信号及相关参数进行分析，结合声学参数对言语产生理论予以补充和完善。

对汉语普通话的理论研究成果较多，包括语言学理论研究、语音声学研究和言语生理研究等方面。因此，本书中的实验主要以普通话为研究对象，借助前人的研究成果，从言语产生的生理基础入手，对言语空气动力学领域的研究进行阐述。

本书前四章主要介绍实验语音学和言语空气动力学研究概况、言语产生的呼吸机制、言语空气动力学研究设备和研究方法。书中实验使用的设备为 PAS6600（phonatory aerodynamic system 6600）气流气压设备，分别从设备硬件的安装、软件设置、信号采集和保存等方面对使用该设备进行言语空气动力学实验的过程进行详细介绍，主要目的是通过对实验设备和实验方法加以介绍，希望研究者能够参考实验案例进行自主实验和分析，能够在言语空气动力学实验中验证以往的研究结论和得出新的结论。

前　言

　　普通话元音与辅音的言语空气动力学参数特征部分，从宏观角度研究汉语普通话在发音时气流和气压参数的变化，以及气流参数之间的相互影响，对普通话元音信号及参数特征进行分析，从而区别不同元音信号及其在参数上的差异；并对普通话辅音信号及参数特征进行系统研究，按照辅音发音方法和发音部位的不同，分别得出各辅音之间的区别。

　　基于言语空气动力学方法的协同发音研究部分，主要是结合协同发音研究成果，从言语空气动力学角度对音节间和音节内协同发音分别进行研究，其中，音节间协同发音部分，对普通话双音节结构中前后音节的影响进行研究，主要以塞音和塞擦音两类爆破辅音（plosive consonants）做声母、以单元音做韵母的音节为研究对象，通过信号和参数分析得出协同影响的情况和过渡时长。音节内协同发音部分，对不同结构的单音节内协同发音进行研究，包括复元音结构的分析，辅音声母、鼻音韵尾对韵母元音气流信号的影响，韵母对辅音声母气流气压信号的影响。

　　言语空气动力学韵律研究部分，从气流信号及参数层面研究汉语普通话言语气流与韵律的关系，主要研究声调、句重音与气流信号的关系以及诗词朗读的气流特征。声调部分主要探讨普通话中四声与气流信号的关系及影响，包括声母后接元音和单元音发音两个部分。重音部分主要以单句模式进行，均为陈述句，研究在句中不同位置强调与非强调时的重音参数差异。诗词朗读部分选取了 15 首近体诗和 21 首词，以呼吸群为单位，对比分析小令和近体诗的气流参数差异，并对呼吸群的气流特征进行分析，研究诗词朗读呼吸边界的发音气流生理特征和声学特征。

　　普通话语音实验及分析示例部分，主要结合完整的实验，选取两个代表性的实验案例，对普通话辅音送气实验和爆发音的嗓音起始时间（voice onset time，VOT）实验进行介绍，结合前面章节的理论知识和实验方法部分，以完整的实验案例介绍实验的技术路线和数据分析。

　　结语部分对主要研究结论进行梳理，总结本书中实验部分的主要结论，并对后期研究工作进行展望。

　　本书主要在笔者博士学位论文的基础上，以实验的具体过程为实例，以汉语普通话为研究对象，对言语空气动力学研究技术及其在具体实验中的应用进行了详细介绍。因实验条件限制，本书所使用的研究设备为美国 KayPENTAX 公司生产的言语发声空气动力系统 [（phonatory aerodynamic system，PAS），又称气流气压计]，该设备的优点为能够提取的参数较多，面罩更换便捷，便于对多人的信号进行采集，可以同时采集语音、气流和气压信号；其缺点为气流信号为平滑后的信号，参数不能批量提取，对发音部位靠后的信号采集困难，信号效果不好，并且口流和鼻流不分开，不便于口鼻流的对比研究。在实验过程中，笔者严格控制信号采集和参数提取过程，从而尽可能保证实验数据的有效性和准确度。

  笔者在撰写过程中参考和借鉴了诸多专家和学者的研究成果与理论著作，在此向各位专家和学者致以诚挚的谢意。现虽已成书，但书中难免存在不足之处，恳请广大读者与专家、学者批评指正。

吕士良

2020 年 9 月

目　　录

前言

第一章　绪论
　　第一节　实验语音学研究概况……………………………………………… 1
　　第二节　言语空气动力学研究概况………………………………………… 5

第二章　言语产生的呼吸机制
　　第一节　呼吸系统与言语呼吸……………………………………………… 13
　　第二节　呼吸对言语产生的作用…………………………………………… 19
　　第三节　元音和辅音的气流模式…………………………………………… 24

第三章　言语空气动力学研究设备
　　第一节　气流气压计………………………………………………………… 27
　　第二节　PAS6600 的安装与使用方法……………………………………… 29
　　第三节　气流气压软件的使用方法………………………………………… 34

第四章 言语空气动力学研究方法

第一节 相关概念与参数 ································· 49
第二节 综合实验流程 ································· 53
第三节 本章小结 ································· 59

第五章 普通话元音与辅音的言语空气动力学参数特征

第一节 实验概况 ································· 63
第二节 普通话元音信号及参数特征 ································· 66
第三节 普通话辅音信号及参数特征 ································· 78
第四节 本章小结 ································· 91

第六章 基于言语空气动力学方法的协同发音研究

第一节 协同发音研究与普通话音节结构 ································· 93
第二节 音节间协同发音 ································· 101
第三节 音节内协同发音 ································· 110
第四节 本章小结 ································· 138

第七章 言语空气动力学韵律研究

第一节 实验概况 ································· 143
第二节 声调与气流信号 ································· 147
第三节 重音与气流信号 ································· 161
第四节 诗词朗读的气流特征 ································· 169
第五节 本章小结 ································· 187

第八章 普通话语音实验及分析示例

第一节 基于气流信号的普通话辅音送气研究 ································· 190
第二节 基于气流信号的普通话爆发音 VOT 分析 ································· 195

第九章 结语

参考文献

附录 1 言语气流气压信号分析软件示例

附录 2 普通话发音例词

第一章
绪　论

语音学是语言学的主要分支学科，主要研究语音的本质和产生机制。随着科学技术的发展和经济水平的提高，越来越多的生理仪器被运用于语言研究当中，言语生理研究已成为语音研究的一个重要方面。言语气流在发音过程中起着重要作用，在实验语音学言语空气动力学研究中，通过采集发音时的气流和气压等信号来探索发音器官的变化，尤其是声带、声腔等不易被观察到的发声器官已成为一种有效的实验手段。言语空气动力学作为一门阐释言语发声动力的学科，对解释言语发声机理和推进语言声学的进一步深化研究具有重要理论价值。

第一节　实验语音学研究概况

一、实验语音学的产生概况

语音学作为语言学的一个重要分支，主要研究人类语音的发声机制，以及语音在传递和接收过程中的特性及其变化规律。语音学按照研究内容的不同，可以分为声学语音学、生理语音学和认知语音学，分别研究语音的物理现象、生理现象和感知现象。语音学涉及的学科领域有很多，主要有语言学、医学、声学、心理学和计算机科学等。语言是人与人之间相互沟通、相互交换思想感情的工具，是人类交流的主要手段。语言以人体的呼吸器官发声为基础，通过各发音器官的相互调节产生语音，最终成为一种重要的交际和思维工具。语言在人类进化的历程中扮演着重要角色，在人类社会的发展中发挥了重要作用。人类和动物的主要区别之一是，人类有语言能力，而动物不具备。具备语言能力作为人类的一大重要特征，主要取决于人类的发音器官。在语言产生之后，经过漫长的发展，用于记录语言的文字系统产生了，为记载语音和研究语言奠定了基础。

语言研究具有悠久的历史，西方语音学研究从印度开始，早在两千多年前就有古希腊和古罗马学者从哲学角度对语言问题展开了辩论。20世纪是语言学迅速发展的时期，语言学家索绪尔（Ferdinand de Saussure）的语言学思想对现代语言学的发展具有重要影响，他将语言看作一种符号系统，成为现代语言学的理论基础。哥本哈根学派受索绪尔语言学思想的影响，L. 叶尔姆斯列夫（Louis Hjelmslev）认为，音系行为所关系到的模式与范畴不受语音的制约，并认为应当将语言从物理层面的声音和心理层面的语义中抽象出来，并排除社会和语言历史演变因素的制约，重在研究语言内部结构。布拉格学派在接受索绪尔理论的同时，将语言的结构和功能相结合，提出语言是多动能的结构体系。布拉格学派从功能的观点出发，认为语言是为一定目的服务的表达手段，根据表达对象的不同，语言的功能可分为交际功能和诗歌功能。布拉格学派建立的音位学说，为语音学研究奠定了良好的研究基础。音位体系被定义为可以用来区别词汇意义和语法意义的音位对立的综合。后来，结构主义学派强调研究语言的结构与系统，并在语法和语音结合的基础上建立了语素音位，语素音位是指由出现在语素变体的音位所组成的语音单位。20世纪50年代，美国语言学家诺姆·乔姆斯基（Noam Chomsky）运用转换生成理论研究语言，以语法研究为目的，并对生成音系学进行研究。以乔姆斯基为代表的转换生成学派，强调对人类的语言能力进行解释，其研究影响了包括语言学在内的多个学科领域，如计算机、人工智能、心理学、生物学和神经科学等学科领域。

随着语音学近年来的迅速发展，该学科与其他相关学科的联系更为深入，研究手段和研究方法也更为广泛和多样。在语音学研究过程中，越来越多的研究者借助计算机、医学、心理学和其他相关领域的仪器设备来研究语音产生的过程、语音发声的生理特征、语音的声学特性和人脑对语音的感知，由此逐渐形成了实验语音学这门综合性的边缘学科。实验语音学借助实验仪器分析语音的物理现象和言语产生的发音生理,从语音的本质解释语言学中的各种问题,从而丰富了语言学的学科内容、促进了语言学相关领域的学科发展。实验仪器在语音研究中的应用,在前人研究语音的基础上有了很大提升,"前人操术弗精,工具不备,或蔽于成见,或囿于方音,每致考古功多,审音功浅。自近代语音学兴,而后分析音素,可用音标以济汉字之穷;解决积疑,可资实验以补听官之缺;举凡声韵现象,皆可据生理物理讲明。从兹致力,庶几实事求是,信而有征矣"(钱玄同等,2009)。随着计算机科学的发展,实验语音学的研究手段和方法不断丰富,从而促使声学语音学从定性的主观描写向定量的客观分析转变。实验语音学研究领域大致可划分为三个方面,分别是声学语音学、生理语音学和感知语音学。其中,声学语音学研究声音在空气中传播的物理特性,对提取的声学参数进行分析量化;生理语音学研究言语产生的生理机制,从言语呼吸气流的产生、声带的振动、发音器官的肌肉活动情况和声腔对语音的调节等方面研究语音;感知语音学研究语音经过空气传播并进入人耳之后,通过听觉神经系统被感知的整个过程。实验语音学在发展过程中,早期主要借助一些物理仪器对语音的物理属性进行研究,如用圆筒模拟共鸣腔来产生元音。还有一些语言学家按照研究需要自己设计语音研究仪器,最为典型的就是刘复在法国学习时期研制的声调推算尺,用于当时对语音音高的研究。后来在语音生理研究方面,研究者利用医学设备对语音产生的生理特征进行研究,如用X射线技术研究舌位运动和口腔空间大小变化的情况等。随着计算机的普及和信息技术的发展,为满足语音工程学科的需要,实验语音学的研究转向物理声学领域,从而保证了语音识别的准确率和语音合成的自然度。声学语音学利用计算机,通过实验设计采集语音信号,语图仪和动态声谱仪将可听到的声音变为可以观察到的语图,为分析语音提供了很大的便利。同时,生理语音学方面也有了很大的进展,研究者可通过声门摄影、声门信号采集等方法对声带振动情况进行研究。磁共振技术和脑电系统的出现为语音研究又提供了一系列新方法,从而丰富了感知语音学和神经科学研究。近年来,很多可用于语音研究的医学设备开始出现,还有一批医学设备专门被用于语音研究设备的研发,给实验语音学的研究提供了更多的新方法。尤其在语音生理研究方面,电子声门仪(electroglottograph,EGG)、声门高速摄影、磁共振可用于研究语音产生时的声带振动和发音器官的运动情况;气流气压计、呼吸带传感器和鼻流计可用于研究在发音过程中的气流、呼吸以及口鼻流的变化情况;动态电子腭位仪器(electropalatography,EPG)、电磁发音仪(electromagnetic articulograph,EMA)、B超检测仪可用于研究在发音过程中共鸣腔的调节和舌腭接触情况;脑电记录仪、事件相关电位（event-related potentials，ERP）技术、眼动仪、肌电采集系统和功能磁共振系统可用于研究语音产生过程中的神经机制、大脑对语音的理解、大脑对语义的加工等方面。因此，从语音学发展来看，实验语音学作为一门交叉学科，不仅给语音学研究带来了新的方法和手段，还极大地促进了相关学科领域的整体发展。

二、汉语实验语音学研究概况

中国先秦时期的"小学"是早期关于语言文字的学问，从文字、音韵和训诂学三个领域研究语言。春秋战国时期的名辩思潮开始从语言的本质出发对语言进行研究，主要探讨了语言的功能，以及词义与客观事物之间的关系。汉语语音研究最早可以追溯到音韵学研究，音韵学作为"小学"学习内容之一，与现代意义上的语音学不同，汉语音韵学是研究汉语历史语音的一门传统学科，而语音学则是一门研究各种语言的语音及其各个方面的现代科学。最早的汉语现代语音研究起始于1924年，刘复先生在北京大学国文系建立"语音乐律实验室"，标志着中国的现代语音学进入了系统、科学的研究阶段。其中具有代表性的著作为刘复的《四声实验录》，它是中国最早使用语音实验仪器来研究汉语方言声调的著作，其中包括12个地方的方言。后来，罗常培、周殿福和吴宗济先生使用语音实验仪器来研究语音，先后出版了《临川音系》《普通话发音图谱》等著作。1978年，中国社会科学院语言研究所在语音实验小组的基础上成立了语音研究室，北京大学中文系由林焘先生主持恢复建立了语音实验室。1979年夏，美国华裔语言学家王士元先生应邀在北京大学讲授实验语音学课程。20世纪90年代，北京大学中文系语音实验室举办了第一届"现代语音学研讨会"，成为我国历史上第一次全国性的语音学大会，对我国语音学的发展起到了积极的推动作用。20世纪70年代到21世纪初，相关学者出版了很多语音学著作，对普通话生理和声学进行了大量的研究，如《汉语普通话单音节语图册》《实验语音学概要》等著作，标志着我国的实验语音学已有所发展并逐渐走向成熟。近年来，我国的语音学已经发展到一个比较繁荣的时期，研究领域广，研究方法新，涵盖了声学语音学、生理语音学、语音工程、语音韵律、认知语言、心理语音、司法语音、语音教学、方言语音和民族语音研究等领域。

在汉语语言学的发展过程中，为了探求语音的本质，诞生了实验语音学。在汉语语言学学科之中，实验语音学同样是一个重要分支，与传统语音学的口耳相传不同，其试图利用实验手段，研究人类语言从说到听的整个过程。在研究过程中，研究者提出了很多前所未知的语音现象，进而对传统语音学的理论和解释予以证实和修正。汉语实验语音学的研究范围一般有三个方面：研究人的语音产生机制，包括声带的振动、呼吸的过程、肌肉的活动和声腔在发音时的变化情况，属于生理语音学；研究语音的发出、语音在空气中传播的物理特性，属于声学语音学；研究语音被人感知、人对语言进行理解和加工，属于感知语音学。在实验语音学的发展过程中，早期的语言学家借助医疗器械，如喉镜、X 射线和假腭等来分析人发音的动作，以及使用浪纹计、录音机来研究语音的声学特性，后来应用了更多的实验仪器，如腭位照相、语图仪和 X 射线等，来研究言语产生的生理机制和声带的声学特性。随着近年来科学技术的发展，大批专门用于语音研究的设备出现了，而且借助了医学研究的高端设备，给实验语音学的发展带来了强大的动力。在研究言语产生的生理机制方面，常使用的语音设备有电子声门仪和声门高速摄影，这两种设备用于研究人在发声时的声带振动情况；PAS，用于研究发声时呼吸过程中气流和气压的变化情况；动态电子腭位仪，用来研究发音过程中的舌腭接触情况；电磁发音仪，用于研究发音器官的运动情况；等等。为研究人类语言的认知和神经机制，研究者常使用事件相关电位技术、眼动仪、肌电仪（electromyogram，EMG）和生物电放大器等设备，使实验语音学的研究从生理和声学的层面扩展到言语认知研究的层面。作为一门交叉学科，实验语音学具有重要的理论价值和应用价值，其研究对语音教学、语音合成、语音识别、声纹司法鉴定和言语病理学等学科有着重要的影响。

第二节　言语空气动力学研究概况

一、言语空气动力学的概念

与其他动物相比，人类能够产生用于交际的语言。这种能够用于交际的语言不再是简单的吼叫声，而是由呼吸系统和各发音器官相互配合产生的。语言中的任何一个音的产生都是一个复杂的生理过程，都是通过各发音器官的协调作用产生的。语音产生过程中，气流发挥了重要的作用。声带的振动离不开肺部呼出气流的参与，气流对声带的冲击作用也是声带振动的重要因素之一。由于人类发音器官具有局限性，人类必须通过不同的发音方法对发音过程中的气流进行调节和控制，才能够产生其所能听到的不同音色的声音。

通常情况下，除了对声学本身的物理特性进行研究之外，对语音的研究主要是对声源的研究，如对声带振动模式和声门开合情况的研究等，往往忽略了对伴随声音的气流的研究。因此，为了全面研究语音的特征，除了对声音本身的研究和声源的研究之外，还应该对伴随语音产生时的气流特征进行研究。研究语音产生过程中气流的模式及其参数特征的学科被称为"言语空气动力学"。

空气动力学属于力学的分支学科，主要是研究物体在与空气相对运动时的受力情况、气流的流动规律和与之相伴随的物理、化学变化过程，目前主要被应用于航空工业和航天技术等领域。对空气动力学的研究最早出现在17世纪中后期，如荷兰物理学家克里斯蒂安·惠更斯（Christiaan Huygens）计算出物体在空气运动中的阻力。空气动力学主要研究真实流体，考虑到了流体的黏滞性和可压缩性。使用数值计算和流体力学的计算方法模拟流场为目前空气动力学实验的主要方法。言语空气动力学概念的提出大致是在20世纪中叶，1967年，彼得·赖福吉（Peter Ladefoged）结合与发声有关的空气动力学因素，对发声时的声门下压力对音高和音强的影响进行了专门研究。1977年，卡特福特（John C. Catford）对发声时声道内的压力和气流速度以及气流类型进行了论述。

二、国外研究概况

言语空气动力学研究起始于20世纪50年代，除了对发音障碍和言语疾病的研究之外，有很多语言学家开始关注发音过程中的空气动力学的研究，具有代表性的如早期研究者对发音时的呼吸肌变化情况进行了研究，得出了发音时和平静呼吸时肺容量的变化情况，以及声门下压力和肺容积的关系等（Draper et al., 1959）。随着更多的实验设备被应用于语言研究，早期的研究通过介入、穿刺的方法对声门下压力进行了测量，例如，Isshiki（1964）使用气管穿刺的方法测量到了发音过程中的声门下压力。还有研究者通过建立实验模型对连续语音中的口腔和鼻腔的气流和气压进行测量（Warren, DuBois, 1964）。通过对发音过程中的气流进行研究，研究者认为，发音时的气流和气压与喉部发音器官的运动有关，言语产生过程中，不同辅音气流的上升和下降速度不同（Klatt et al., 1968）。在对擦音和塞音进行的研究中，研究者结合声学分析对发音过程中的气流进行研究（Stevens, 1971）。后来，研究者研制了用于语言研究的气流气压计，使言语空气动力学的研究方法更为便捷（Rothenberg, 1977）。Rothenberg的气流气压计具有毫秒级的分辨率，通过微型压力传感器来测量口内压力，气流面罩的压力差传感器和金属筛网可用于检测气流速度的变化，同时可以检测由喉部高速呼出的气流。Rothenberg的采集方法为非介入性，不会对发音人造成身体伤害，并通过在声门下食管内放置气囊来推算声门下的压力值。Rothenberg在研究中对气流的体积、速度进行分析，从而测量发声时的气流波动，将口腔内呼出的气流及声音信号转化为声门波形，结合口腔内的压力数据来推算声门压力。在语音辅助假体的应用研究中,语言辅助假体的主要功能是防止口腔在发音过程中受排出物和鼻塞的影响,并保证在鼻腔辅音发音过程中有足够的鼻腔气流来实现腭咽闭合功能。在研究过程中,空气动力学测量可为语音辅助假体提供参数来评估腭咽功能信息,以此来指导语言辅助假体的制造和修改(Reisberg,Smith,1985)。

后来,研究者通过对发音气流信号的研究,建立了言语空气动力学的数学模型(Ohala,1974a)。在对语音学的基本问题的研究中,研究者对发音时的气流速度和气流压力的计算进行了详细阐述,并区分了不同语音的气流类型(Catford,1977)。在近年来的研究中,最具有代表性的是相关著作的出版,如在著作《语音数据分析》(*Phonetic Data Analysis*)中,有关于空气动力学数据测量的章节(Ladefoged,2003);后来出版的《语言科学手册》(*The Handbook of Phonetic Sciences*)中,有专门关于言语空气动力学研究的部分,并对言语空气动力学参数、不同语音的参数差别,以及言语空气动力学模型进行了详细描述(Hardcastle,Laver,1997)。

三、国内研究概况

国内的言语空气动力学研究起步较晚,最早在20世纪80年代由瑞典皇家理工学院的方特(Carl G. M. Fant)介绍引进,该理论使得国内的语音学研究领域得到了拓展。早期的研究成果主要是对汉语普通话语音气流和气压参数的区别研究,如吴宗济(1987)的汉语普通话辅音不送气/送气区别的实验研究属于中国最早期的气流气压实验研究之一。[①]该研究中使用了 Pitran R-pressure transistor、model PT-L2 气压计和 Fleisch Pneumotachograph 1-7319 气流计,气压计可以测量声门上气压,气流计可测得每秒通过的气流量,从而可计算出气流速度,单位是ml/s。后来的研究中,有诸多采用言语空气动力学方法来解释汉语方言中的语言现象,如对北京儿化韵的实验分析,该研究主要观察口流和鼻流的变化,进而解释儿化之后的一些变化,发现鼻音韵尾的儿化韵,鼻流非常弱,可以忽略不计(Lee,2001)。也有研究者使用 PCquirer 气流气压计对广东省吴川市吴阳方言和海南文昌方言的内爆音和浊爆音做了比较,观察口流和口压的变化,分析内爆音和浊爆音的区别特征,发现内爆音的口压值应该为负,而吴阳方言的内爆音的口压值却时负时正。这是因为吴阳方言中的内爆音没有和浊爆音对立,二者不必区分(朱晓农,寸熙,2006)。还有研究者研究了方言语音的演变过程,如在《湘

---

① 原文为1987年8月吴宗济在第11届国际语音科学会议上宣读的论文,引自:吴宗济,2004.汉语普通话辅音不送气/送气区别的实验研究//吴宗济语言学论文集.北京:商务印书馆,31-65.

乡方言[n]和[l]的气流与声学分析》一文中，结合气流分析的结果可以看出，湘乡方言中的[l]是被鼻化了的[l]和[ln]，湘乡方言中有一个[l]和[n]趋于合并的历史发展方向（曾婷，2006）。研究者将言语空气动力学技术应用于关于香港话韵律的实验分析中，目的是揭示香港话的基频和口流之间的相关性并找出基本呼吸单位（Cheung，2004）。牛海军等（2007）对普通话送气与不送气塞音的空气动力学和声学特征进行了分析，得出不送气塞音的口腔气流小于送气塞音的口腔气流，口内压力的差异不明显，峰值气流率与口内压和后接元音密切相关。吕士良（2012）从气流、气压信号的角度对汉语普通话的塞音和塞擦音进行了分析，依据辅音发音方法的不同，研究了发音方法相同但发音部位不同的辅音在发声时产生的气压大小与所需气流量之间的关系，以及送气音与不送气音在气流和气压参数方面的差别、发声时气流和气压值的大小对辅音的影响等。

　　国内将言语空气动力学应用于医学领域的成果较多，主要是关于言语疾病治疗效果的评估、无创伤性空气动力学检查和唇腭裂修复术后的语音评价。代表性的研究如在检查喉发声功能的研究中，研究者对发声器官的声带振动、发声声学、发声的喉肌电位，以及发声的空气动力学检测方法的临床应用及其评价予以介绍（杨式麟，1999）。也有研究者应用气流气压计对唇腭裂患者、腭咽闭合功能不全患者的口腔、鼻腔气压，以及鼻腔气流速度和腭咽腔闭合时的最小面积进行了统计分析（王国民，蒋莉萍，2000）。还有研究者通过观察肺功能异常患者的嗓音空气动力学变化特征，研究了通气功能障碍对嗓音空气动力学的影响，探讨了呼吸功能与发声功能之间的关系（陈曦等，2006）。在后来的研究中，魏春生（2009）对喉科学中有关空气动力学检查的检测内容、检查方法及应用范围等方面的进展进行了综述。关于声带息肉与声带小结患者发声空气动力学的研究中，米悦等（2010）探讨了声带息肉、声带小结患者发声时空气动力学指标的变化。张碧茹等（2010）对肌紧张性发声障碍（muscular tension dysphonia，MTD）患者的发声空气动力学特点进行了分析，采用言语发声空气动力学测试系统分别测量了21例肌紧张性发声障碍患者及 20 例正常成人在舒适发声时的声门下压力、声门阻力、平均气流率及最长声时长，并进行了统计学分析，得出了空气动力学分析能有效评估肌紧张性发声障碍患者的发声功能，可用于该疾病的诊断和疗效观察的结论。陈东帆等（2012）对人体声带的空气动力学进行了建模研究，通过对由一个按四倍比例放大的三维喉物理模型所产生的气流压力场进行分析得到了相关的实验数据。其建模研究结果表明，声门和声门入口半径在很大程度上改变了作用于声带表面的压力和声门处的流场分布，进而对发声产生影响。

　　嗓音疾病检查和嗓音评估中，空气动力学检查是重要的方法之一。通过对发声过程中空气动力学参数的测定，研究者可以发现声带在发声过程中的振动情况。其中，在嗓音疾病的空气动力学研究中，傅德慧（2012）使用了 PAS6600 气流气压设备，研究了在舒适发声与响亮发声状态下，声带病变对发声中通过声门的气流的影响。该研究提取的主要参数包括临床常见嗓音疾病患者的声门下压力、平均气流率、声门阻力和发声效率，比较了不同嗓音疾病空气动力学的差异。在研究过程中，通过对空气动力学参数进行分析可以得出声带小结、声带息肉、声带白斑等常见临床嗓音疾病中的特征性改变和差异，以此来揭示这些疾病对声带振动和通过声门的气流产生的影响。以参数和实际实验数据间接了解声带病理振动状态和疾病情况，为这些疾病的预防和治疗评估提供了空气动力学依据，最终明确了空气动力学检查在嗓音评估和疗效评价方面的临床价值。

应用声学的研究方法和空气动力学检测技术对发声功能进行评估，目前已成为一种有效的检测手段。在从声学和空气力学角度对肺功能异常患者的发声功能进行的研究中，陈曦等（2006）通过观察肺功能异常患者的嗓音声学及空气动力学变化特征，研究了通气功能障碍对嗓音声学及空气动力学的影响，以此探讨呼吸功能与发声功能之间的关系。该研究使用了日本光电生产的型号为 PS-77 的四导呼吸速度描记器，该设备可将发声时的呼气气流经转换器变为电信号，可显示平均气流率的具体参数值。陈曦等在研究中得出，肺功能异常患者和健康成人在真声最低音时的声学参数和空气动力学参数存在显著差异（$p<0.05$ 或 $p<0.01$）；在舒适发音时，除肺功能异常患者的最长发声时间与健康成人相比明显缩短，且有显著性差异（$p<0.05$）外，其他参数与健康成人相比虽然都有不同程度的改变，但均无显著性差异；在真声最高音时，肺功能异常患者的发声时间和声强与健康成人相比明显缩短，且存在显著性差异（$p<0.05$），在其他参数上均无显著性差异。肺功能异常在三种音调发音时对嗓音声学和空气动力学参数均产生一定影响；发声时间和声强两类参数变化与肺功能严重程度呈正相关。结果表明，呼吸功能与发声功能之间存在一定关系，呼吸活动在发声过程中起重要作用。因此，声学及空气动力学参数有可能作为间接指标用于肺功能异常的诊断、疗效评价及预后判断。呼吸功能亦可在一定程度上反映发声功能情况，也可以作为评定发音能力及声带功能的客观指标。

早期的鼻腔气流研究大都是使用鼻腔模型，通过利用烟雾和染料使鼻腔内的气流可视化。后来的研究利用流体力学仿真软件，对给定边界条件的流场中气体或液体等的流动进行预测、分析和计算。在国内临床医学领域的鼻腔空气动力学研究中，宋洁等（2012）对呼吸模型中的鼻腔气流进行了数值模拟研究，主要使用 Fluent13 软件模拟正常人的鼻腔和鼻窦结构，以鼻阻力仪测定平静呼吸时流量随时间变化的曲线作为入口边界条件，根据方程计算正常鼻腔在非稳态呼吸状态下的气流速度、压力、分布、迹线和鼻窦气流交换等参数，并将在稳态呼吸及正弦曲线模拟的周期性呼吸状态下计算所得的气场参数进行了比较。采用类似研究方法，狄梦阳（2012）对空鼻综合征下鼻甲型和中鼻甲型的鼻腔空气动力学特征及变化进行了研究，得出了空鼻综合征鼻腔空气动力学参数的变化趋势。

胡明在对低阻力型 Groningen 发音假体的空气动力学研究中，使用荷兰格罗宁根大学定制的便携式空气动力学测量仪，对全喉切除术后患者安装发音假体后的发音空气动力学特征进行研究。全喉切除术作为喉癌治疗的外科手术方法，对于延长患者的生命有积极作用，但是术后患者因缺失了声带等发音器官，从而失去了发音功能。为了恢复患者的发音功能，喉外科医生一直在寻找和研究全喉切除术患者的发音重构，包括食管发音、人工喉、电子喉等。发音假体是采用外科手术重建气管和食管通道的一种发音气管重造方法，主要通过应用外科手术方法，在气管和食管间制造一个屡口，插入一个硅胶发音管。经过长期临床实践，该方法已得到医患双方的广泛接受，是目前最为成功的发音重建方法，具有方法简便、发音恢复早、效果好、音量大、发声清晰和发声时间长的特点。因此，将发音假体应用在全喉切除术后患者体内后，通过发音空气动力学设备研究和观测发音假体在使用过程中的变化情况，可为临床应用提供更好的理论依据，从而进一步指导临床更有效地应用发音假体以实现喉癌术后患者语言功能的重建。研究发现：①全喉切除术后，患者在应用发音假体进行气管食管发音时，其发音强度与气管内压力无明显相关，与假声门上气流率也无明显相关，气管内的压力与假声门上气流率呈正相关。也就是说，气管食管发音，发音强度既不随气管内压力的增加而增大，也不随假声门上气流率的增加而增大，气管内压力增加可以引起假声门上气流率的增加。②应用便携式空气动力学测试仪，可以测量各种发音假体在患者体内应用时的空气动力学特性，可以协助外科医师了解患者使用发音假体后的情况，帮助其发现发音中存在的问题，用各种空气动力学指标评定患者使用后发音的进步情况，并且也可以根据空气动力学参数的变化来评定发音假体何时应该更换。该测量仪器的使用具有测试过程简便、无创性、可重复性、无痛苦、病人可接受的特点（胡明，2007）。

空气动力学研究还可被应用于我国少数民族语的研究中，如在对维吾尔语内爆音的研究中，王文敏和陈忠敏使用 PCquirer 气流气压计测量发音时的气流气压信号，得出维吾尔语中有内爆音。词首浊塞音有三种自由变体，即内爆音、一般浊塞音、清不送气塞音，其中一般浊塞音的比重极少。元音间的浊塞音有两种变体，即内爆音和一般浊塞，其中内爆音的比重极少。词首内爆音的口压等于或大于大气压，负口压不是判断内爆音的必要条件，维吾尔语中的内爆音早就存在，目前正处于自由变体阶段（王文敏，陈忠敏，2012）。在对蒙古语标准语的研究中，胡阿旭（2011）对标准蒙古语松紧元音的言语空气动力学特征进行了描述，找出了元音的松紧性变化和舌位的移动对气流率、声门阻力、发声效率等六项空气动力学参数的影响，并从元音松紧和舌根位置关系方面验证了标准蒙古语的松紧和舌根位置变化有相互附带的关系。在对蒙古语标准语的辅音气流气压信号进行的研究中，根据气流值，可以把蒙古语辅音分成强辅音和弱辅音两个层级；根据气压值，也可以把蒙古语辅音分成大气压辅音和小气压辅音两个层级。呼和和周学文（2013）认为，蒙古语辅音气流和气压之间接近强相关，但从辅音清浊的视角看，清辅音的气流和气压有一定相关，浊辅音的气流和气压几乎不相关。词（或音节）中的位置对辅音本身的气流、气压值的影响不太显著，不影响蒙古语辅音气流、气压值的总体分布格局。在从语音空气动力学的角度对保安语的研究中，苏敏（2017）主要是对保安语中的元音音位与辅音音位进行了研究，通过提取气流呼出时长、最大呼出气流率、平均呼出气流率（mean expiratory，MEAF）、呼出气流总量、声门阻力、发声效率等生理参数，得出保安语元音在发音过程中的生理特征，声压级、平均呼出气流率和基频值与发音过程中舌位的高低、前后有关，短元音在发音过程中有明显的舌位央化现象；在保安语辅音方面，不送气塞音与塞擦音中有浊音逐渐演变为清音的趋势；在浊音清化次序方面，不送气浊塞擦音的清化程度大于不送气浊塞音的清化程度。

此外，国内计算机及软件工程领域还有对言语产生过程中口腔和鼻腔气流压力检测设备的设计研究。在研究关于语音生成中口腔和鼻腔气流流速的检测设备的设计与实验中，天津大学学者通过选择更小语音失真的纤维面罩，设计硬件电路、低通滤波电路、信号放大电路，可以采集语音和气流信号，并且可以进行信号观察和数据分析。在设备设计完成后，他们又进行了汉语爆破音的数据采集和分析工作，并对电路的特性进行了验证，计算得出了爆破音的气压差和气流速度。该设备使用合成纤维制作面罩，通过面罩采集的语音几乎没有失真，采集的语音信号保真度较好，并且在设计过程中考虑到气流阻力和佩戴舒适度等因素，采用了贝壳型的口罩设计，其气流阻力在保证气流速度得以测量的同时，不会影响正常语音的发音（白金刚，2013）。

第二章
言语产生的呼吸机制

由于人的发音器官具有一定的局限性，人必须通过各种方法对气流加以调节和控制才能产生其他人所能听到的各种不同的声音。呼吸系统、发音系统和构音系统的协调运动产生了语音，气流在语音产生过程中起着至关重要的作用，语音的产生离不开肺部气流的参与。在言语产生过程中，气流从肺部呼出，到达声门时使声带产生振动，产生声门脉冲信号。声门信号经过声道的共鸣作用，产生语音复合波，最终由口腔和鼻腔辐射出能被人耳感知的语音信号。本章主要介绍言语产生的呼吸机制，包括正常呼吸与言语呼吸的异同、呼吸对言语产生的作用，以及元音和辅音的气流模式。

第一节 呼吸系统与言语呼吸

一、呼吸系统

呼吸是机体与外界环境进行气体交换的过程，没有呼吸则意味着生命的终止，没有呼吸更不会产生人类用于交际的语言。

人体的整个呼吸系统是由气流的通道（呼吸道）和气体交换的场所（肺）组成的，呼吸道由鼻、咽、喉、气管、支气管和肺内的支气管等器官组成。其中，鼻腔、口腔、喉腔称为上呼吸道，气管、支气管和肺内的支气管称为下呼吸道（图2-1）。

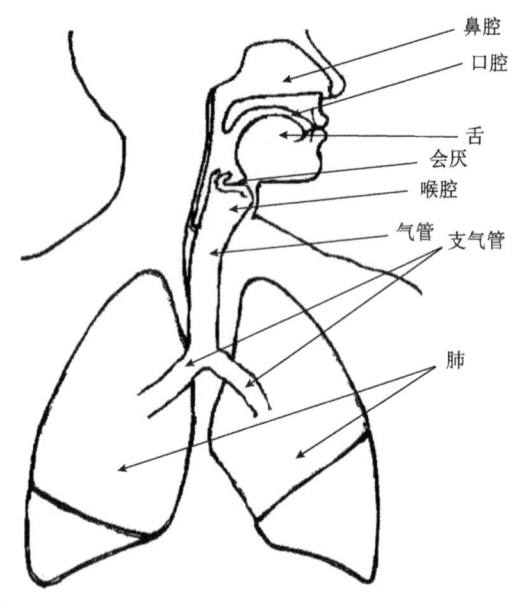

图2-1 呼吸系统模式示意图

呼吸系统提供了语言产生所需的气流，任何一个语音的产生都是一个复杂的生理过程。人体在新陈代谢的过程中，需要通过呼吸来吸收外界的氧气，再由循环系统将氧气输送至全身的组织和细胞，同时再将人体所产生的二氧化碳通过呼吸系统排出体外。

肺是最主要的呼吸器官，位于人体的胸腔内部，是呼吸过程中进行气体交换的主要场所。肺主要由支气管和气管末肺泡组织构成，气管是气流的通道，肺泡是人体与外界进行气体交换的主要场所。肺泡在肺内数量很多，外部缠绕着丰富的毛细血管和弹性纤维。肺内的气体交换主要通过肺泡和周围的毛细血管完成，毛细血管壁和肺泡壁很薄，有利于气体交换的完成。

除肺以外，呼吸道由气管、支气管、口腔、鼻腔和喉腔组成。以喉部为界限，喉部以下为下呼吸道，以上为上呼吸道。在发音过程中，肺部提供气流动力，气流经过支气管和气管冲击声带，使声带产生振动，声门波产生。声门波经过上呼吸道的口腔、鼻腔和喉腔的共鸣调节，产生不同的音色。

鼻是气流进入肺部的主要门户,是人体的嗅觉器官,其中鼻窦对吸入的空气有升温和湿润的作用,也是发音共鸣的主要腔体之一。鼻腔内部有着湿润的环境,表面的鼻黏膜可以分泌黏液,对吸入的空气有着清洁和湿润作用。

喉腔是发音器官的重要组成部分,又是上呼吸道的主要组成部分。喉腔上接咽部,下方与气管相连。喉由支撑部分的软骨和连接软骨的韧带与肌肉共同构成,声带位于喉腔的中间部位,由声带肌、声带韧带和声带黏膜三部分构成。声带是人类发声的主要结构,左右对称,其固有膜是由致密结缔组织构成的,在皱襞的边缘是强韧的弹性纤维与横纹肌,声带及杓状软骨底间的矢状裂隙称为声门裂。

膈肌位于胸腔的底部、腹腔的顶部,是一组能够自主收缩的呼吸肌群,分隔了人体的胸腹部器官。其中胸腔中有肺、心脏等器官,肺部占据了绝大多数空间;腹部为内脏组织,主要有肠、胃等消化系统和泌尿系统的组成器官。从器官组成来看,胸腔因肺通气的过程,可以收缩自如,而腹腔组织很难进行收缩运动。

呼吸肌群除了膈肌之外,还包括肋间外肌、肋间内肌、斜角肌、胸锁乳突肌等呼吸肌。其中协助气体进入肺部的是吸气肌群,主要由膈肌、斜角肌、胸锁乳突肌和肋间外肌构成;负责气流由肺部排出的是呼气肌群,主要由肋间内肌和腹肌组成。所有的呼吸肌群都由神经中枢支配,在生理呼吸和言语呼吸的过程中,呼吸肌群呈现出不同的运动方式。在言语产生过程中,除了需要进行生理所需的气体交换以外,还需要为言语的产生提供充足的气流量,因而呼吸量较大。言语呼吸肌群主动参与呼吸运动时,呼吸肌群为言语发声提供了声带振动的动力和有助于调节发声的呼出气流速率。

二、呼吸运动

言语产生过程中,呼吸发挥了重要的作用。在呼吸过程中,首先要通过骨骼和肌肉组织使胸腔扩大,增大肺部的容积。与此同时,肺内部形成了负压和部分真空,为了保持肺内外的压力均衡,在外界大气压强大于肺内压强的作用下,空气迅速流入肺部,从而完成吸气过程。当胸腔和肺部收缩时,胸腔和肺部内的容积减小,肺内压力增大,气流由肺部呼出,达到内外压力平衡,从而完成呼气过程。

呼吸在生物学上的定义为人体细胞与外界进行气体交换的过程,包括四个过程:外界与肺泡的气体交换;肺泡与血液的气体交换;气体在血液中的运输;血液与组织细胞的气体交换。

其中,第一个和第二个过程称为外呼吸,第四个过程称为内呼吸。呼吸作为人维持机体新陈代谢和其他功能所必需的基本生理过程,人体通过呼吸从外界大气中获取所需的氧气，同时排出人体产生的二氧化碳。在人体与外界通过呼吸系统进行气体交换的过程中，呼吸运动起主要作用，由呼吸肌的收缩和舒张引起的胸腔的扩大与缩小，称为呼吸运动。

呼吸运动分为吸气运动（inspiratory movement）和呼气运动（expiratory movement）。如图 2-2 所示，吸气运动时胸廓扩大，呼气运动时胸廓缩小。膈肌和肋间外肌是主要的吸气肌，肋间内肌和腹肌是主要的呼气肌。

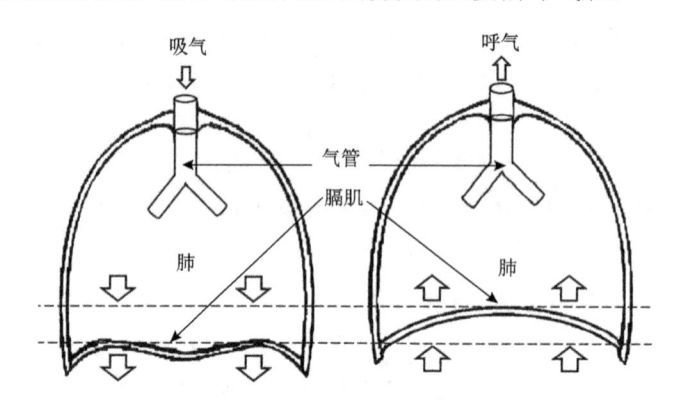

图 2-2　呼气和吸气时膈肌变化示意图

平静状态下，吸气时，胸腔的前后、左右和上下径均增大，肺容积随之增大，空气被吸入肺内，称为吸气运动。呼气时，胸腔各径均缩小，肺内部分气体被驱出，称为呼气运动。

吸气过程中，呼吸肌收缩，胸廓舒张，肺脏舒张，肺内压小于大气压；呼气过程中，呼吸肌舒张，胸廓收缩，肺脏收缩，肺内压大于大气压。平静呼吸时，吸气运动是通过膈肌和肋间外肌的收缩实现的，是一个主动过程。膈肌位于胸腔和腹腔，构成了胸腔的底部，静止时膈肌向上隆起，收缩时隆起的中心下移，从而增大了胸腔的上下径。随着胸腔的扩大，肺的容积随之扩大，肺内压减小，当外界大气压大于肺内压时，气流由外界经过呼吸道流入肺部，整个过程为一次吸气（inspiration）。平静呼吸时，呼气运动与吸气运动不同，呼气是一个被动过程，呼气运动不是由呼吸肌收缩引起的，而是由呼吸肌舒张造成的。膈肌和肋间外肌舒张时，肺部因自身的回缩力回位，从而使胸腔和肺部的容积减小，肺内压升高，当肺内压大于大气压时，气流由肺部呼出，整个过程为一次呼气（expiration）。呼吸运动分为腹式呼吸（abdominal breathing）和胸式呼吸（thoracic breathing），其中腹式呼吸是因为膈肌的收缩和舒张引起腹腔内器官的位移，从而造成腹部的起伏。以肋间肌舒张和收缩活动为主的呼吸称为胸式呼吸，是由肋间肌的收缩和舒张引起胸部的起伏。通常情况下，成年人的呼吸运动为腹式呼吸和胸式呼吸的混合呼吸。成年人在安静状态下的呼吸平稳而均匀，吸气主动且呼气被动，这种呼吸方式称为平静呼吸（eupnea breathing）。当机体运动或者吸入气体中的二氧化碳含量增加、氧气含量减少或者肺部通气的阻力增大时，呼吸加深、增快，此时的呼吸肌收缩活动加剧，辅助呼吸肌也参与呼吸运动，这种呼吸称为用力呼吸（forced breathing）。

在吸气运动和呼气运动的过程中，膈肌起到了至关重要的作用。膈肌位于胸前底部和腹腔顶部，腹腔中充满了内脏组织，与胸腔和肺部情况不同，内脏体积很难被压缩。除了膈肌的作用外，腹部前壁凸起和伸缩运动主要由腹部肌群控制，膈肌收缩时迅速将内脏器官压低，腹部随之隆起。因此，按照呼吸方法的不同，可以将呼吸分为胸式呼吸和腹式呼吸。当我们吸气的时候，肋间肌收缩将肋骨提高，膈肌收缩将胸腔底部下移，从而使胸腔内的空间增大。此时胸腔容积变大，胸腔内的气压变小，外界的空气由于压力差进入肺部。在胸腔逐渐舒张的过程中，外部的空气会逐步进入肺部，完成吸气过程。呼气时肋间肌放松，肋骨下降，此时膈肌舒张，其肌肉弹性使膈肌和腹部的脏器恢复原位，胸腔的容积变小，气体被挤压出肺部。呼气过程中的膈肌、胸部和腹部呼吸肌群的正常松弛，完全可以满足正常的生理呼吸，但是对于言语呼吸的发声条件来说，仅仅依靠呼吸肌群的舒张力是不够的。在言语时，需要获得更强的气流，因此需要腹部肌群的主动收缩，推动膈肌运动，从而获得更大的呼气压力，此时的呼吸方式是腹式呼吸。与胸式呼吸相比，腹式呼吸更有助于言语的产生，胸式呼吸吸入的气流较少，有助于快速进行气体交换，如在人体运动的过程中需要气流在体内短时间地快速进出，采用胸式呼吸是最有效的方式。腹式呼吸通过腹部肌群的收缩，在吸气时膈肌下压，从而使胸腔容积增大更多，可以使更多的气流进入肺部。在膈肌下降的过程中，腹部会随之凸起，呼气的时候，膈肌上升以帮助气流呼出。腹式呼吸的吸气和呼气程度都比胸式呼吸更大，不仅可以给呼吸提供充足的氧气，而且可以为发音提供充足的气流。

三、言语呼吸

说话时的呼吸与一般情况下的呼吸有所差别，通常，说话时吸入的气体较一般情况下吸入的气体更多，特别是长时间讲话和大声讲话时所需的气体更多。呼吸时的声门状态和发声时的声门状态不同，呼吸时，声门开启程度相对较大；发声时，声门开启程度相对较小（图2-3）。然而，在朗诵诗歌和歌唱的过程中，人在发音时都会有意识地吸入大量空气来增加气体的压力，从而达到发声的持续性。说话产生的声音类型多样，通过发声只能发出言语声音的一部分，其他声音还需通过各发音部位以及共鸣腔的调节来实现，还有一部分声音则需要通过改变发声时用气的方式、强度和持续时间长短才能产生。发音过程中，从肺部呼出的连续性气流在通过声门和狭窄的发音通道时会受到阻碍。例如，塞擦音和擦音在发音时成阻部位接近，但是不完全闭塞，气流在狭缝中通过时在发音部位之间摩擦成声；塞音在发音时发音部位紧闭、无缝隙，气流在阻碍部位积聚，当压力达到一定程度时除阻，爆发或破裂成声。

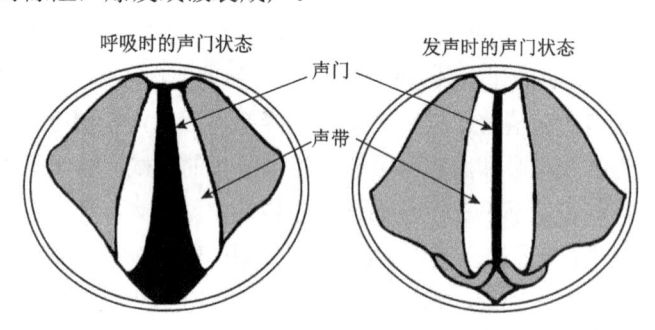

图 2-3　呼吸和发声时声门变化示意图

言语时的呼吸与平静时的呼吸不同，声门的打开方式也不同。通常情况下，言语时吸入的气体比平静呼吸时吸入的气体更多，尤其是在长时间朗读和大声讲话时。平静呼吸无时无刻不在进行，而言语时的呼吸则需要进行刻意的调节，个体可以根据言语的需要，有意识地增加呼气和吸气的强度与长度，从而满足言语的需要。言语时的吸气和平静呼吸时的吸气占整个呼吸周期的时长不同，平静呼吸时，吸气部分占整个呼吸周期的 40%，呼气部分占 60%；言语呼吸时，吸气部分占 10%，呼气部分占 90%（万勤，2016）。气流经过声门时，内外的压力差和喉部肌的作用使声带产生振动，气流的一部分能量转化为语音的声能，产生周期性的声波，另一部分能量转化为噪声，产生非周期的噪声波。

呼吸肌群主要是由肋间肌组成的，在呼吸过程中的主要作用是通过拉动肋骨向下运动，从而缩小胸腔内的容积。平静呼吸的呼气部分是一个被动的过程，吸气通过胸膈肌和肋间外肌的收缩得以实现，吸气之后，在肺部的弹性回缩力的作用下，气流从肺部释放。在平静时的生理呼吸过程中，呼吸动力主要来源于肺部的弹性回缩力。言语呼吸与之不同，只靠肺部的弹性回缩力是不够的，还需要借助腹部呼吸肌群的主动收缩。平静呼吸的呼气主要通过腹部呼吸肌的运动使腹部压力增大，伴随着膈肌的上升、肋骨和胸骨的下降，从而使胸腔的容积缩小，使气流压迫而出。言语呼吸的过程中，为了满足持续发声的需要，需要有足够的气流量予以支持，主要通过肺部容积的扩大，使发音过程能够有效地利用肺部的弹性回缩力，从而减少对呼吸肌群的利用，使得发音更加舒缓自然。

从呼吸的周期来看，平静呼吸的周期可以分为主动吸气和被动呼气两个部分，成年男性和女性每分钟呼吸的次数在 12 次左右，每次换气量为 500—750 ml，每分钟的换气总量为 6—9 L（万勤，2016）。通常情况下，平静呼吸会因言语或者运动而中止，从而影响呼吸模式的变化。其中吸入气流量的大小主要与肺容量的大小有关，肺容量主要是指肺在不同呼吸水平所能容纳的气流量，主要由潮气量、补呼气量、补吸气量、残气量、深吸气量、功能残气量、肺活量和肺总量构成。其中对言语呼吸有直接影响的包括深吸气量、功能残气量、肺活量和肺总量。深吸气量是指在平静呼气状态下，人体能够吸入的最大气流量。功能残气量是平静呼气后留存于肺部和呼吸道内的气流量，是补呼气量和残气量的总和。肺活量是指最大吸气后，从肺部能够呼出的最大气流量，因个体差异，人体的肺活量大小存在差异。肺总量是人体肺部能够吸入的最大气流量，是全部肺容积的总和。言语发声过程中，需要足够的气流量支撑发音的持续，例如，在歌唱等特殊发音活动中，需要有较大的肺活量才能为歌唱发音准备足够的气流量。除肺活量外，言语呼吸还会受到呼吸模式的影响。

常见的呼吸模式主要有胸式呼吸和腹式呼吸两种，正常呼吸过程中，胸式呼吸和腹式呼吸的区别较小。腹式呼吸主要是通过膈肌收缩使胸腔的上下部分扩大，肋间外肌的收缩使胸腔的前后、左右部分扩大。胸式呼吸主要表现为胸腔前后、左右部分的扩大，而并非胸腔上下部分的扩大。胸式呼吸会使肺活量减少，并有可能出现呼吸力的减弱，进而导致发音吃力、高音调和硬起音，很难实现长时间的持续发音。腹式呼吸能够增加肺通气量，吸入腹部的气流量比胸式呼吸多，从而能够满足歌唱和播音主持等长时间的发音。对于除正常的言语发音之外的特殊发音，要想得到好的发音效果，就必须掌握正确的腹式呼吸方法。

第二节　呼吸对言语产生的作用

一、言语呼吸的物理基础

语言的产生是人类发展史上至关重要的一步，语言的诞生改变了人类的进化历程，成为区分人与动物的主要标志。

言语的产生离不开肺部呼出的气流，以及呼吸器官对气流的控制。发音过程中，气流由肺部呼出，通过喉部使声带产生振动。气流伴随声源信号在经过喉腔、鼻腔和口腔等发音通道时产生共鸣，气流在发音器官内受阻和摩擦，最后通过口腔辐射而出，从而产生了可以听懂的声音。对气流的控制是产生不同声音的重要因素，呼吸器官中的一部分同时兼备发音器官的功能，声带、舌、下颌、唇和软腭参与声音的控制，口腔、鼻腔和喉腔参与声音的共鸣，由于声道形状的不同，可以产生多种不同的共鸣模式，通过对发声时气流速度、力度和时长的调节，可以产生不同的非周期性声音。

（一）玻意耳定律

语音由人类的发音器官产生，经过声音的传播，传到听者的耳中。在此过程中，气流和气压的变化为发声的顺利进行提供了条件，其中气流和压强之间的关系在声带振动和辅音爆破的过程中有着重要作用。

玻意耳定律是指，在恒温下，密闭容器中的定量气体的压力和体积成反比关系，即在温度恒定的情况下，容积越大，空间内气体的压力越小；容积越小，空间内气体的压力越大。人在呼吸的过程中，肺部具有呼和吸的功能，呼吸的顺利进行源于肺部的压力变化和肺内外的压力差。

在发音过程中，气流通过呼吸道到达肺泡需要气体压力作为驱动力，肺部的气流从体内呼出需要肺和胸腔的共同作用产生压力。如图2-4所示，在发音过程中，声带产生振动的一个必要条件是声门下压力大于声门上压力，使气流冲击声带，从而使声带振动。声门下压力大于声门上压力的条件是，肺和胸腔的容积减小，使气流在声门下积聚，当声门下压力达到能够冲击声带并流出时，声带产生振动，从而产生声源信号。

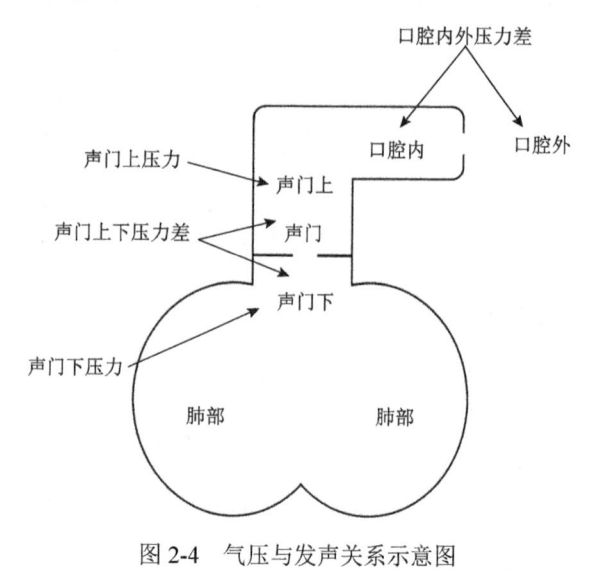

图2-4 气压与发声关系示意图

气流到达口腔后，受发音部位的阻碍，在口腔内积聚。当气压达到一定程度时，气流冲破阻碍爆发而出，从而产生了爆破辅音。除了塞音和塞擦音等爆破辅音之外，擦音、鼻音（nasal consonants）和边音的发音同样需要气流的参与。

（二）肌弹力-空气动力学说

喉腔上部接喉入口处，下部接气管，分为声门上区、声门区和声门下区三个部分。声门上区前壁为会厌软骨，两边为杓会厌皱襞，后部为杓状软骨。声门区分为假声带、声带和喉室。声门下区为声带下缘至气管部分。喉肌分为内肌和外肌两个部分，喉外肌与周围组织相连接，主要控制喉的升降。在发音过程中，喉主要控制着声门的开启和闭合，在环杓后肌收缩过程中，环杓后肌将杓状软骨声带部分向外转动，使声带后端打开，声门张大。在环杓侧肌的收缩作用下，声带突转向内侧，与此同时，杓肌收缩使两侧杓状软骨向中线接近，从而使声带闭合。除此之外，环甲肌、甲杓肌和会厌肌都会对发声产生影响，这也是发声得以实现的关键。

18世纪40年代，法国医生费伦（Antoine Ferrein）通过动物喉实验证明了声带的被动发声是在气流作用下产生的，这也是首次通过实验证明了气流导致声带振动的现象。后来，穆勒（Muller）和冯雷登（von Leden）认为，声带振动除了受气流的冲击作用以外，还受自身的肌肉弹性与张力的影响。声带在肌肉弹性与张力的作用下，受气流冲击从而产生振动。在医学研究过程中，研究认为，声带的开合是由声门上下的压力差引起的，声门下压力大于声门上压力时，声带打开，声门下压力小于声门上压力时，声带关闭，这被称为气流动力学说理论，该理论的基础是伯努利效应。

范登伯格（van den Berg）在20世纪50年代的研究中认为，声带振动时，声门打开是由声门下气流的冲击造成的，从而将声带推向外上方；声门的闭合是由声带的肌弹性回力、声门上下的压力差和气流通过声带产生的负压造成的。该理论综合了肌弹力学说和气流动力学说的观点，被称为肌弹力-空气动力学说。

（三）伯努利效应

发声过程中，在声门处于关闭状态时，进入体内的气流会在呼气肌群的作用下向体外排出，从而造成声门下压力大于声门上压力。当压力达到一定程度时，气流会冲击声带通过声门间隙，从而导致声带的振动。在气流快速通过声门时，声门位置会形成瞬时负压，声门下压力骤然减小，在伯努利效应的作用下，两片声带向内靠拢，最终导致声带的闭合。声带闭合后，在呼出气流的作用下，声门下压力再一次积聚，气流冲击声带并流出，在声带开启、闭合的反复作用下，声带产生振动，从而产生了持续的声门信号。

瑞典著名科学家伯努利（Daniel Bernoulli）在 18 世纪 20 年代的流体动力学研究中指出，当气体和液体等流体经过横截面有变化的水平管道时，在狭窄处流速加快，从而使横截面最小处流体受到的压强最小，反之受到的压强最大。这种流体在管道中稳定流动时，流速大的地方压强小，流速小的地方压强大的现象被称为"伯努利效应"。如图 2-5 所示，声带近似表示为两片纸，气流自上而下通过两纸中间时，两纸中间部分的气流速度快、压强小，形成外侧压力大于内侧压力的压力差，在外部压力的作用下，两纸向中间部分靠拢。

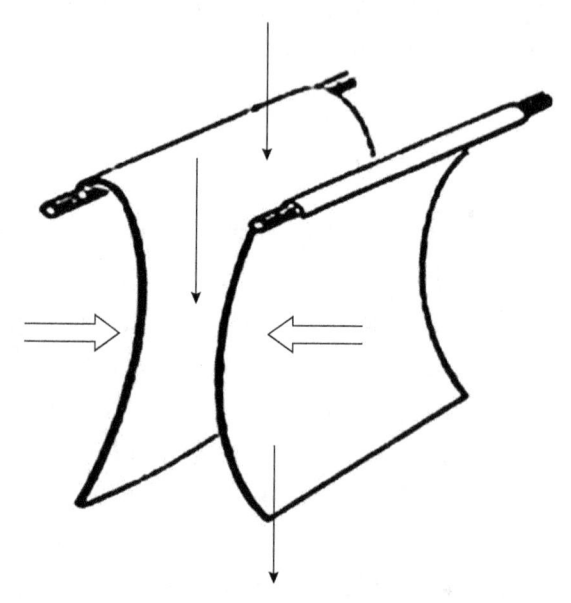

图 2-5　伯努利效应示意图

发声过程中，根据伯努利效应，来自肺部的气流在声带闭合时冲击声带，瞬时通过的气流流速快，并且此时声门截面积小，导致声门间的压力减小，在声带中间和周围压力差的作用下，两片声带向内部中线部分靠拢。如此反复，声带持续振动，声门下压力和肺部持续气流的供给保证了发声的持续性。

二、言语产生过程中的气流类型

语言是人与动物的本质区别之一，在人类发展的历史进程中至关重要，语言不仅改变了人类进化的历程，还为人类更好地进行交流提供了便利。语言由人类的发音器官产生，经过空气的传播，传到听者的耳中。从言语产生的生理机制来看，人的发声部位（phonation part）分为三个部分：肺和呼吸道为发声提供动力，喉头和声带为发音体，口腔和鼻腔为共鸣腔。其中呼吸道又可分为上、下两部：鼻腔、口腔、喉腔合称上呼吸道；气管及其以后一分再分的管道合称下呼吸道，或称气管树。人体呼吸道结构复杂，其中的口径和内壁均有不同的形状。下呼吸道的内壁表层有平滑肌纤维，肌纤维的活动会影响下呼吸道的口径大小，尤其是缺乏软骨组织的膜性细支气管，对呼出的气流会形成一定的阻力。当具有黏滞性和一定密度的气体流经呼吸道时，按照不同的气流类型，可将气流大致分为层流和湍流两种。

层流模式的气流在呼吸道内与呼吸道内壁贴近，受到的摩擦阻力最小，声道中心的气流阻力小、流速大，如元音的发音气流。湍流模式的气流在呼吸道内的流动不规则，流动的方向不稳定，受发音部位的阻碍会对气流造成扰动，如辅音的发音气流。在发声过程中，克服湍流和层流引起的呼吸道气流阻力都需要一定的压力差。

声门下压力作用于声带时，气流会对声带产生冲击。图 2-6 是一个完整的声带振动周期，在从 A 阶段到 G 阶段的振动过程中，声带从底部开始逐渐向上分开，当声带完全张开时，底部接着开始慢慢关闭，由于垂直方向上存在相位差异，从而使声带产生了类似波形的运动。声带振动产生了声音，伴随冲击声带的气流，声音经共鸣后由双唇辐射而出。在整个过程中，气流的参与和声门上下的压力差起到了至关重要的作用。

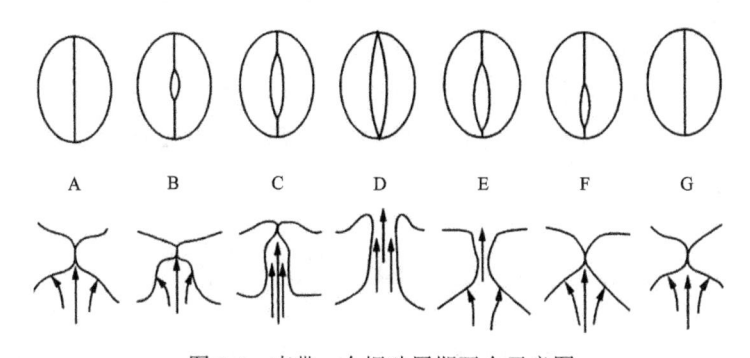

图 2-6　声带一个振动周期开合示意图

原图引自：姜泗长，顾瑞. 2005. 言语语言疾病学. 北京：科学出版社

流体力学中，雷诺数（Reynolds number）是流体惯性力与黏滞力比值的量度，是一个无量纲量（比值）。雷诺数较小时，黏滞力对流场的影响大于惯性力，流场中流速的扰动会因黏滞力而衰减，流体流动稳定，形成层流（元音）；雷诺数较大时，惯性力对流场的影响大于黏滞力，流体流动较不稳定，流速的微小变化容易进一步发展、增大，形成紊乱、不规则的湍流（辅音）。

三、呼吸对声带振动的影响

言语产生包括呼吸、发声、共鸣、构音和发音过程。在我们日常的言语交际活动中，呼吸和发声的协调作用是至关重要的。呼吸是言语产生的动力源，在呼气的过程中，气流通过声门，使声带产生振动，从而产生声门信号。呼出气流的大小和强弱既会影响声带振动的快慢，还会影响声带的振动模式。发声的优劣直接会影响到语音质量，如发声好的音，从听感上表现出标准的声调、响度和饱满的音质。为了保证长时间地持续发声，除了需要保证持续气流的呼出外，还需要声门闭合和气流呼出速度在时间上达到一致。

Catford（1977）指出，语音学研究的重点是发音器官活动阶段、空气动力学阶段以及声学阶段。发音器官活动阶段和空气动力学阶段关系到语音产生的过程，这一过程包括启动（initiation）、发音（articulation）、发声（phonation）三个动作。启动是指依靠肺部动力、喉动力或者软腭动力产生气流，发音是指发音器官调节气流产生某种声音，发声是指声带振动产生嗓音。其中启动和发音是语音产生的必要动作，而发声动作并不是每种声音都有的，在时间关系上，发声动作有时候跟发音动作相重叠。

声门上和声门下的压力差是声带能够产生振动的重要因素，当声门下压力大于声门上压力时，气流会对声带产生冲击作用，声门张开并开始振动。在声带每次的开启和闭合过程中，气流都会伴随着声带振动而流出，并且发音过程中的不同气流模式都是发音造成的结果，如克服由湍流和层流引起的呼吸道气流阻力需要一定的压力差。气流通过声门之后，在流经气管的过程中所形成的气压、气流速度、气流量和声门阻力的大小，都是语音生理和言语空气动力学研究的主要内容。

第三节　元音和辅音的气流模式

语音产生的生理方面主要涉及三个主要系统，包括声门下系统、喉系统和声门上系统（吴宗济，林茂灿，1989）。呼吸系统中，声门下系统主要指由肺部、气管、支气管、胸廓和呼吸肌群组成的部分，是语音产生的原动力部分。喉系统由喉软骨、喉关节、喉肌和声带构成，是语音声源产生的重要器官。声门上系统由口腔、鼻腔和喉腔构成，声音和气流通过共鸣腔的调节产生出不同的音色。从气流类型来看，通过声道的气流，运动方向和速度并非骤然变化，而是沿着声道的路径平稳流动。一类气流在流动的过程中可分为几个层次，与声道内壁贴近的气流由于受到摩擦阻力，流速最小，靠近声道中心的部分阻力最小，流速最大，因而将这种分层流动的气流称为层流。另一类气流在流动中是不规则的，流动的方向已经不再是沿着声道确定的路径，而是以突发的速度变化叠加，这种气流类型被称为湍流。

一、元音的气流模式

元音是在发音过程中，气流不受明显阻碍的音。元音大都属于浊音，发音时气流由肺部呼出并冲击声带，使声带产生振动，声源信号与气流都会通过口腔。在此过程中，气流不受阻碍，声源信号经过口腔和舌的调节，产生出不同的音色。从图 2-7 中可以看出，元音和辅音的发音气流区别较大，元音气流不受阻，气流较弱，气流从声门缝隙中挤出，使声带产生振动；辅音气流在发音部位受阻，发音过程中呼气的气流较强，气流从打开的声门中流出（浊辅音除外）。

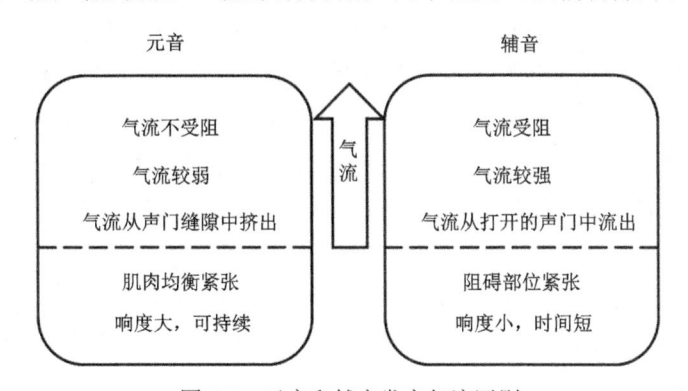

图 2-7 元音和辅音发音气流区别

元音音色的不同与开口度大小、舌位的高低和唇形的圆展情况等有关。根据气流的通路，元音可以分为口元音和鼻元音，口元音是指发音时鼻腔通道堵塞，气流仅从口腔流出；鼻元音是指发音时软腭下降，气流同时从口腔和鼻腔流出。按舌位的前后不同，元音可以分为前元音、央元音和后元音。按照舌位的高低，元音可以分为高元音、半高元音、半低元音和低元音。按照唇形的圆展，元音可以分为圆唇元音和展唇元音。

二、辅音的气流模式

辅音是指在发音过程中，气流在声道内受到阻碍而产生的语音。按照声带振动与否，辅音可分为清辅音和浊辅音，清辅音气流经器官呼出时声带不振动或产生轻微振动，不足以产生声门信号；浊辅音在气流呼出的过程中，气流经过声门使声带振动，并产生声源信号。

按照发音的不同方式，可将辅音分为爆破音、摩擦音（fricative consonants）、塞擦音、鼻音、舌边音（lateral consonants）、颤音（trill consonants）等。按照发音时气流受发音器官阻碍的部位，可将辅音分为双唇音、唇齿音、齿音、齿龈音、舌面音、舌根音、硬腭音、软腭音、小舌音、咽音和喉音等。

大多数辅音在发音过程中的气流较强，气流模式分为两种：肺呼出气流模式和口腔吸入式气流模式。其中大多数辅音为肺呼出气流模式，口腔吸入式气流模式的辅音较少，如内破音（implosives）和搭嘴音（clicks）等。

爆破音在发音过程中，气流在受阻碍的部位积聚到一定程度，然后冲破阻碍爆发成音。通常情况下，爆破音的发音时长（phonation time）较短暂，转瞬即逝，如[p] [p'] [t] [t'] [1]等。

摩擦音在发音时，气流在受到发音器官阻塞，但不完全阻塞，气流在发音器官，如口腔的狭缝中摩擦而出，在气流经过时摩擦成声。摩擦音的发音时长较长，主要与气流通过的时间有关，气流类型为湍流模式，如[f] [s] [x]等。

塞擦音的发音兼有爆破音和摩擦音两者的特征，在发音过程中，气流先在口腔中完全受阻，然后爆破，爆破时属于不完全爆破状态，气流在发音部位之间继续摩擦成声。因爆破时间较短，爆破之后，气流紧接着在狭缝中高速摩擦流出，如[ts] [tʃ]等。

鼻音在发音时，气流从肺部呼出经过声带，到达口腔和鼻腔，在口腔内完全受阻碍。此时软腭下降，鼻腔通道打开，气流经鼻腔流出，鼻音时长较长，常见的鼻音如[m] [n] [ng]等。

舌边音发音时，舌尖抵上齿龈，气流从舌两侧口腔中流出，发音时长较长。例如，辅音[l]是典型的舌边音，发音气流在口腔中央位置受阻，两侧开放。

颤音通常是浊音，在发音过程中，发音器官肌肉较为放松，气流在该部位受到阻碍时，会对其有较强的冲击作用，使之产生连续颤动成声。常见的颤音有小舌颤音和会厌颤音等，如小舌颤音[r]和会厌颤音[я]。

---

[1] 本书中，音标采用[ ]标记的为音素音标，/ /标记的为音位音标。

第三章
言语空气动力学研究设备

专门用于实验语音学研究的设备较少,研究者通常将与医学和生命科学相关的仪器和设备用于语音学研究。言语空气动力学实验主要采集和分析发音过程中的语音、气流和气压信号,可借助医学呼吸及发音诊断的设备,如气流气压计。本章主要对用于语音研究的气流气压设备进行了介绍,包括目前常用的前沿设备和本书所使用的设备,并详细介绍了常用气流气压设备的安装和使用方法,以PAS6600设备配套软件为例,介绍了该软件的具体操作和使用流程。

第一节 气流气压计

目前可用于语音研究的气流气压设备主要有以下几种。

1) Scicon RD PCquirer:可同时采集五通道信号,并且每个通道的信号既可独立保存,也可统一保存为多通道的文件格式。

2) KayPENTAX PAS6600:口流和鼻流不分开,信号采集较为便携,可采集语音、气流和气压三通道信号，优点在于可进行参数计算和提取方便，更适用于言语空气动力学研究。

3）Glottal Ms110：可以同时采集两通道信号，口流和鼻流分开，气流和气压信号通过面罩压力传感器采集，信号采集有时长限制。

4）Glottal NVS：与Glottal Ms110都由Glottal Enterprises公司研制生产，Glottal NVS主要适用于鼻流研究。

5）Larynx D800：口流与鼻流不分开，可测量鼻震动和鼻音能量，可以同时采集语音、嗓音、气流和气压等八通道信号。

本书使用的气流气压设备为PAS6600，是由美国KayPENTAX公司生产的言语发声空气动力系统，现已被运用于语音学研究领域。该设备主要用于采集和分析发音过程中的语音、气流和气压信号，并且配套的软件可用于提取参数以进行分析研究。设备有配套的采集软件，便于参数的提取和保存。

如图3-1所示，左边为PAS6600的校准设备和采集设备，右边为手持设备局部图。从图3-1中我们可以看出，整个系统可以分为三大部分：麦克风主要用于采集语音信号，气流管用于气流的采集，入口管用来采集发音时的气压信号。硬件设备的安装操作简单，先安在电脑上，插入外设组件互联（peripheral component interconnect，PCI）板卡，然后安装驱动软件，最后插入加密狗安装配套系统。在采集信号之前，需要对硬件进行校准，使用设备配套的容量为1 L的气筒进行校准。校准过程要求恰到好处，需要多次进行，直到系统显示校准成功。

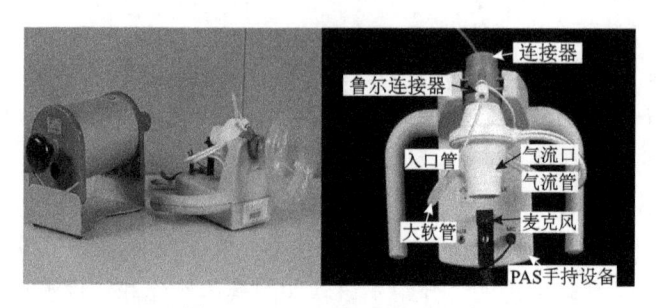

图3-1　PAS6600手持设备图

PAS6600的使用较为简单和便捷，信号采集过程必须按照实验方案进行，信号采集的过程主要分为三大部分：①在接通电源之后，需要打开采集软件对设备进行校准。校准的过程中需要摘下气流面罩，将气筒通过纸导管连接至手持设备，在校准过程中必须将入口管抽出。②需要对采集对象，即发音人进行简单的采集训练，并对设备的工作原理予以简单的介绍，以减少信号采集的误差。采集时，需要指导发音人正确使用设备，将面罩与面部贴紧，并将气压导管置于双唇中间，不妨碍发音即可。③打开采集软件进行信号采集，采集之后对信号加以保存即可。

需要注意的是，在插入 PCI 板卡之前，必须确保环境无静电。将 PAS6600 配套的 PCI 板卡插入主板 PCI 插槽中，将电脑主机箱关闭，连接 PAS6600 手持设备，接通电源。本章第二节将着重讲述如何安装 PAS6600 气流气压计，第三节将讲述 PAS6600 设备配套软件的实际使用方法。

第二节　PAS6600 的安装与使用方法

美国 KayPENTAX 公司生产的 PAS6600，现已被运用于语音学研究领域，用来测量言语和发音过程中产生的气流、压力和其他参数。KayPENTAX 公司在多年的言语分析和空气动力设备研制的基础上，设计并研制出了该系统，在研发过程中得到了世界知名医生和嗓音分析科学家的支持。PAS6600 主要用于言语疾病诊断和言语生理研究，其测量方法集图像数据和听觉数据为一体，为发音行为从最初诊断到整个治疗过程提供了更为全面的认识，整个系统包含硬件系统和软件系统两个部分。

一、PAS6600 硬件及软件安装流程

PAS6600 的外部硬件模块包括带有双手柄的面罩（数据采集过程中由客户手持）、气流面罩、压力传感器、测试管和麦克风，以符合人体功率学的标准组合在一起。信号调节、滤声和数据采样符合发声和空气动力学数据采集的严格标准。用来采集音高和语音的麦克风被放在固定的位置上，并且在出厂前得到校准，这样可以使每一套系统测量出最准确的数据。系统提供成人和儿童用面罩（既可循环使用，也可一次性使用）。PAS6600 软件是基于典型发音和空气动力学原理研制出的，用菜单操作，并拥有一套易于操作的协议程序。

软硬件安装严格按照以下顺序：安装 PCI 板卡，安装驱动程序，插入 USB 加密狗，安装 PAS6600 设备配套软件，重启电脑，软件升级。

二、PAS6600 的硬件安装

PAS6600 设备的硬件（图3-2）包括以下几部分：①PAS6600 手持设备。②PAS6600 配套 PCI 板卡（LynxTWO）。③PAS6600 附件：麦克风总成（包括麦克风、螺丝和螺杆）；中号可重复使用硅胶面罩（2 号）；大号可重复使用硅胶面罩（5 号）；PAS6600 设备配套软件安装光盘；硬件加密设备（USB 加密狗）；鼻夹；入口压

力管（包括入口内管、漏气管、大橡胶管、连接器）；气流管；连接器；气流面罩。④气流头（300 L/min）。⑤校准设备（1 L 容量）。⑥电脑。⑦AC 电源线。⑧一次性管口。⑨一次性面罩（与可重复使用硅胶面罩不同，采用气囊密闭模式）。

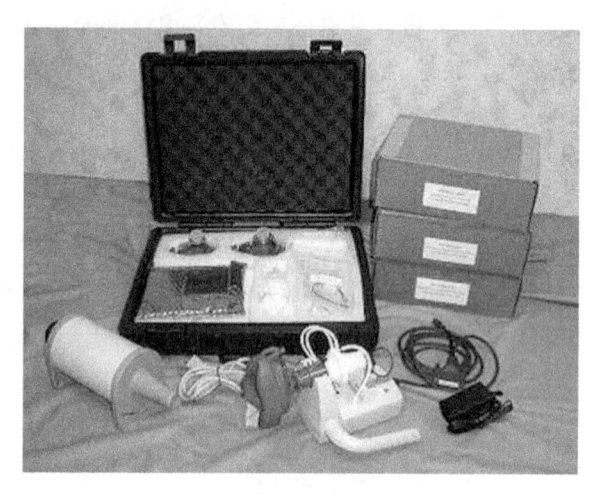

图 3-2　PAS6600 硬件设备图

三、PAS6600 配套 PCI 板卡安装

在插入 PCI 板卡之前，必须确保环境无静电。首先，在保证断电的情况下打开电脑主机箱，选择一个周围有充足空间的 PCI 插槽（图 3-3 左侧方框区域内），通常 PCI 插槽为多条且平行排列。

图 3-3　电脑主板 PCI 插槽图

其次，戴好防静电手套，将 PAS6600 设备的 PCI 板卡从静电防护袋中取出，

切记手持板卡边缘，避免用手接触芯片和金手指部分。

再次，将PAS6600设备的PCI板卡插入主板PCI插槽中，在插入时保持平稳，并用主机箱螺丝固定板卡，如图3-4所示。

图3-4　PCI板卡安装示意图

最后，将电脑主机箱关闭，连接PAS6600手持设备，接通电源。

四、PAS6600手持设备组装

PAS6600手持设备可以拆解为手持设备主体、面罩、连接器、气流口、麦克风和连接管（气流管、入口管和大软管）六大部分，如图3-5所示。

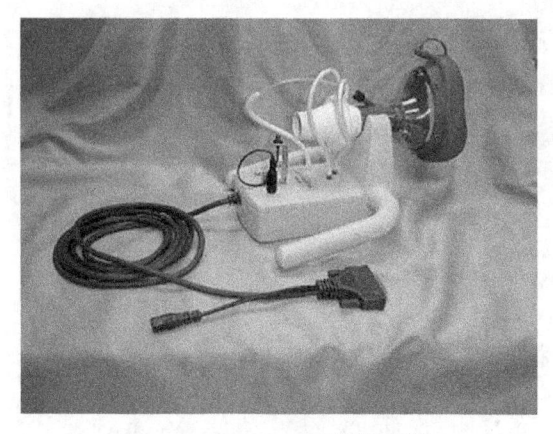

图3-5　PAS6600手持设备图

手持设备的组装分以下五步进行。

第一步，安装麦克风。将麦克风插入手持设备的麦克风插孔，然后使用配套螺丝将麦克风固定在底座上（图 3-6）。

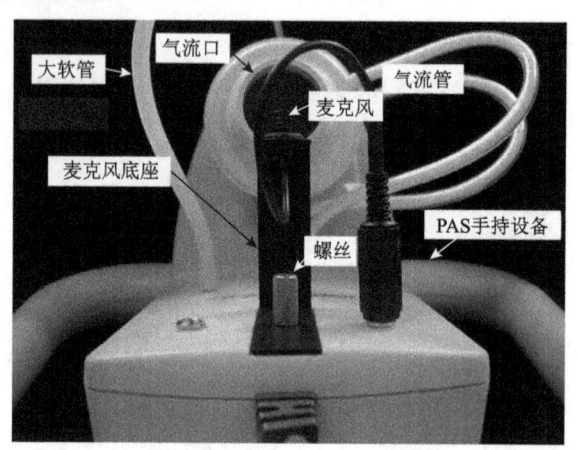

图 3-6　手持设备麦克风图

第二步，安装连接气流管。气流管为中间有纤维填充物的塑料透明软管，安装时需要两根气流管，一根靠近连接器，另一根靠近气流口，将两根分别对应气流管插孔即可（图 3-7）。在安装时，一定要注意对准方向，必须保证两管平行，不能交叉（图 3-8）。

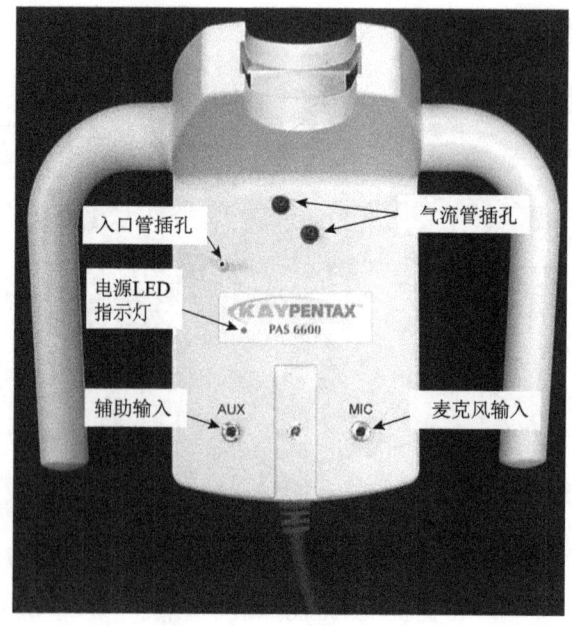

图 3-7　手持设备接口图

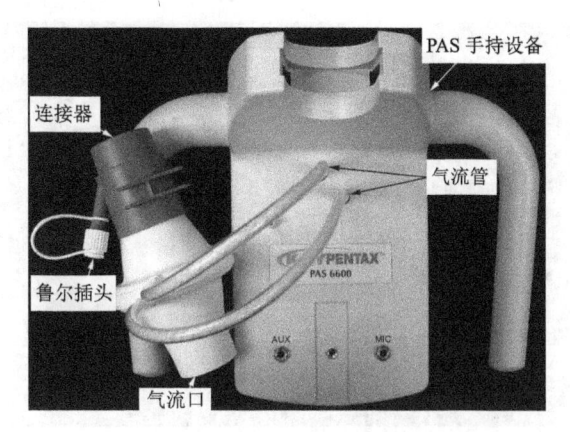

图 3-8　气流管安装图

第三步，安装入口管与大软管。首先将鲁尔连接器拧开，其次将入口管插入鲁尔连接器中间的小孔中，然后将大软管插在 PAS6600 手持设备的插孔上，最后将鲁尔连接器拧回原处，并将入口管的另一端与大软管相连接（图 3-9）。

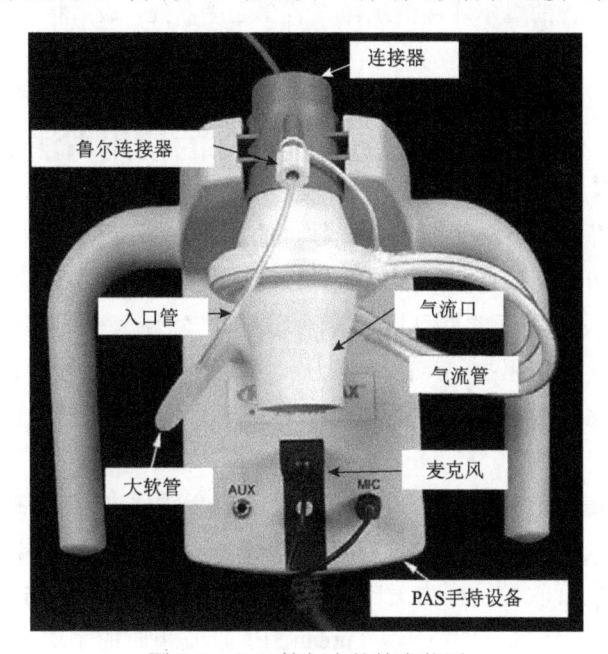

图 3-9　入口管与大软管安装图

第四步，安装连接器与气流口。先将连接器安装在 PAS6600 手持设备上，安装时鲁尔连接器朝上，对准插槽从上向下装入插槽中，最后将气流口的一端与连接器对接，注意气流管的方向（图 3-10）。

言语空气动力学技术及应用

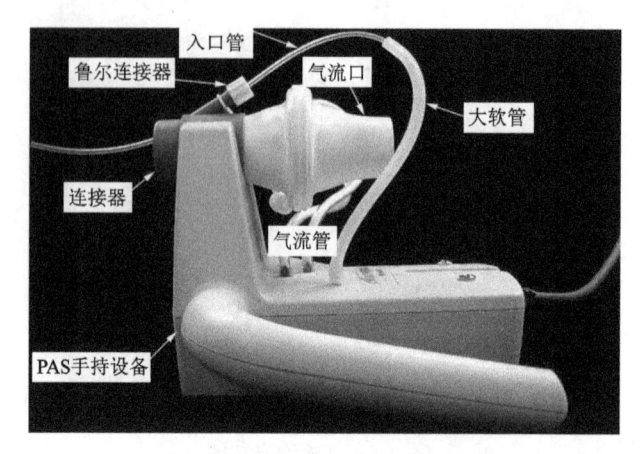

图 3-10　连接器与气流口安装图

第五步，将气压入口管与大软管相连接。在连接时，拧下鲁尔连接器螺帽，将入口管穿过鲁尔连接器螺帽中孔，注意不要将鲁尔连接器螺帽中的胶圈丢失，然后将穿入入口管的鲁尔连接器螺帽安装在连接器处，最后将入口管与大软管连接在一起即可（图 3-10）。

第三节　气流气压软件的使用方法

本节主要介绍 PAS6600 设备配套软件的使用方法，包括软件界面的基本操作和用户协议的选择与设置两部分。本节的最后将对主要的协议模式进行说明。

PAS6600 设备配套软件可以计算平均发音气流率、平均气压值、声压水平、基频、肺活量、声门阻抗、声门下压力和发声效率等。该软件拥有多种协议可供人们选择，除了标准的 7 种协议程序之外，还可根据实验的实际需要来设置协议。

气流气压信号的分析使用 PAS6600 设备配套软件进行。该软件不仅可以对信号进行同步实时采集，而且可以对信号进行后期的处理和数据的提取与分析。PAS6600 设备配套软件同样由美国 KayPENTAX 公司开发，与气流气压计设备配套硬件使用，可计算平均声压级（mean SPL）、发声时的平均声压级（mean SPL during voicing）、音域（pitch range）、平均基频（mean pitch）、呼出气流量（flow volume capacity，FVC）、气压峰值（peak air pressure）、平均气压峰值（mean peak air pressure）、发声时的平均气流率（mean airflow during voicing，MADV）、空气动力学功率（aerodynamic power）和空气动力学阻力（aerodynamic resistance）等。软件操作程序简单、可视化程度高，在采集信号时可以实时显示气流、气压以及声压的变化。

软件界面顶端为菜单栏，下方是按钮控件（图 3-11）。按钮控件的功能主要包括打开及保存文件、打标记、选定波形部分、生成参数表和播放功能。按钮控件是菜单栏的补充和扩展，主要是为了操作的便携性而设计。按钮控件下方的大片区域为软件界面的显示区域，分为四个部分，分别显示基频、声压级、气流和气压数值在时间轴上的变化。最底端的横杠是信号显示条，主要显示在信号采集和播放时语音能量的大小。界面显示为 4 个通道，分别为基频、声压级、气流和气压。

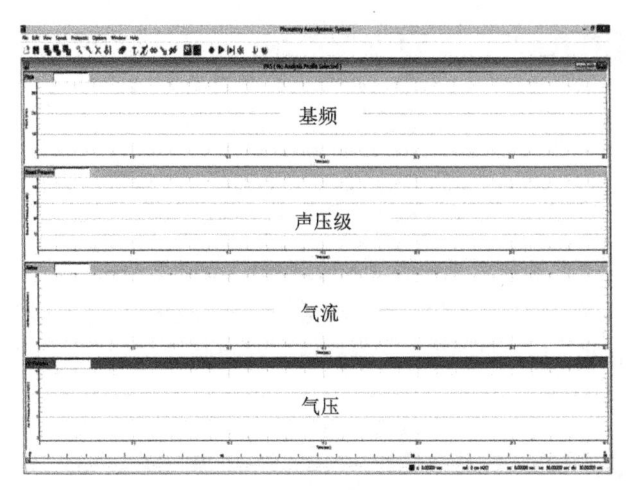

图 3-11　气流气压软件主界面

软件默认的采集协议模式主要有肺活量（vital capacity，VTCP）模式、空气压力筛检（air pressure screening，APSC）模式、最大持续发音（maximum sustained phonation，MXPH）模式、舒缓的持续发音（comfortable sustained phonation，CSPH）模式、声压级变化（variation in sound pressure level，VSPL）模式、发声效率（voicing efficiency，VOEF）模式和运动言语（running speech，RNSP）模式 7 种。

一、PAS6600 协议获取和语音数据分析

PAS6600 协议是用来采集新的信号时的用户自定义设置，在采集信号之前，按照实验方案选择所要提取的参数。软件可供选择的协议有 VTCP、APSC、MXPH、CSPH、VSPL、VOEF、RNSP 和用户自定义协议。软件支持的音频格式主要有两种：NSP 信号格式（.nsp）和 WAV 音频格式（.wav）。

二、设置 PAS6600 协议

PAS6600 协议的设置分为以下几步。

首先，清除原有的客户信息。点击菜单栏下方的图标控件 Clear Client Information（清除用户信息），将会自动弹出对话框（图 3-12）。点击对话框上的 Clear Client Info 按钮清除信息，然后点击 Close 按钮关闭对话框。

图 3-12　PAS6600 协议的设置图

其次，选择一个协议。点击菜单栏上的 Protocols，选择一个协议后点击 New Live Input，之后将会弹出自动归零的对话框，点击 OK 即可采集信号（图 3-13）。注意，在 PAS6600 归零时应取下气流面罩，否则归零失败，若失败，则重复该步骤即可。

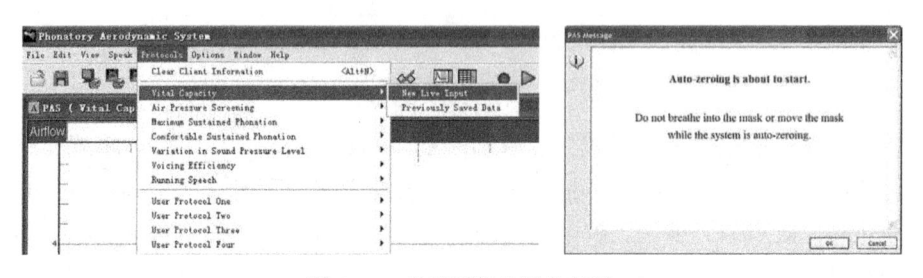

图 3-13　信号采集及设备归零

三、菜单及主要功能

PAS6600 的菜单从左至右依次是文件菜单、编辑菜单、视图菜单、播放菜单、协议菜单、选项菜单、窗口菜单和帮助菜单。各菜单内置子菜单，下面将详细介绍其功能与用法。

软件界面顶端为菜单栏，下方是按钮控件，分别显示语音信号的基频、声压、气流和气压数值在时间轴上的变化。下端横杠是信号显示条，主要显示在信号采集和播放时语音能量的大小（图 3-14）。

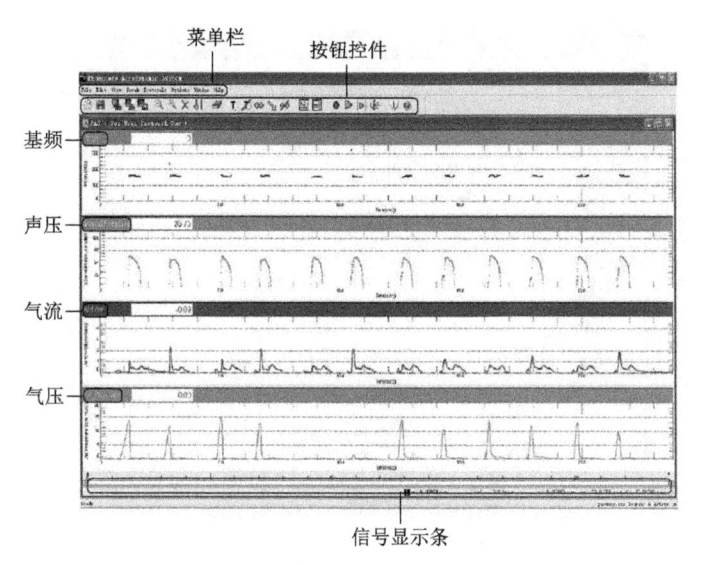

图 3-14　PAS6600 软件界面信号显示

1. 文件菜单

文件菜单主要提供了文件的读取、保存和打印等功能，具体子菜单见图 3-15。

图 3-15　软件文件菜单

New（Record），用来采集临时的信号，并将采集的信号实时显示出来。

Open and Plot Signal File，打开一个 PAS6600 信号文件，将信号在窗口中显示（图 3-16）。

图 3-16　打开 NSP 格式文件

Save Signal Data，保存信号文件，保存为 NSP 格式（图 3-17）。

图 3-17　保存 NSP 格式文件

RESET（to the User Configuration），重置为用户设置。

Save（Update）the User Configuration File，保存当前用户配置下的参数。

Reset the User Configuration to Factory Settings，删除用户设置，重置为出厂设置。

Print/Save Graphic Images，打印或保存图片，有全屏幕和活动窗口两种选择。

Exit Program，退出并返回 Windows。

2. 编辑菜单

编辑菜单主要用于编辑窗口中的信号波形,具体子菜单见图 3-18。

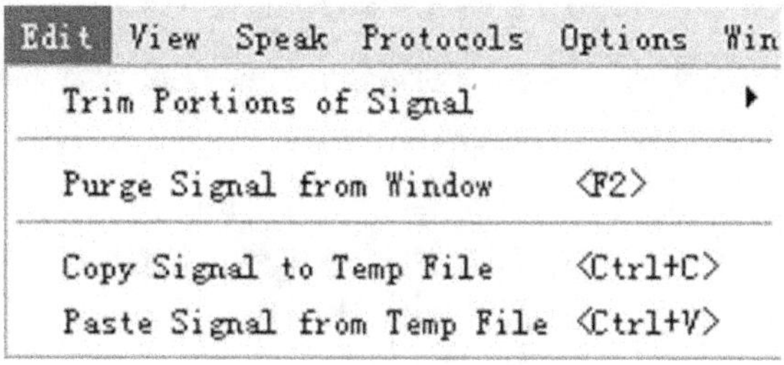

图 3-18　软件编辑菜单

Trim Portions of Signal,主要功能是剪切活动窗口中的信号波形。注意,必须先选择需要剪切的波形片段,然后进行剪切。

Purge Signal from Window,清除窗口中的信号波形。

Copy Signal to Temp File,将信号复制到临时文件。

Paste Signal from Temp File,将信号粘贴到临时文件。

3. 视图菜单

视图菜单提供了多种可供选择的视图效果,具体子菜单见图 3-19。

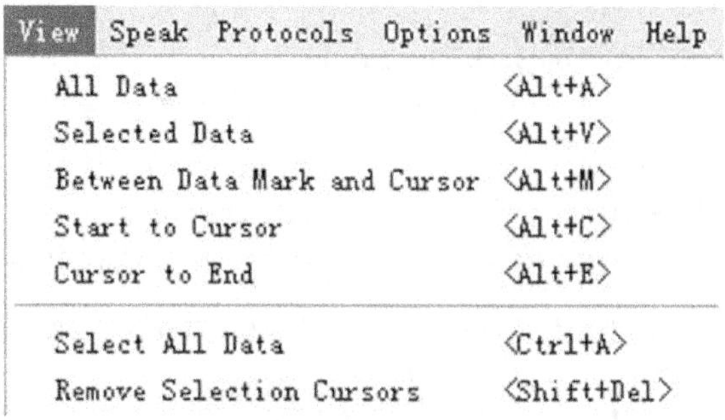

图 3-19　软件视图菜单

All Data,查看窗口中的整个波形。

Selected Data,显示窗口中选择的波形。

Between Data Mark and Cursor,显示窗口中标记光标和光标之间的波形。

Start to Cursor,显示从开始到光标位置的波形。

Cursor to End,显示从光标开始到结束的波形。

Select All Data,选择窗口中的所有波形。

Remove Selection Cursors,删除选择光标。

其中，中间竖线为光标，右侧竖线为选择光标，左侧竖线为标记光标（图 3-20）。

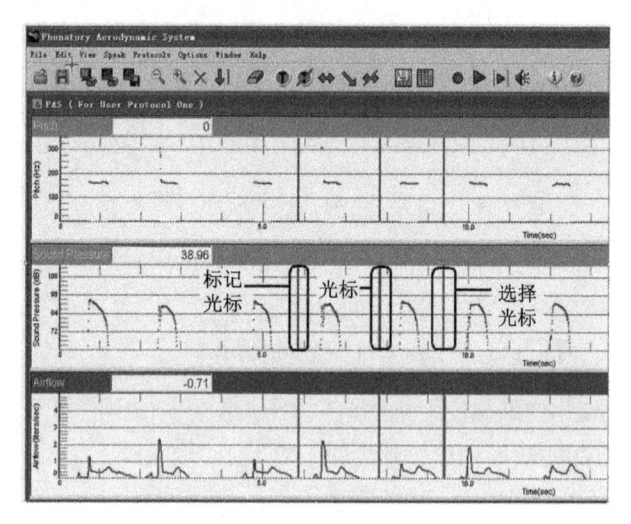

图 3-20　软件光标显示

4. 播放菜单

播放菜单主要提供通过指令播放所采集信号声音的功能，声音通过扬声器输出，具体子菜单见图 3-21。

图 3-21　软件播放菜单

5. 协议菜单

协议菜单的功能较多，是软件操作的核心，其功能设置可分为两部分。

第一部分是软件协议模式选择和软件自动打标记（图 3-22、图 3-23），各种协议的功能和使用方法将在后面的内容中加以详细讲解。

第三章 言语空气动力学研究设备

图 3-22 软件协议模式选择

图 3-23 软件自动打标记菜单

第二部分是软件自动打标记功能（图 3-24）。

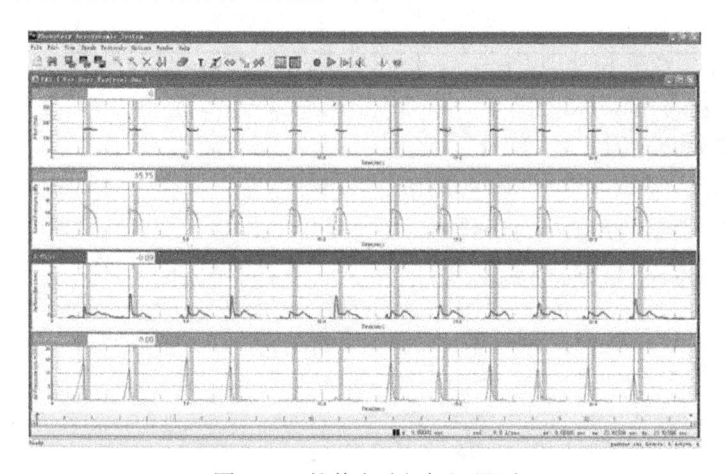

图 3-24 软件自动打标记界面

选择自动打标记功能后，软件将标出气压峰值、气流段部分，根据设置的用户协议，计算并提取参数，参数结果输出如图 3-25 所示，可将结果保存在 txt 文件中，便于后期的统计与分析。

41

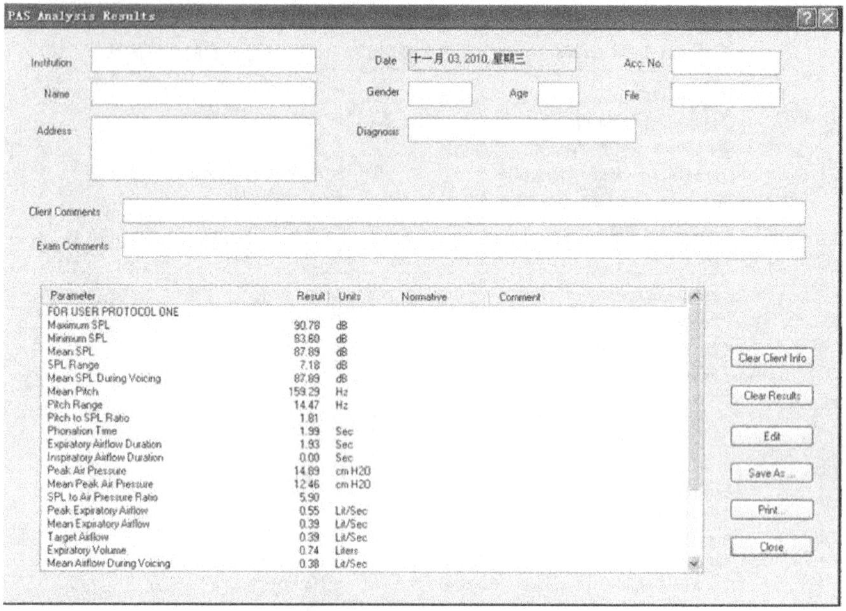

图 3-25　参数结果输出

6. 选项菜单

选项菜单不仅可以用来调整软件界面的各种设置，而且可以用来设置用户协议，还可以用来对 PAS6600 设备和气流口进行校准等，具体见图 3-26，如设置信号采集、显示数据和处理参数。

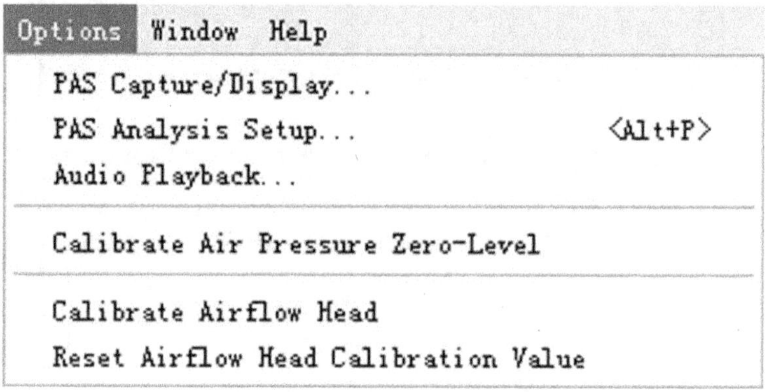

图 3-26　软件选项菜单

点击 PAS Capture/Display 菜单，将会弹出对话框，有三个窗口可供选择，分别是 Capture（采集）、Display（显示）和 Processing（处理）设置窗口（图 3-27）。除自定义配置外，在下拉菜单中，可按需求选择不同的配置。

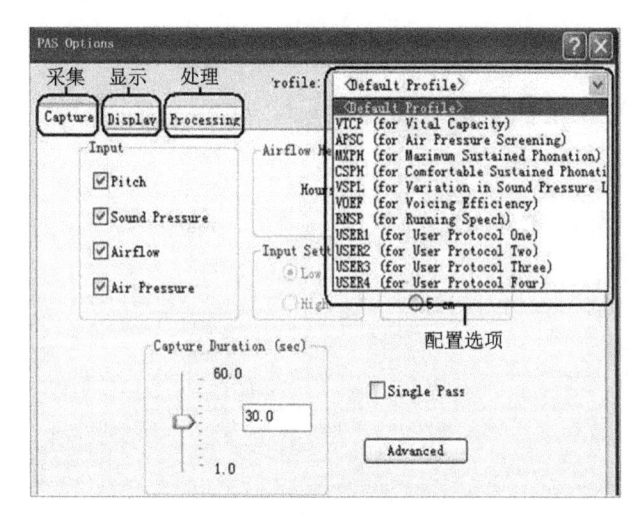

图 3-27　信号采集设置

其中，Capture 窗口可自定义设置所要显示的波形、窗口显示的时长、气流口校准频率、输入和麦克风距离、单通选项和高级设置（图 3-28）。我们可以根据实验的需求进行设置，在选择好之后点击"Save"按钮，再点击"应用"按钮，最后点击"确定"按钮完成设置。

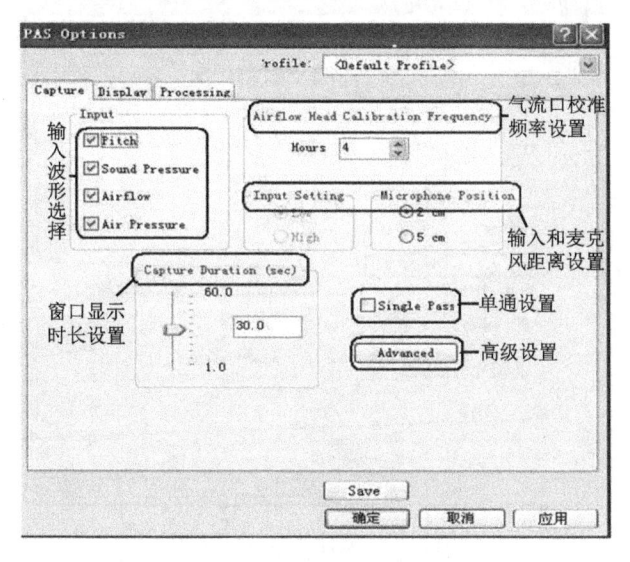

图 3-28　采集设置窗口

Display 窗口（图 3-29）主要用来对窗口中所显示的波形进行各种设置，其中包括气流、气压和声压的显示设置，以及基频平滑设置、波形颜色设置、标记颜色设置和波形线条粗细设置。

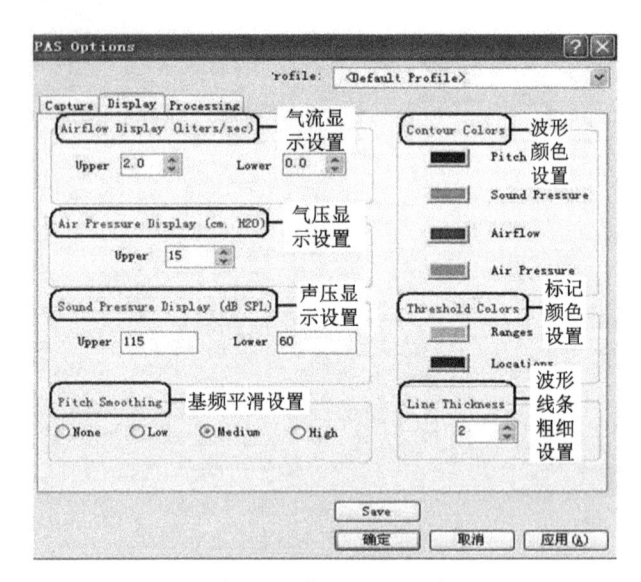

图 3-29 信号显示设置

Processing 窗口主要用来设置显示长度、参考光标、基频分析范围和高频信号处理（图 3-30）。

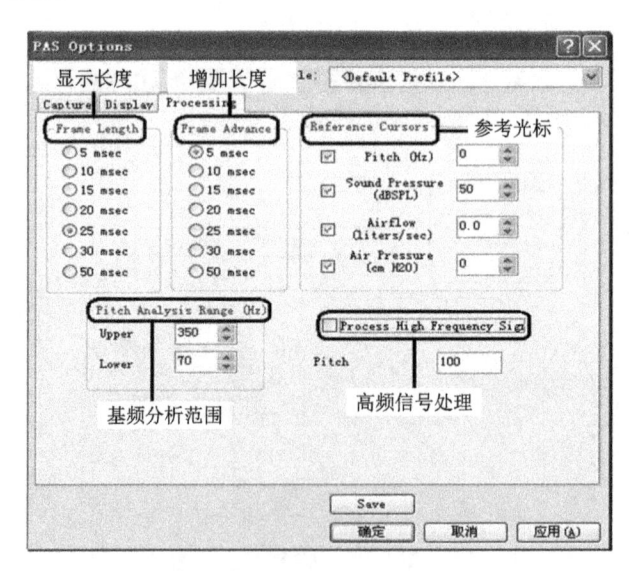

图 3-30 软件处理窗口设置

PAS Analysis Setup，通过对话框设置用户采集协议和数据处理的配置文件。点击菜单后将会弹出对话框（图 3-31）。

图 3-31　软件协议参数选择

可以根据实验的需要在各种协议的模式下选择需要提取的参数，勾选参数前的按钮即可，点击"Save"按钮保存后点击"OK"按钮退出。

Audio Playback，通过对话框选择音频输出设置。

Calibrate Air Pressure Zero-Level，运行 PAS6600 的校准程序。

Calibrate Airflow Head，运行气流口校准程序。

Reset Airflow Head Calibration Value，将 PAS6600 恢复至默认设置。

7. 窗口菜单

窗口菜单用来显示 PAS6600 的基本信息、显示和隐藏按钮控件（图 3-32）。

图 3-32　软件窗口菜单

8. 帮助菜单

帮助菜单提供了帮助信息和 PAS6600 的产品信息（图 3-33）。

```
Help
  Open Help      <F1>      打开帮助文件
  About Program...          显示PAS6600的产品信息
```

图 3-33　软件帮助菜单

四、主要协议模式

1.VTCP

该协议主要用来测量肺活量的大小，也可以用来测量发声时的呼吸气量，在协议菜单中选择好后即可测量。需要注意的是，肺活量的大小并不是指肺部的容量，因为肺内总会有残留空气的存在。因年龄和性别不同，肺活量也不相同。在采集时，实验对象需最大限度地吸入空气，然后尽力将吸入的空气呼出，设备采集到的是呼出气量的大小。采集之后使用 Shift 键和鼠标左键，选择部分数据后保存。

2. APSC

该协议用来测量产生语音时所需要空气的压力，但是该压力并不包括口腔内的气压。因此，在测量时要在实验对象的嘴角插入一根细软管，使其能将口腔内的空气排出，以确保所测量到的压力是由肺部呼出的，而不是口腔内压缩形成的。

3. MXPH

该协议测量发持续音时的音高、声压级和气流，在测量的过程中，实验对象应持续发元音[a]。在发音时，实验对象需先吸一口气，然后尽可能长时间地发音。该协议能采集到的参数主要有最大声压级、最小声压级、平均声压级、声压级范围、发声时的平均声压级、平均间距、发声时间、呼气峰气流（呼气）、平均呼气气流、呼气量（用力肺活量）。

4. CSPH

该协议与 MXPH 的用途相似，只是采集到的参数是实验对象在舒缓状态发音时的参数，采集方法和获取的参数与 MXPH 相同，其意义在于衡量持续发音时的喉功能指标。

5. VSPL

该协议在测量时，采用同一个音节，主要测量该音节在不同响度时的音高、声压级和气流。

6. VOEF

该协议主要用于测量发声时的声门状况，主要用于为研究人员提供喉部的空气动力学参数和声学参数。在测量时，实验对象连续地发塞音声母（如 ba，ba，ba……），此时产生的压力可被近似地看作声门压力。对平均气流和声压级大小的测量，我们则选取元音段（如 ba 的 a 段），最终计算出的发声效率和相关参数可被用来描述声门的行为。

7. RNSP

该协议主要用于测量人们在持续发音时的基频、声压级和气流的大小，主要用来研究人们在持续发音时的吸气量和气流量。因为在持续发音的过程中，或者是在连续的语流中存在暂停换气的过程，我们可以采集此时的空气吸入量，来研究人们在持续发音时的空气补给量的大小。

8. 用户自定义协议

在实际操作中，除了可以使用软件自带的协议外，还可以根据实验的需要来设置自定义协议。通常，在实验过程中，为了保证能获得较多的可提取参数，可采用该协议进行信号采集和参数提取工作。

第四章
言语空气动力学研究方法

现代语音学和传统语音学的一个重要的不同之处，就是采用语音实验的方法来研究语音。语音实验仪器是人的口耳的延伸，通过实验仪器提取相关参数，可以解决传统语言分析解决不了的问题。研究语音的方法有很多，除了理论语言学和早期的声学分析方法外，还有采用动态电子腭位仪对发音舌腭接触的研究、使用计算机断层扫描（computed tomography，CT）和磁共振成像（magnetic resonance imaging，MRI）对发音器官和共鸣情况的研究等。气流气压计用于语音生理研究，可以实时采集发音时的语音、气流和气压信号。在发音过程中，采集到的气流信号与声门的开合状况有直接关系，还与声腔的空间有关。与其他研究方法相比，从气流和气压信号出发对语言发音进行研究是一种新的语音生理研究方法。

第一节　相关概念与参数

言语气流信号（speech airflow signal）：由气流气压计（本书采用的PAS6600气流气压设备是气流气压计的一种）采集到的反映人发音时气流量大小的信号。

气流气压计可以同时采集气流、气压和语音信号,其中语音信号通过麦克风采集,气流信号通过带面罩的压力传感器采集,气压信号通过入口式压力管采集。气流信号如图4-1所示,该图显示的部分为呼气的过程,吸气的过程位于零线以下。

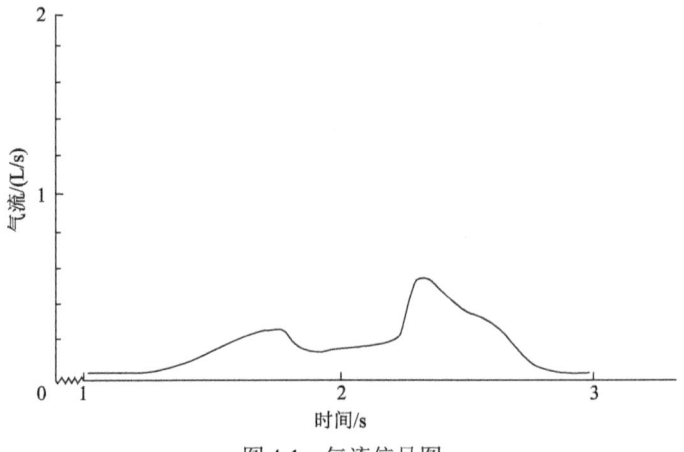

图4-1 气流信号图

言语气压信号(speech air-pressure signal):由气流气压计采集到的反映发音时气压值大小的信号。1个标准大气压=101 325 N/m²,表示气压的单位,习惯上常用水银柱高度。例如,1个标准大气压等于760 mm高的水银柱的重量,相当于1 cm²面积上承受1.0336 kg的大气压力。由于各国所用的重量和长度单位不同,气压单位也不统一,这不便于对全球的气压进行比较分析。因此,国际上统一规定以"Pa"作为气压单位。经过换算,1个标准大气压=1.013×105 Pa,1个标准大气压=760 mmHg,1 mmHg=0.133 kPa,1 mmH$_2$O=9.8 Pa,所以,1 kPa=7.5 mmHg=10.2 cmH$_2$O。言语气压信号同样通过气流气压计采集,如图4-2所示。

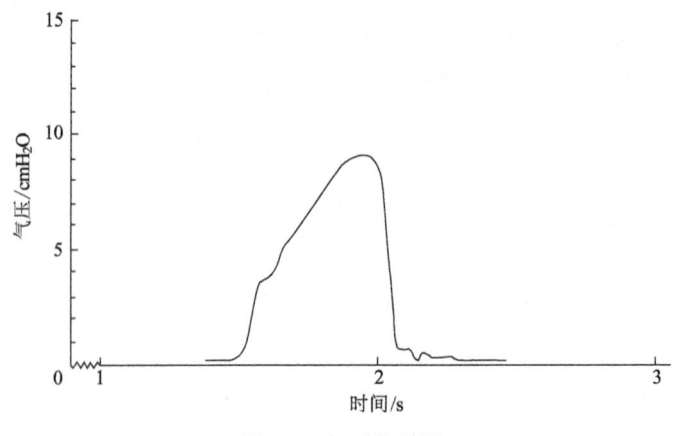

图4-2 气压信号图

呼吸：呼吸是机体与外界环境之间进行气体交换的过程。人类的呼吸过程共有三个互相联系的环节：外呼吸，包括肺通气和肺换气；气体在血液中的运输；内呼吸，指组织细胞与血液间的气体交换。呼吸在语言产生过程中发挥了重要作用，在呼吸时，我们首先要扩大胸腔和肺部的容积，与此同时，肺内部形成负压和部分真空，为了保持肺内外的压力均衡，在外界大气压强的作用下，空气迅速流入肺部；当我们收缩胸腔和肺部时，胸腔和肺部内容积减小，肺内压力增大，气流由肺部呼出，从而达到内外压力平衡。

发声部位：生理语音学中，语音发声是一个复杂的过程，通常将人的发声部位分为三个部分。其中呼吸道分上、下两部：鼻腔、口腔、喉腔合称上呼吸道；气管及其以后一分再分的管道合称下呼吸道，或称气管树。呼吸道的不同部位的口径和内壁的几何形状是各不相同的，下呼吸道的管壁内横亘有平滑肌纤维，这些肌纤维的活动状况直接关系到下呼吸道的口径（尤其是缺乏软骨的膜性细支气管），进而关系到呼吸的气流阻力。当具有一定的黏滞性与密度的气体通过呼吸道时，气体在呼吸道各部分的气流类型可分为层流和湍流两种。

层流：气流由肺部呼出以后，从气流类型来看，通过声道的气流，运动方向和速度并非骤然变化，而是沿着声道的路径平稳流动。气流在流动的过程中被分为几个层次，贴近声道内壁的气流由于受到摩擦阻力，流速最小，靠近声道中心部分的气流受到的阻力最小，流速最大，因而将这种分层流动的气流称为层流。

湍流：气流在流动中受发音器官的制约和调节，气流的运行方式是不规则的，流动的方向已经不再是沿着声道确定的路径，而是以突发的速度变化叠加，这种气流类型被称为湍流。

言语呼吸：说话时的呼吸与一般情况下的呼吸有所差别，通常说话时吸入的气体较一般情况下吸入的气体更多，特别是长时间讲话和大声讲话时所需的气体更多。而且在我们朗诵诗歌、歌唱时都会有意识地吸入大量空气来增加气体的压力，以便达到发声的持续性。说话产生的声音是多种多样的，通过发声只能发出言语声音的一部分，其他声音还需通过各发音部位以及共鸣腔的调节来实现，还有一部分声音则需要改变发声时用气的方式、强度和持续时间长短产生。在发声时，从肺部呼出的连续性气流受到声门等狭窄发音部位的阻碍，如塞擦音和擦音在成阻时的发音部位接近，但气流并不完全闭塞，中间留有狭缝，持阻时气流由发音部位之间的狭缝通过摩擦成声；塞音发声时发音部位紧闭，气流暂时停蓄在阻碍部分，之后除阻时气流突然爆发而出，因爆发或破裂成声。

肺活量：肺活量是测定肺容量的一项重要指标，是指人在深吸气后，做一次最大的呼气所能呼出的气量，这代表肺一次最大的机能活动量。肺活量与人的呼吸密切相关，生理学研究表明，人体的各器官、系统、组织、细胞每时每刻都在消耗氧，机体只有在氧供应充足的情况下才能正常工作。人体内部的氧供给全部靠肺的呼吸来获得，在呼吸过程中，肺不仅要摄入氧气，还要将体内代谢出的二氧化碳排出。我们可以这样认为，肺是机体进行气体交换的中转站，这个中转站的容积大小直接决定着每次呼吸气体交换的量，这是检测肺功能的最直观、最客观的指标。肺活量是潮气量、补吸气量和补呼气量之和。肺活量的大小有较大的个体差异，与性别、年龄、体位、呼吸肌强弱等因素有关。正常的成年男性的肺活量平均值约为 3500 ml，成年女性的肺活量平均值约为 2500 ml。[1]因此，本书中的研究选择肺活量较为接近的发音人。

呼气时长（expiratory airflow duration，EAD，单位：s），指整个音节从辅音开始到元音结束的整个时间段。

发音时长（单位：s），指从元音开始到元音结束的时间，不包括辅音部分的时长。

最大呼气速度（peak expiratory airflow，单位：L/s），指辅音声母在除阻时的最大气流速率。

平均呼气速度（mean expiratory airflow，MEAF，单位：L/s），指发音时呼出气流的平均速率。

呼出气流量（单位：L），指发音过程中呼出气流的总量，包括整个音节的元音和辅音部分。

平均气压峰值（单位：cmH_2O），指发音过程中口腔内的气压大小，是多个音节气压峰值的平均值，如辅音声母除阻前口腔内的气压峰值的平均值。

空气动力学功率（单位：W），指发声时气流和气压产生的功率大小，空气动力学功率=气流速率×峰值气压×0.098 06，反映人在发声时将空气能转化为声能做功的物理量。

空气动力学阻力（单位：ds/cm^5），是发声时气流受阻碍的程度，空气动力学阻力=峰值气压/（气流速率×0.098 06）。[2]

空气动力学效率（aerodynamic efficiency，无单位），是唇部辐射的语音声学功率与呼吸系统提供的声门下空气动力学功率之比。然而，声门下压力的测量较困难，目前除了通过介入方式获得之外，很难直接获得。空气动力学效率是口腔

---

[1] 肺活量数据来源于：陈国英，吴宣忠，李凤兰，等. 2002. 肺活量正常值的探讨//中国生理学会 2002 年生理学新进展研讨会和计算机实验信号处理技术讲习班资料汇编.

[2] 空气动力学功率和空气动力学阻力计算来源于 PAS6600 说明书：KayPENTAX，2006. INSTRUCTION MANUAL: Phonatory Aerodynamic System Model 6600. New Jersey: PENTAX Medical Company，122-123.

输出语音的能量与发声功率的比值，可以反映整个声道的空气动力转变为语音的能力。

第二节　综合实验流程

一、实验前期准备

在实验之前，需要根据预期实验结果设计实验方案。在前期工作中，在查阅相关资料后，需要设计实验流程。例如，在普通话辅音实验中，需要整理出需要研究的辅音声母和做韵尾时的辅音，根据声韵母组合选择合适的音节。为了确保每个音节在普通话中均存在，便于后期信号采集，还需为音节配以发音例词。这些工作是在实验过程中的最初阶段完成的，也影响着后期实验的顺利进行。参考先前研究者的研究结果、整理相关的文献资料是实验前期的必要环节。明确实验需要得到什么数据，采用哪些有效的实验方法，在信号标记和参数的提取中需要注意哪些细节等，都是在实验前期需要完成的工作。

例如，在普通话辅音气流气压实验中，辅音的分类通常从两个维度进行，分别是发音部位和发音方法。发音部位是指在辅音发音过程中，气流通道形成阻碍和产生噪声的部位。通常认为，发音部位可以分为双唇、唇齿、齿龈、齿、软腭、小舌、咽和声门八个部位。普通话辅音的发音部位可以分为双唇音、舌尖音、舌面音和舌根音。发音方法是指在发音时，气流通道上产生噪声的阻碍和克服阻碍的方法，分为三个方面：声带的状态，即清浊音的区别；气流受阻碍的方式；气流的强弱，即对送气与不送气进行区分。按辅音发音方法的不同，普通话辅音可以分为鼻音、塞音、塞擦音、擦音和边音五大类，其中有清浊之分。因此，实验过程中将按照这五大类对辅音的声学参数进行分析，最终结合辅音的气流和气压参数，可以归纳出普通话辅音的气流气压信号和参数特征。除了气流气压信号和参数之外，辅音声学信号的特征表现也是研究中需要考虑的，如辅音在音色、音高、音强和音长四个方面的特征，以及辅音时长、辅音强度、嗓音起始时间、浊辅音共振峰和过渡音征等。

实验方案设计完成后，前期准备工作中还有软件和硬件设备调试。因气流气压设备不同，需要根据实验设备的特点，参照设备使用说明书，对信号采集设备完成设备的组装和校准、软件的安装和采集测试等工作。采集测试完成后，要根据采集完成的信号对具体实验进行调整，从而保证实验能够在误差小、效率高的情况下得以顺利实施。

二、发音词表设计

实验前期准备完成后，需要进一步根据实验方案设计信号采集使用的发音词表。发音词表关系到信号采集的顺序、信号文件的保存、后期文件和数据的查找等。基本的发音词表需要标明序号、采集的音节、例词，必要时还需要标注国际音标，民族语或外语还需要标出汉语释义。

例如，在汉语普通话的元音和辅音实验中，各种音节结构和不同的声韵母搭配中，气流和气压信号及参数的变化情况均有差别。在设计发音词表时，需要涵盖汉语普通话中的所有常用音节，而且每个音节都需要配有例词（表 4-1）。

表 4-1 发音词表示例

序号	音节	例词	国际音标	备注
001	ba	八	[pa]	
002	pa	葩	[pʰa]	

在信号采集过程中，为了保证采集信号的精确度，每个例词至少读两遍，如果发现有读错或信号不好的地方，应及时纠正发音人和重新调试设备。信号采集后对文件进行保存，保存的文件按照发音词表的顺序进行命名。在发音词表最后一列可设置备注栏，以便于在采集过程中及时记录和补充其他相关内容。

三、发音人的选择

气流气压实验与其他声学实验不同，除了要考虑发音的质量，还要考虑肺活量对参数的影响。例如，在普通话语音实验中，可以选择发音人男女各 10 人，年龄为 20—35 岁，普通话标准，且来自北方方言区。男性的肺活量通常为 3400—3600 ml，女性的肺活量通常为 2500—2800 ml，避免选择肺活量过低或者过高的发音人。[1]

确定好发音人之后，还需要进行人员的筛选。信号采集前，让发音人试读发音词表，选择发音稳定且字音准确、语音规范、吐字清晰的发音人。气流气压实验与普通语音实验不同，并且使用的仪器较特殊。在发音之前，需要对发音人介绍实验仪器的相关信息，然后简单讲解实验方案，从而避免发音人对仪器和实验有所顾虑。

发音人在接受完简单的采集训练之后，在采集过程中，为了确保气压信号的

---

[1] 对发音人肺活量在实验前进行筛选，男性控制在 3400—3600 ml，女性控制在 2500—2800 ml，其他章节实验部分均采用该标准。

准确度，需要将气压入口管置于发音人口中，并保持面罩与脸部贴紧，以保证面罩不漏气，然后再按实验要求进行正式的信号采集工作。在采集前对发音人信息进行记录，如表 4-2 所示。

表 4-2　发音人信息表示例

发音人序号	
姓名	
性别	
出生年月	
民族	
文化程度	
职业	
出生地	
出生后至童年生活地区	
外出生活情况（包括时间）	
母语	
掌握语言情况	
家庭内部使用的语言	
居住地址	
联系方式	
肺活量测试平均值	
信号采集日期	

在信号采集的空闲之余，需要对发音人的基本信息进行记录，主要是姓名、性别、出生年月、民族、文化程度、职业、出生地、出生后至童年生活地区、外出生活情况（包括时间）、母语、掌握语言情况、家庭内部使用的语言、联系方式等相关信息。

四、信号的采集和标记

信号的采集和标记是提取参数之前的重要环节，关系到实验中的信号分析和参的质量。为了保证信号采集时将误差降到最低，需要对设备进行校准后再采集信号，并根据发音文本的篇幅控制信号采集时间，从而保障信号的有效性。

信号采集由于设备不同而有所区别，采集过程在实验设备部分已有详细阐述。通常情况下会同时采集语音、气流和气压信号，语音信号因面罩参与发音共鸣，会对声学分析造成影响，建议对相同发音文本的语音信号进行单独采集。信号采集完成后，在提取参数之前，需要对信号进行预处理，信号采集之后对整体信号进行整理，按照研究内容分别保存。剔除采集时误差较大的信号，并使用处理软件切除有误的信号部分。若多次采集的信号问题较大，如辅音气压信号弱，或语音气流紊乱，对整体研究有影响，还需要对该信号进行重新采集。

信号标记工作同样需按照研究内容进行标记，标记出需要提取参数的有效部分。对于难以确定的信号，无法根据气流和气压信号判断起始和结束位置时，可以参考语音波形图和三维语图中的语音位置进行确定。

例如，对声学信号和言语气流气压信号进行分析，其中，元音部分主要对语音波形、基频走势、共振峰位置、能量曲线和气流信号波形进行分析；辅音部分主要对成阻位置、除阻位置、持阻段、气压信号波形和气流信号波形进行分析。对于不同结构类型的音节，主要对气流信号和气压信号进行系统分析。图4-3左侧为原始信号，右侧为标记后的信号，上部为气流信号，下部为气压信号。

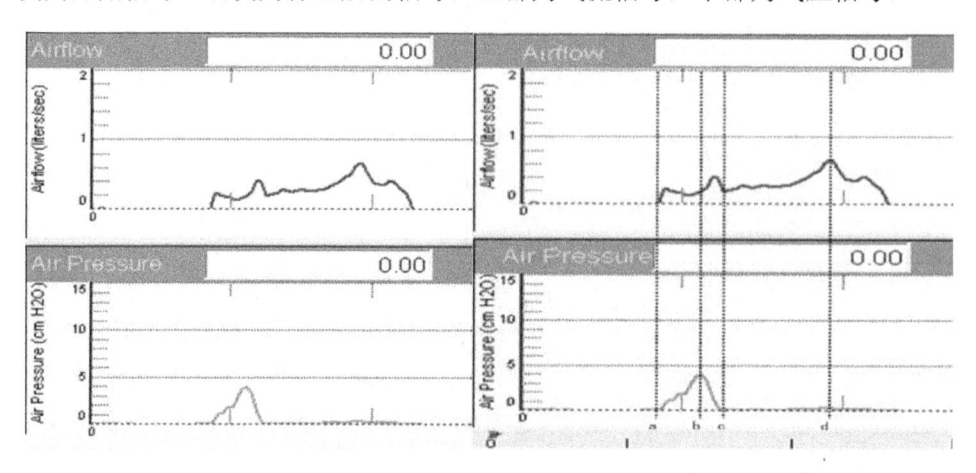

图4-3 音节 ba[pa]的气流和气压信号图[①]

辅音的气流和气压信号特征较明显，发音气流值的大小主要与气流量和气流速度有关。其中，气流量受发音时间和人体肺活量大小的影响，而气流速度与发音过程中通过的气流量和口腔空间体积大小有关，可以通过气流和气压信号观察到辅音声母从成阻开始到除阻的整个阶段（图4-4）。

---

① 此类图为软件运行结果的截图，下同。

图 4-4　音节 pa[pʰa]

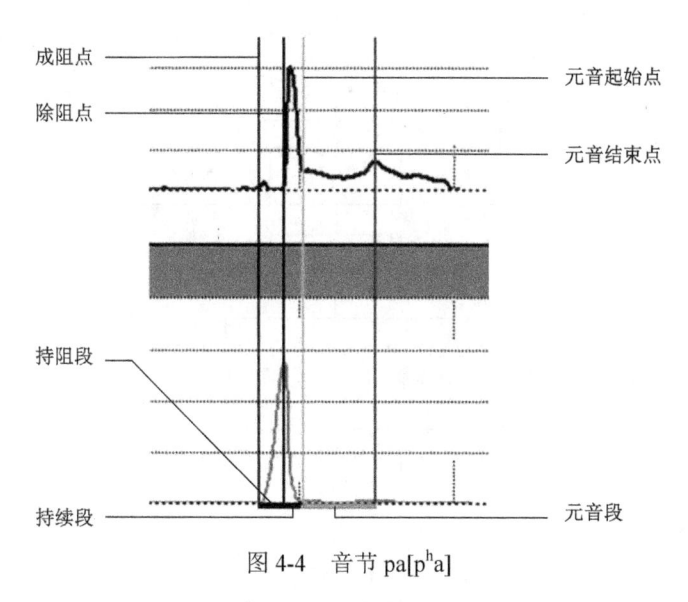

在实际分析过程中，研究者还将结合声学参数，按照发音方法的不同，对普通话辅音的气流和气压特征进行归纳，需要按照清浊对立和阻塞程度的不同，将辅音分为鼻音和边音、塞音和塞擦音、擦音三类。其中，鼻音和边音均为浊辅音；塞音和塞擦音阻塞程度最大，属于爆发辅音；擦音是在声道中有阻碍但是没有完全闭塞，气流从缝隙中摩擦发出的辅音。信号标记和参数提取完成后，最终对各部分参数分别加以统计，根据所有参数进行综合研究。

五、参数提取

实验中除了需要提取气流和气压参数之外，还需要结合语音声学参数，具体流程见图 4-5。整个实验的参数设置包括两个方面：第一，语音声学参数，包括元音强度、元音时长、元音共振峰、辅音时长、嗓音起始时间、辅音强度、浊辅音共振峰等。第二，气流气压参数，包括呼出气流时长、发音部分时长、最大呼出气流率、平均呼出气流率、发声时的平均气流率、呼出气流量、最大峰值气压、空气动力学功率、空气动力学阻力和发声效率等。

参数提取通过设备配套软件或采用自主编写提取平台的方式进行，例如，在使用 PAS6600 系统的气流气压实验中，语音参数的提取采用美国 KayPENTAX 公司的 Multi-Speech 语音分析软件和 PRAAT 软件；气流气压信号使用 PAS6600 分析软件或自主编写的气流气压信号分析和参数提取平台进行，从而有效提取所需语音参数。参数提取流程如图 4-5 所示。

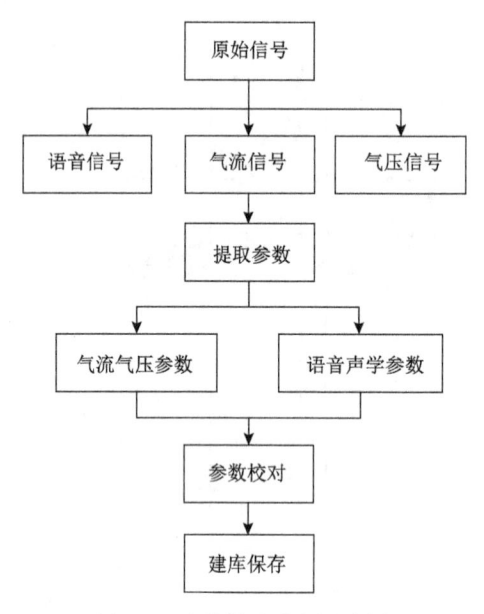

```
         ┌──────────┐
         │  原始信号  │
         └──────────┘
       ↓      ↓       ↓
  ┌──────┐ ┌──────┐ ┌──────┐
  │语音信号│ │气流信号│ │气压信号│
  └──────┘ └──────┘ └──────┘
              ↓
         ┌──────────┐
         │  提取参数  │
         └──────────┘
          ↓        ↓
  ┌──────────┐ ┌──────────┐
  │气流气压参数│ │语音声学参数│
  └──────────┘ └──────────┘
              ↓
         ┌──────────┐
         │  参数校对  │
         └──────────┘
              ↓
         ┌──────────┐
         │  建库保存  │
         └──────────┘
```

图 4-5　参数提取流程示意图

　　对标记后的信号根据研究内容提取所需参数，参数提取之后，需要建立数据库对参数进行保存。通常情况下，按照实验需要，在参数提取时，按照音位或者音节将其保存为独立文件，便于后期的统计分析。可以将待分析的数据保存在 Excel 表格中，使用 SPSS 19.0 统计学软件对数据进行统计分析，使用正确的分析方法得出结果。在具体参数的分析过程中，运用统计学相关分析方法，通过参数分析找出语音信号和气流气压信号之间的关系，研究其相关方向以及相关程度。如需研究性别差异，可以按男女进行性别分类，从而系统研究各参数的分布，以及男女在参数方面的差异。

　　通常情况下，在语音气流和气压实验中，参数分析过程主要是分析元音和辅音在不同音节中的具体情况，可以采用聚类分析或者相关分析的方法，在此基础上对参数进行分类，将各类参数划分至不同的类型中。元音部分主要是对气流参数的分析，以及对普通话韵母的分析。其中涉及的常用参数包括呼出气流时长、发音部分时长、最大呼出气流率、平均呼出气流率、发声时的平均气流率、呼出气流量和三个空气动力学参数。在具体研究中，还可以通过对声学信号和气流信号进行对比分析，从而研究音高变化与气流信号的关系，以及各参数在发音过程中的变化趋势，通过研究最终得出发音时的气流信号与语音信号之间的关系。

　　辅音部分主要分析汉语不同发音方法的辅音，主要是 21 个辅音声母。进行数据分析时，依据参数数据库中提供的声学参数和气流气压参数，可以按研究内容分别进行分析，分析各部位不同发音方法的语音气流气压变化，并对造成这种变化的原因予以阐述，然后对声学参数和气流气压参数进行系统的对比分析，分析两者之间的差异，最后综合分析各部分得出结论，得到最终的实验结果。

第三节 本章小结

言语空气动力学实验完成之后，对信号的分析和参数统计是研究的重要环节，也是得出实验结果的主要部分。参数分析过程中，可采用统计学的分析方法，通过具体语音参数分析得出语音信号和气流气压信号之间的关系，并进一步研究其相关方向和相关程度。

例如，在具体的普通话语音分析中，参数统计之后，要系统分析元音、辅音和不同音节结构的参数，可以采用聚类分析的方法，在相关分析的基础上对参数进行分类，将各个参数分到多个不同的类型之中。

普通话元音在发音过程中的持续时间较长，气流对元音的发音有重要影响，是产生声源信号的重要保障。在发音过程中，气流信号经过口腔的调节同样会发生相应的变化。通过对声学信号和气流信号进行对比分析，可以得出基频与气流信号的关系，以及各参数在发音过程中的变化情况，还可以得出元音在发音时的气流信号与语音信号之间的关系，考虑是否能通过气流参数区分不同元音；还可以研究基频与气流信号之间的关系，以及各参数在发音过程中的变化情况，最终得出韵母在发音时的气流信号与语音信号之间的关系。

辅音较为特殊，在发音过程中转瞬即逝，主要与成阻和除阻的程度、方式有关。辅音发音的特殊性决定了研究方法的不同，如使用动态电子腭位仪对辅音进行研究，无法采集非舌腭接触的语音，只能通过声学予以辅助。然而，通过气流和气压信号对辅音部分的研究中，对上述非舌腭接触的语音，使用气流气压计能采集到明显的气流和气压信号。辅音部分的分析同样需要将声学和气流气压进行对比，将保存好的声学参数和气流气压参数相对比，按照实验要求采用适当的统计方法，将最终统计结果与语言学相关知识结合起来，从而得出实验结论。

第五章
普通话元音与辅音的言语空气动力学参数特征

　　从言语产生的生理角度来看，语音之间的差异主要是依靠发音器官的调节实现的，说话过程中音高的调节、时长的控制和声音的强弱与人的生理机制有着重要联系，主要表现在嗓音的发声、呼吸气流的控制和共鸣腔的调节等方面。在发音过程中，声道是言语产生过程的气流和声波通道，包括肺部气管、喉部、咽腔、口腔和鼻腔几个部分。其中喉部作为声源产生的发音体，主要是将气流的动力转化为语音的能量，气流的动力在语音产生中起到了重要作用。从肺部呼出的气流成为声带振动以及气流摩擦或爆发的主要动力。口腔、咽腔和鼻腔的共鸣调节作用产生出不同的音色；不同部位对声道中气流的阻碍使声音产生不同的变化。

　　在发声过程中，气流的参与是必不可少的，气流在发声过程中对声带的振动有很重要的影响，主要表现在通过声门的气流流动方式和速度方面。孔江平（2001）在对嗓音的研究中将发声类型分为 7 种，分别是：①正常嗓音；②低调嗓音；③假声；④气嗓音；⑤气泡音；⑥吸气音；⑦双音调嗓音。其中，在假声、气嗓音、气泡音和吸气音的发音过程中，气流对其发声类型有着重要的影响。例如，假声在发声时会产生气流摩擦的噪声，主要是由高速通过声门的气流造成的，并且气流在发声过程中使声带产生了不规则的振动，声源上有明显的送气成分。气流在发声过程中影响着声带的振动模式和声源信号本身，一部分气流冲击声带振动产生声门信号，另一部分气流在声道内摩擦产生噪声。

在言语语言疾病研究过程中，研究者一般将伴随气流和嗓音的发声类型分为以下9种。①清音发声：气流通过声门的体积速度低于200—300 m^3/s，并且是以寂静无声的方式通过声门的。②气音：在发声时，声门处于开放的状态，喉部松弛，气流通过声门的速度较低，声音不响亮。气流运行方式是湍急的，是不带声的噪声气流，以大于200—300 m^3/s 的体积速度通过开放的声门。③耳语：在发声过程中，声门前部完全靠拢，在声门的后部留有一条较宽的缝隙，声带不振动。气流通过声门的缝隙产生摩擦噪声，经过声道的调节作用产生嗓音。④挤喉性，外挤性：是由气流冲出声门，并且声门闭合向上运动产生的发声。⑤正常嗓音：声带处于有规律的振动模式，并且每个周期都完全闭合，整个发声过程中没有摩擦噪声的产生。⑥假声：是一种特殊的发声类型，发声时声带拉紧、变薄，声门微微打开，声门下压力较小，气流通过声门时伴有轻微的耳语声。⑦气嗓音：发声时，喉部肌肉张力很小，声带产生振动，但声门不完全闭合，气流量较大，产生"呼吸音"或"叹气音"的嗓音音色。⑧气息音：是一种发声障碍的表现，发声过程中，由于声带边缘不能适当闭合，嗓音中可能听到带有很多"漏气"的声音。⑨低语：发声时，声带前部互相靠拢而喉部有裂隙或者整个声带振动，但在声带没有完全合拢的情况下，声门同时产生嗓音和耳语的复杂发声类型（姜泗长，顾瑞，2005）。因此，气流在整个发声过程中处于重要地位，大致可以概括为两个方面的作用：①气流在声带振动过程中，在声门肌的共同作用下，使声带产生周期性的声门波；②气流在声道中通过声门，并在声道中产生摩擦，从而产生非周期性的噪声波。

汉语实验语音学发展至今，对元音和辅音的研究，在声学、生理和感知领域都有所涉及。例如，在声学方面，《现代汉语音典》从普通话音节的发音特点、声学参数、韵律特征和频谱表现等多维度描述了汉语语音的特点和变化规律（蔡莲红，孔江平，2014）。在生理方面，对元音主要从舌位分析、下颌开度和唇形比较方面进行了细致描述；对辅音主要从发音的启动作用、调音作用和发声作用三个方面进行了分析和研究（吴宗济，林茂灿，1989）。在感知方面，研究较广泛的是元音声调的感知。本章主要结合普通话发音的特点，在现有研究成果的基础上，针对普通话中典型的元音和辅音，从气流和气压信号参数出发，描述和分析在单音节结构中的空气动力学特征。元音部分的分析主要以气流信号为主，辅音部分的分析将结合发音过程中的气流和气压两方面进行。

本章主要通过分析和描述普通话音节中元音和辅音的发音过程，结合空气动力学相关参数，采集普通话中典型元音和辅音的语音、气流和气压信号，在对信号进行描述分析之后，得出语音参数方面的特征和相互差异。研究过程主要包括实验材料、信号标记和参数提取。其中实验材料主要是信号采集音节的确定、信号的采集方法、发音人的选择；信号标记和参数提取部分主要介绍对元音和辅音标记的具体方法和原则，以及参数的选择依据和数据的保存方法。

第一节 实验概况

一、实验材料

本部分实验材料主要为普通话单音节，元音部分的音节为零声母的音节结构，包括具有代表性的单元音、前响二合元音、后响二合元音和中响三合元音。辅音部分选择普通话中可做声母的 21 个辅音和可做鼻韵尾的 1 个辅音。汉语普通话中能够做声母的辅音，按照不同发音部位和发音方法，可分为塞音、塞擦音、擦音、鼻音和边音；音节中做韵尾的辅音主要选择后鼻音韵尾/-ŋ/为研究对象，并与/-n/进行对比分析。本章实验主要分为信号采集、信号标记、参数提取和统计分析，具体流程如图 5-1 所示。

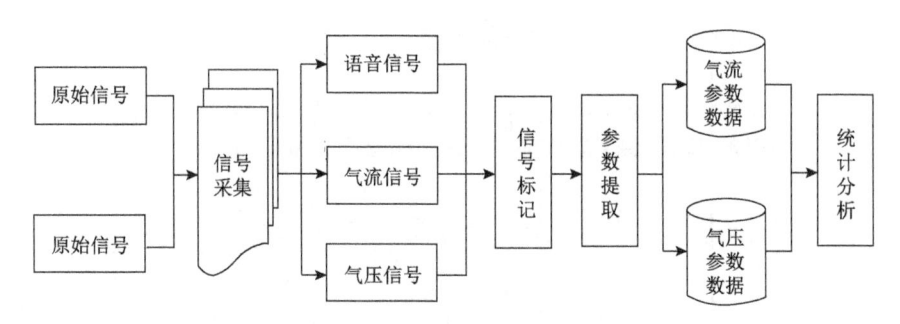

图 5-1 普通话元音与辅音的空气动力学特征分析实验流程

在信号采集过程中，需要向发音人介绍实验仪器的相关信息，并介绍具体的实验方案，避免发音人对仪器和实验产生顾虑，从而影响实验数据的准确性。采集过程中，为了确保气压信号的准确度，每个音节读 5 遍，并且严格按照一次呼吸对应一个音节的标准。为避免呼吸、疲劳对信号的影响，将信号采集时间控制在 15 分钟以内，并且采集时发音人为站立姿态。信号采集环境为专业语音实验录音室，为确保室内外气压的平衡，信号采集过程中打开通风循环系统。

本章实验中选择的发音人为 20 名成年人，男性与女性各 10 人，年龄为 25—29 岁，平均年龄为 26 岁。鉴于肺活量对实验数据的影响，10 名男性的肺活量和 10 名女性的肺活量均符合实验标准。语言背景均为北方方言，知识背景为语言学和计算机技术，普通话水平成绩为二级甲等和一级甲等两类。发音人发音标准，无言语障碍和言语疾病史，无哮喘、肺炎等呼吸系统疾病和吸烟史，信号采集期间无感冒相关症状。

二、信号标记和参数提取

按照研究内容，信号标记主要分为元音信号的标记和辅音信号的标记两个部分，标记时剔除采集过程中有问题的信号，如音节发音错误、气流中出现面罩漏气的信号等。因实验设备的制约，本章所用气流气压计采集的气流信号为鼻腔和口腔气流的总和，信号在采集软件上的波形显示为设备采集到的口鼻流信号，如气流信号波形的每一个位置的数据，是对应采样点（时间点）在口腔和鼻腔呼出的气流量，因此波形的幅度反映了气流速度的大小，每一时间点幅度的高低可以反映该时刻气流量的多少。气压波形为每个时间点的压力值，为发音时的口腔内压力。标记时根据信号波形，对信号进行检测，从而保障被提取参数的准确性，同时降低实验数据的误差。信号标记时将结合语音信号作为参照，对气流和气压信号按照参数提取部分进行标记。关于元音部分的标记，图 5-2 为单元音/a/标记图。

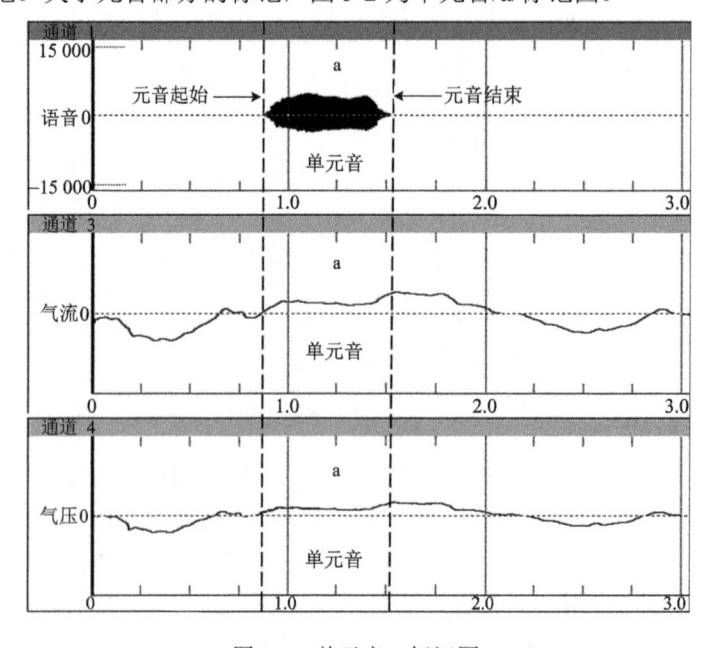

图 5-2　单元音/a/标记图

第五章　普通话元音与辅音的言语空气动力学参数特征

辅音部分的标记情况较复杂，由于普通话中的大多数辅音不能单独发出，需要在音节结构中对辅音参数进行提取。图 5-3 是声母辅音/p/标记图，图中的整个信号是音节 ba，需要在标记时除去元音部分。

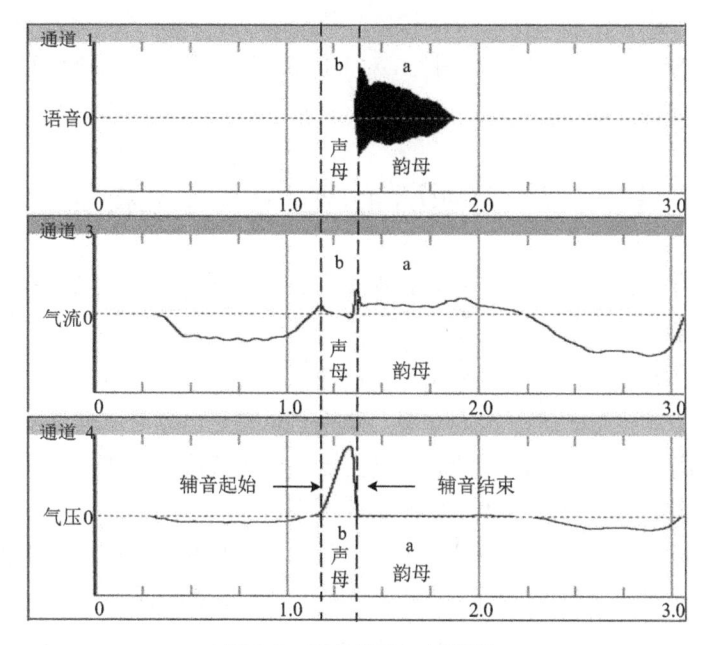

图 5-3　声母辅音/p/标记图

从上至下的三通道分别是语音、气流和气压信号。本章实验中，元音部分包括单元音、二合元音和三合元音三部分，参数提取整个音节部分的元音。根据气流信号可以明显看出吸气和呼气的部分，由于元音发音时气流较为通畅，气压值在元音部分的表现不明显。若只依据气流信号标记，无法确定元音音节的起始和结束位置，只能根据语音波形判断。在标记好元音段之后，按设置的参数模式提取整个元音或复合元音的音节参数。辅音部分的标记以气压信号为准，成阻开始时气压上升的位置是辅音的起始位置，口腔内成阻气压达到最大值时，紧接着辅音从口腔爆发而出，会形成一个气流峰值，该气流位置即辅音的结束位置。从语音波形来看，在除阻还未完全时，元音已经开始发音，重叠的部分由协同发音作用产生。在参数提取时，同时提取气流和气压参数，气流参数为整个辅音段的参数，气压参数主要计算气压峰值和空气动力学参数，从而便于在分析过程中对不同辅音的发音气流和气压进行描述。

参数提取之后，在分析过程中将通过图表的方式进行，为了较为直观地显示气流和气压的波形信号，本章将省略数据统计，整体以图的形式展示。元音部分的参数包括单元音和复合元音两部分，相关气流参数为呼气时长、最大呼气速度、平均呼气速度、呼出气流量和言语空气动力学阻力。辅音部分的参数包括辅音声母和鼻音韵尾两部分，相关气流和气压参数为呼气时长、平均气压峰值、最大呼气速度、平均呼气速度、呼出气流量、空气动力学功率和空气动力学阻力。统计分析使用 SPSS 19.0 统计学软件进行，对 20 人的整体数据分别统计对应元音或辅音的气流和气压参数的最大值、最小值、均值和标准差。

第二节　普通话元音信号及参数特征

元音在发音时，口腔内没有形成阻碍，汉语普通话中常见的元音音位有 10 个，分别是/a/、/o/、/e/、/ə/、/i/、/ɿ/、/ʅ/、/u/、/y/、/ɚ/。本书中的元音分析主要是对/a/、/o/、/e/、/i/、/u/、/y/这 6 个元音进行分析，主要以气流信号为主。由于元音在发音时口腔内的气流较为平缓，口腔空间的变化会对气流速度产生一定影响，而气压值很低可忽略，所以，本节主要对元音气流信号进行分析，以分析元音在发音过程中的气流方式和具体参数的区别。

在对元音信号的声学分析研究中，主要是从基频和共振峰两个角度进行，其中基频主要是对不同声调的元音进行分析，通过共振峰分析可以得出舌位的高低、前后变化，以及唇部的圆展情况。元音共振峰是元音音质最主要的声学特征，是由声带振动作为激励源经声腔共鸣形成的。不同的元音有不同的声腔形状，就有各自的共振峰。在元音的各个共振峰中，前两个共振峰对音色起重要的作用，与舌位的高低和前后有关。第三个共振峰与唇部的圆展有直接关系，从而造成了不同元音的区别。元音基频与声门的开合有关，声门每开合一次的时间就是基音周期，基音的倒数为基频。一般情况下，男性的基频范围为 50—250 Hz，女性和儿童的基频范围为 100—500 Hz。基频的大小不仅有年龄差异，还有性别差异。基频主要与声带的大小、宽窄、薄厚和松紧程度有关，还与声门上和声门下之间的气压差以及气流速度有关。

元音属于乐音，声音响亮并且发音时长较长，在音节中，其长度和强度均占有较大优势。气流从肺部呼出，先经过声门，再经过喉腔、口腔和鼻腔。从元音气流类型来看，元音属于层流，而且气流在口腔中不受阻碍，口腔及喉腔的肌肉均衡紧张。元音的发音持续时间较长，气流贯穿于元音发音的整个过程，由于唇的圆展、舌位的高低、舌位的前后和口腔内空间的变化，气流速度会受到影响而有所改变。因此，接下来的部分将对元音气流进行分析，包括单元音和复合元音部分。

第五章　普通话元音与辅音的言语空气动力学参数特征

一、单元音

本部分的单元音分析选择了普通话中舌位高低、前后和开口度大小不同的 6 个具有代表性的元音。复合元音分析中选择了普通话中的 13 个复合元音韵母。

如图 5-4 所示，从上至下分别是气流信号、气压信号，参数统计的数据部分省略。图中元音部分的气流信号较为平稳，气压信号非常微弱，由于不成阻，气压信号波形与气流信号一致，表现为气流呼出时的冲击压。元音/a/的气流呈逐渐升高的趋势，参数中除了空气动力学阻力大于 3 个标准差之外，其余参数均小于 1 个标准差，由此说明各参数与平均值的离散程度不大。

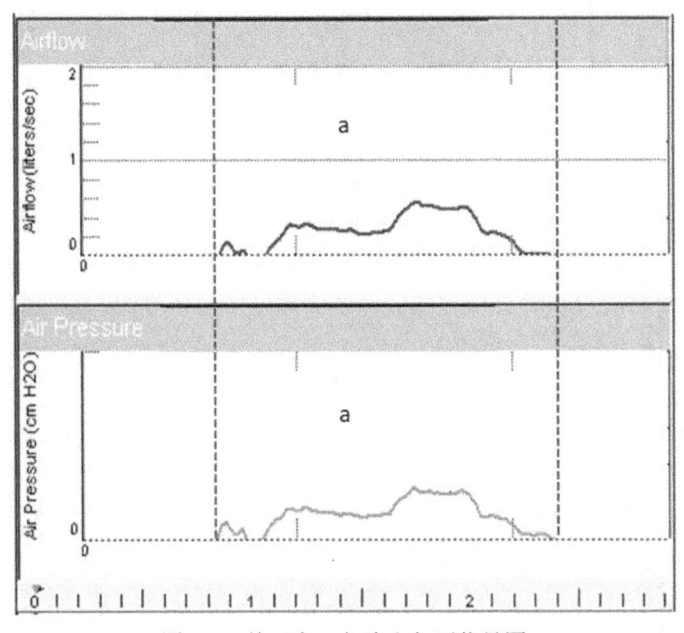

图 5-4　单元音/a/气流和气压信号图

元音/o/气压和气流信号的波形走势与元音/a/类似，为逐渐升高的趋势。从参数统计结果（图 5-5）来看，平均呼气速度和呼出气流量的平均值大于/a/的数据，而其余的数据均比/a/的数据小。元音/a/和/o/的差别主要在于唇的圆展和舌位的不同，后面将通过统计分析得出造成参数差异的原因。

元音/ə/在元音舌位图中处于中间位置，从信号的整体趋势来看，信号波形走势平稳。从整体参数（图 5-6）来看，/ə/的参数都比舌位靠后的元音/o/大，呼气时长和呼出气流量主要与发音持续时间有关，元音单音节差别不大。最大气流速度中，/ə/数据与/a/接近，比/o/大，主要与舌位靠前有一关。/ə/的平均气流速度和空气动力学阻力都大于元音/a/和元音/o/，更说明这两个参数与舌位的高低有关。

67

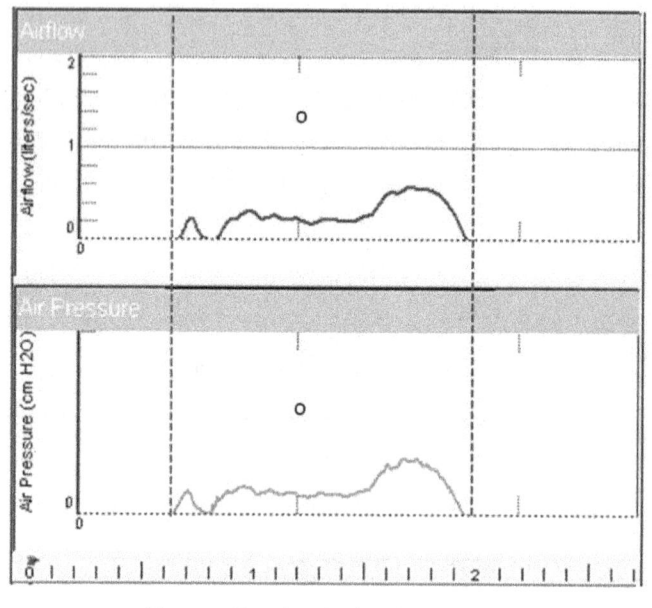

图 5-5　单元音/o/气流和气压信号图

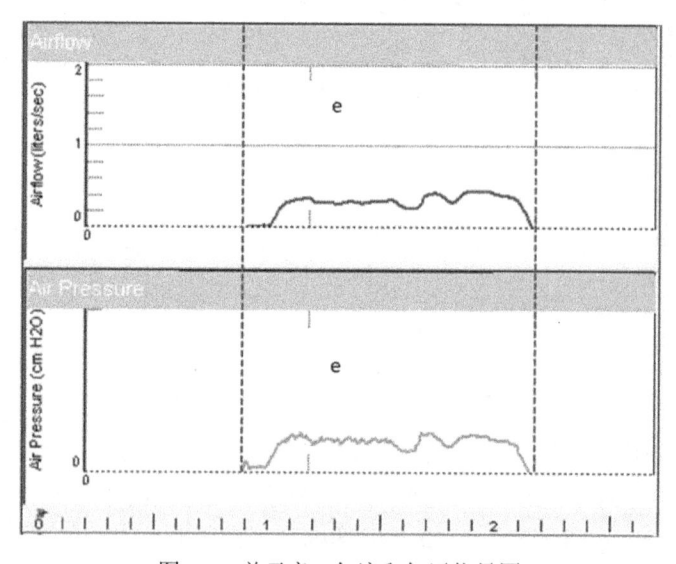

图 5-6　单元音/ə/气流和气压信号图

前高展唇元音/i/的信号走势呈上升趋势，在发音起始处的气流速度较大，但后来有速度降低的一段，然后继续增大，主要与发音过程中舌头靠前的趋势有关。在元音/i/的发音过程中，如图 5-7 所示，气流和气压参数与之前元音不同，气流速度整体较大，空气动力学阻力参数也较大，说明在发音过程中气流受到一定的阻碍，从较窄的通道中高速流出，正符合元音/i/发音的舌位和口腔情况。

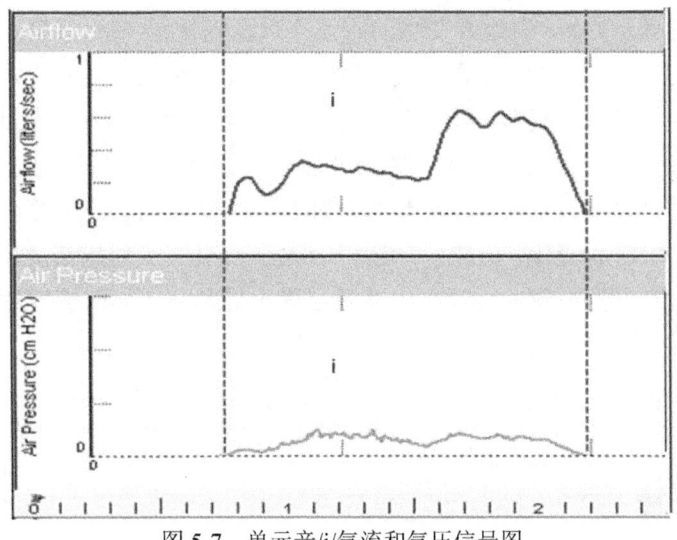

图 5-7　单元音/i/气流和气压信号图

元音/u/是后高圆唇元音，舌位高低与/i/接近，舌位的前后与/o/接近且都为圆唇元音。从气流和气压信号来看，气压段只在发音开始的位置出现，并且气流的波动较大，在发音结束的位置气流较急促，充分反映了普通话撮口呼的特点。从参数（图 5-8）来看，最大气流速度与元音/i/接近，但是平均呼气速度和空气动力学阻力较小，但比/a/、/o/和/ə/大，从参数表现来看，其更加证实了舌位的高低与呼出气流量和空气动力学阻力有关，而舌位的前后表现在最大气流的参数变化和大小方面。

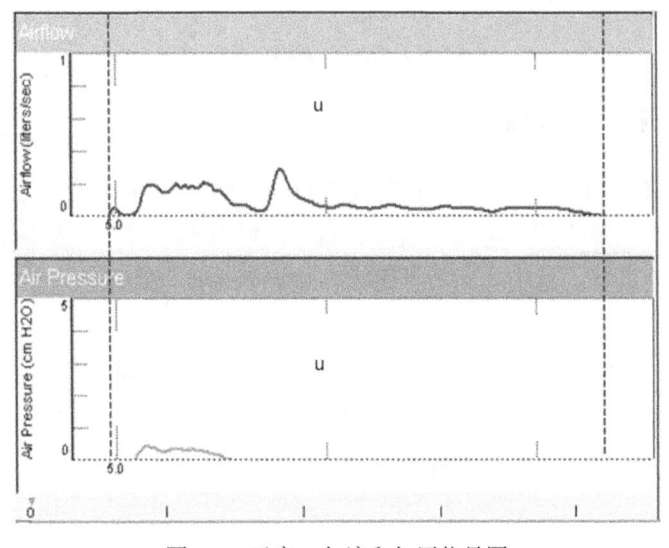

图 5-8　元音/u/气流和气压信号图

前高圆唇元音ü/y/的信号在中间有一个气流速度较大的部分，与/u/的情况类似，同样反映了撮口呼元音在发音时气流的运行模式。在参数方面同样证实了舌位高低和前后对气流参数的影响，并且在空气动力学阻力较大的情况下，平均气流速度也呈增大的趋势（图 5-9）。因此，从平均气流速度和空气动力学阻力参数的大小来看，虽然元音发音时气流不受阻碍，但在发音过程中随着舌位的高低和前后变化，口腔内部体积的大小会对气流通道造成影响。由于元音发音时气流不受阻碍，所以在气流通道变小的情况下，气流速度会呈增大的趋势。

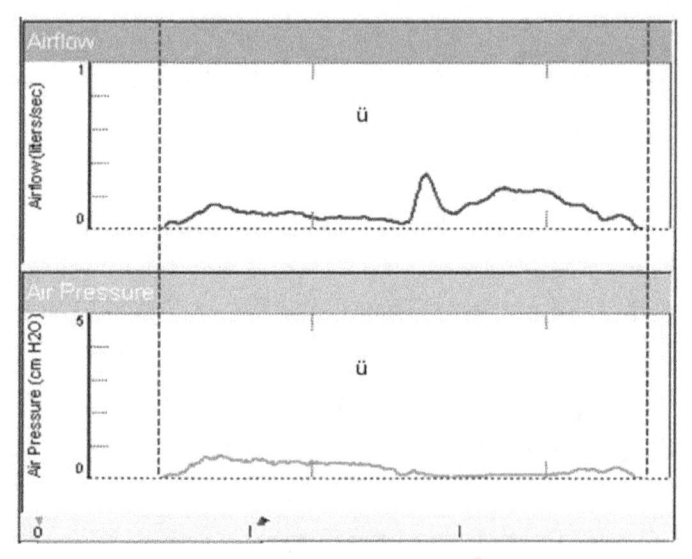

图 5-9　元音/y/气流和气压信号图

二、前响二合元音

从图 5-10 中前响二合元音/ai/的气流和气压信号来看，二合元音/ai/中元音/i/的起点大致在气流中间峰值的位置，元音/a/的呼气部分较长。在参数方面，气流速度接近单元音/a/，且空气动力学阻力与单元音/a/的差距不大，说明整体参数受/a/的影响程度较大一些。

如图 5-11 所示，/ao/的信号整体较平稳，舌位从低到高的过程中，气压在/o/的部分有较弱的上升趋势。/ao/参数与两个单元音的参数都较接近，主要表现在气流速度和空气动力学阻力方面。

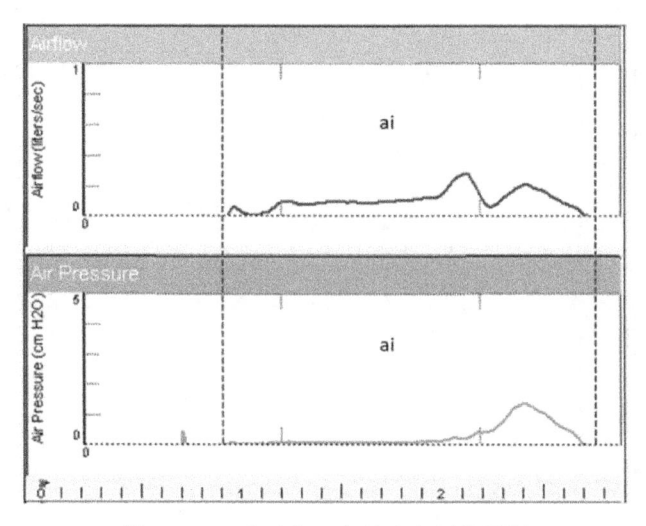

图 5-10　二合元音/ai/气流和气压信号图

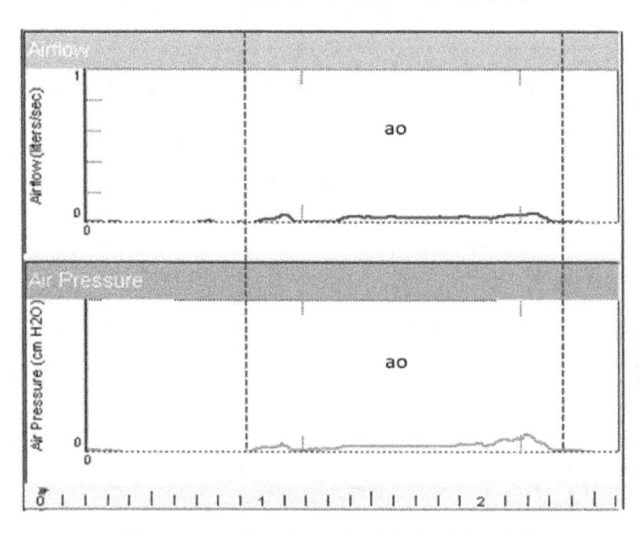

图 5-11　二合元音/ao/气流和气压信号图

如图 5-12 所示,从央元音/ə/到/i/的过渡中,从信号波形来看,元音/i/的起始位置位于整个音节的中间,在元音/ə/气流速度逐渐下降的同时,/i/的气流速度突然升高,气流速度参数和空气动力学参数接近元音/ə/的数据。

二合元音/ou/在发音过程中,由元音/o/向/u/滑动。发音时开口度由大变小,舌位由低向高运动,舌位前后位置变化不大。在气流和气压信号的表现方面,如图 5-13 所示,整体信号由于开口度逐渐变小,在元音/u/的位置,气流和气压信号波形都有上升的趋势。同样,/ou/的气流速度和空气动力学阻力参数更接近元音/o/的数据。

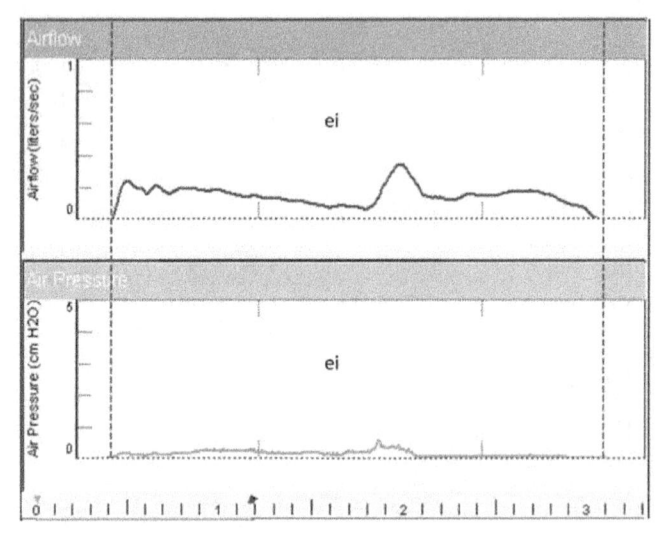

图 5-12　二合元音/əi/气流和气压信号图

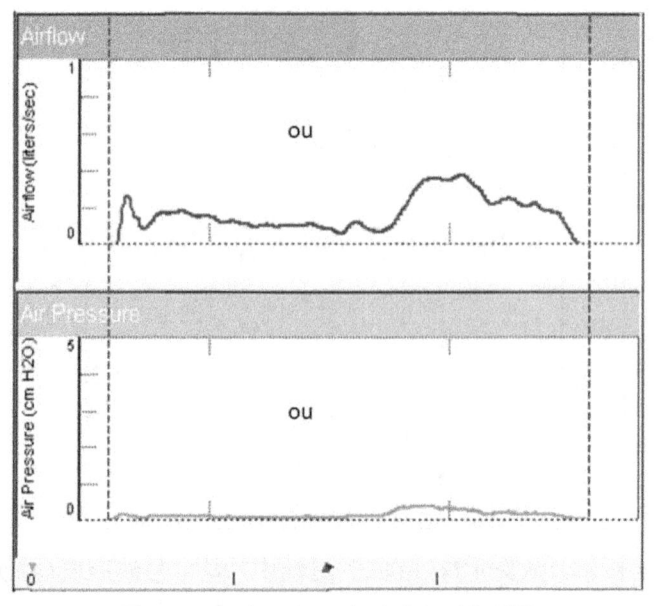

图 5-13　二合元音/ou/气流和气压信号图

三、后响二合元音

后响二合元音与前响二合元音的情况相反，在图 5-14 中，虽然元音/i/的舌位高，气流速度快，但是整体信号中/a/的气流速度较快。从参数来看，二合元音/ia/同样与前响元音的表现相反，整个部分的参数在气流速度和空气动力学阻力方面的数值均接近后接元音/a/的参数，从而说明后响元音的参数受后接元音的影响较大。

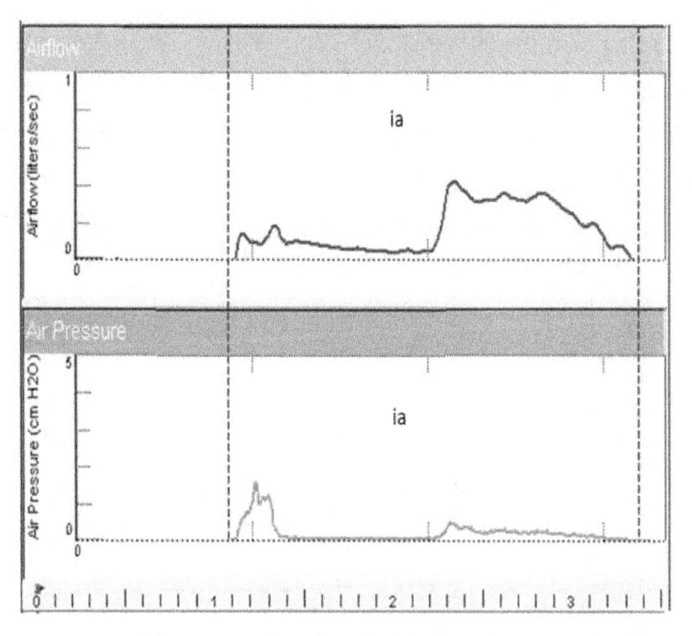

第五章 普通话元音与辅音的言语空气动力学参数特征

图 5-14 二合元音/ia/气流和气压信号图

二合元音/ie/的气流和气压信号与/ia/的情况较一致,在图 5-15 中,后接元音的气流速度大于前接元音的气流速度。最大气流速度、平均气流速度和空气动力学阻力数据均接近后接元音/ə/的参数值。

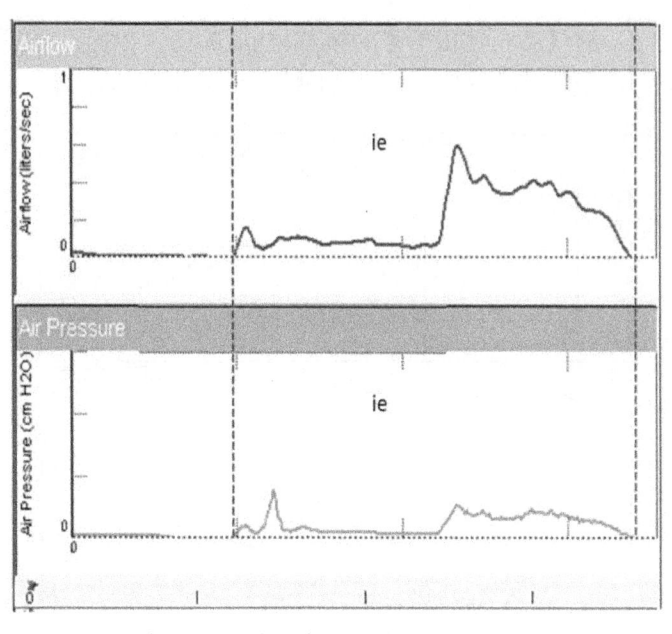

图 5-15 二合元音/ie/气流和气压信号图

如图 5-16 所示，在/ua/的气流和气压信号波形中，在元音/u/的位置有一个气流峰，说明此刻气流在口腔内受阻，主要是在/u/发音时由撮口的作用造成的。其参数表现与前接元音相同，受后接元音的影响较大，参数值与前接元音接近，呼气时长和呼出气流量的差异不明显。

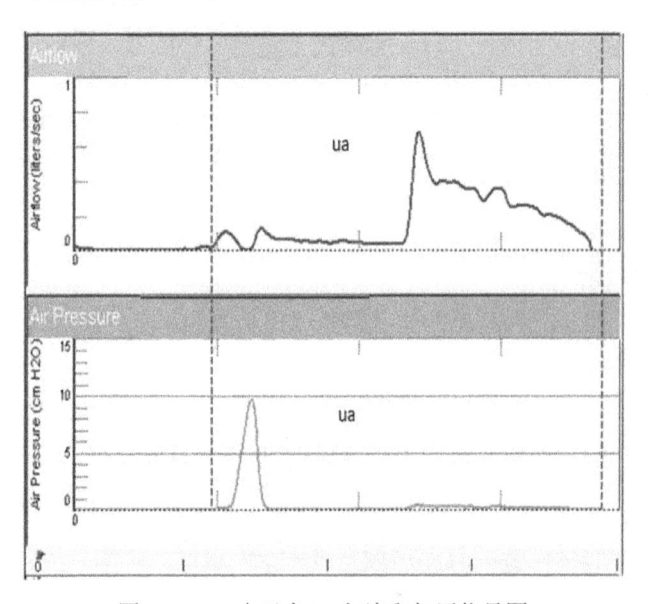

图 5-16 二合元音/ua/气流和气压信号图

二合元音/uo/的气流和气压信号的波形与/ua/的情况相同，由于/u/的发音特点，在图 5-17 中的起始位置有一个较弱的气压峰，并且表现出后接元音的气流速

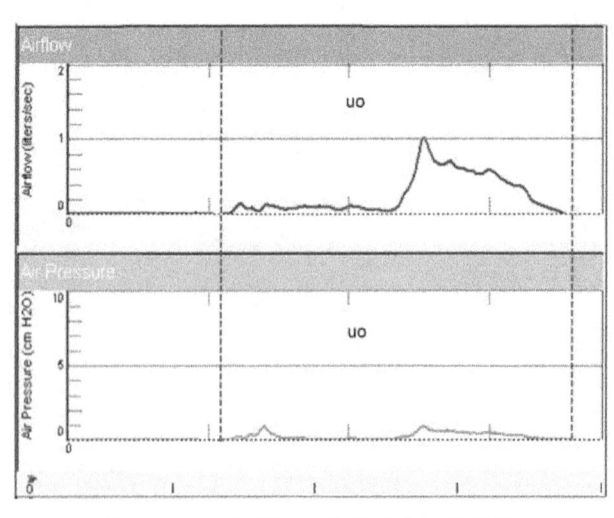

图 5-17 二合元音/uo/气流和气压信号图

度大于前接元音的气流速度。在参数差异方面，/uo/与/ua/的最大气流速度和平均呼气速度的参数平均值很接近，如在平均呼气速度上，/ua/的平均值为 0.10 L/s，/uo/的平均值为 0.11 L/s，两者的差距很小，且都接近/u/的平均呼气速度（0.09 L/s）。

二合元音 üe/yue/的气流和气压信号波形表现与其他后响二合央元音的特征类似，表现为后接元音起始段的速度大于前接元音，如图 5-18 所示。气流速度和空气动力学阻力参数的值接近后接元音的平均值，更加证实了在后响二合元音中，后接元音的气流参数参与整个二合元音部分参数的程度较大。

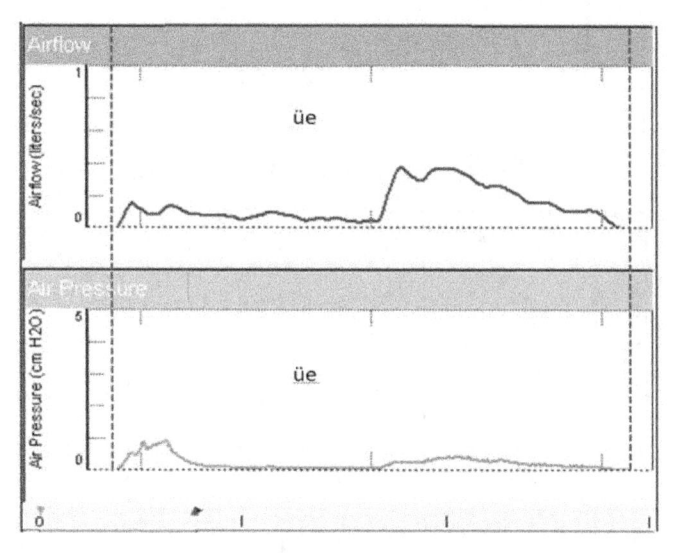

图 5-18　二合元音/yue/气流和气压信号图

四、中响三合元音

三合元音的气流和气压信号波形为三个元音的组合，三合元音过渡段较为复杂，在结尾处均有气流速度加快的部分，图 5-19 中后接元音/o/结束位置的发音气流有增加的趋势，主要是由发音结束时的闭口造成的。气流速度和空气动力学阻力参数接近中间元音/a/的参数，与前接元音的差值较大。

三合元音/iou/的信号波形情况变化不大，如图 5-20 所示，在元音/i/的位置气流速度较大，之后由于舌位靠后且降低，气流速度呈下降的趋势。

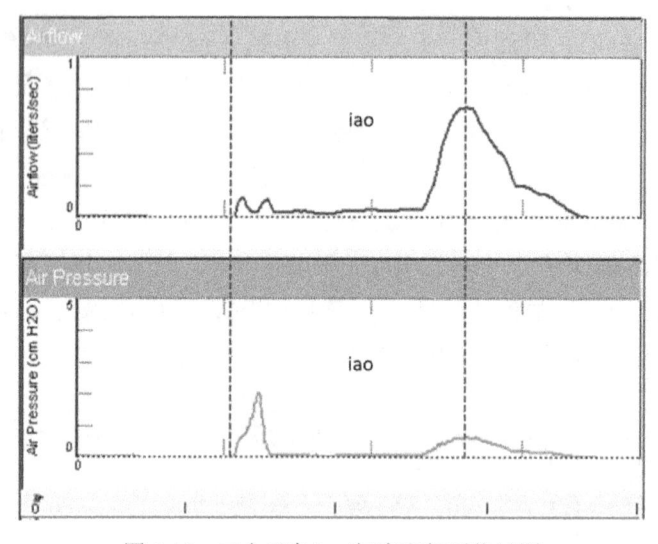

图 5-19　三合元音/iao/气流和气压信号图

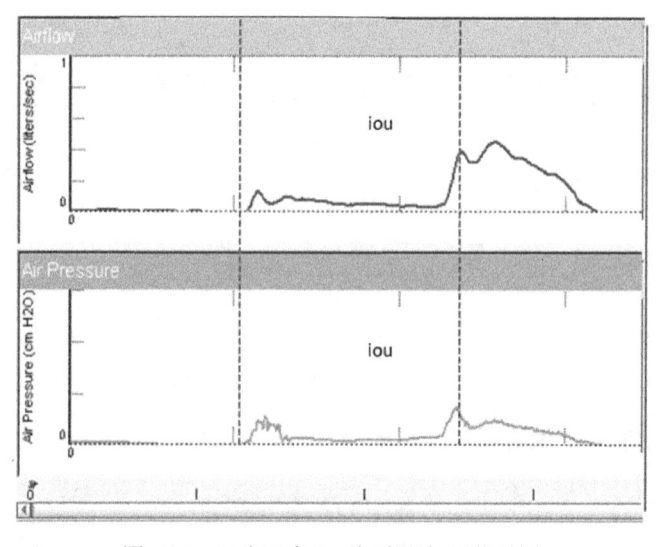

图 5-20　三合元音/iou/气流和气压信号图

从整体参数的对比来看，三个元音的参数中，最为接近的同样是中间元音的参数，结合二合元音的特点，同样说明了在中响元音中，中间元音对整个部分的气流参数影响较大。虽然元音/i/气流速度快，但是在三合元音中，由于相互之间的影响，加之时长较短，其对整体气流速度参数的影响不大。由于三合元音中各元音间的相互影响，/uai/中的信号没有太大的变化，如图 5-21 所示，气流和气压特征均符合各元音发音的特点。但是气流速度和空气动力学阻力参数与整体平均值较为接近的是前接元音/u/，与之前的两个三合元音的情况有差别。

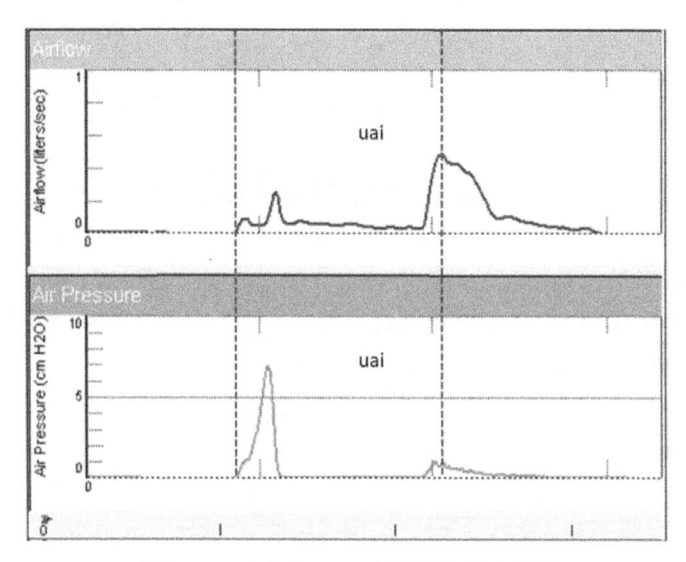

图 5-21　三合元音/uai/气流和气压信号图

同样，在图 5-22 中，以/u/开头的三合元音 uei/uəi/的信号走势表现与三合元音/uai/的情况相似，并且气流参数同样表现为前接元音/u/的气流速度均值接近整体参数的均值。

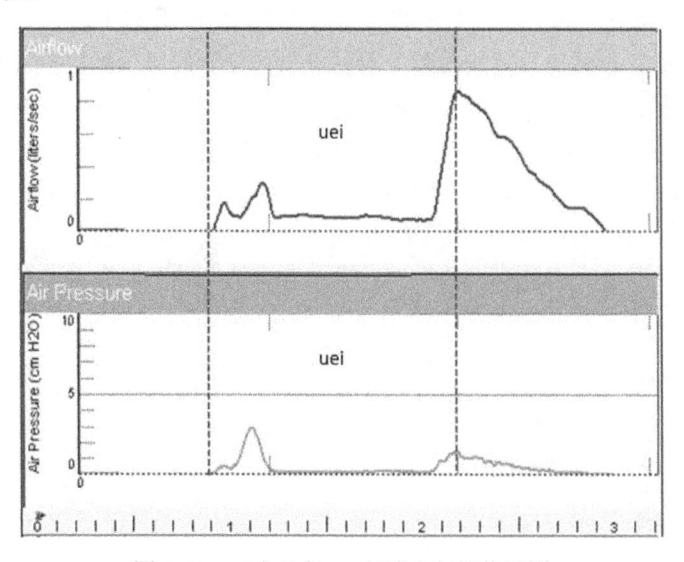

图 5-22　三合元音/uəi/气流和气压信号图

综上，在三合元音和二合元音中，各元音在音节中的贡献程度不同，前响二合元音受前接元音的影响较大，后响二合元音受后接元音的影响较大；而三合元音情况较为特殊，在/iao/和/iou/中，与整个音节气流速度和空气动力学阻力参数较接近的是中间元音,而在/uai/和/uəi/中则为前接元音。造成该差异的主要原因是三合元音中音节内的协同影响,三合元音过渡的复杂性导致了在气流参数方面差异的不规律。

第三节 普通话辅音信号及参数特征

辅音的发音过程是动态的,在发音过程中气流由肺部呼出,经过喉头和声道,在口腔中受到阻碍爆发而出。气流在辅音发音过程中起到重要作用,通常按照发音的时程,可将辅音发音过程分为成阻、持阻和除阻几个阶段,在持阻和除阻阶段,发音器官和外界会产生气压差。由于辅音的气流和气压信号特征明显,通过对辅音气流和气压信号的特征及参数进行分析,可得出各辅音在参数和信号方面的区别。

在信号和数据分析中,塞音、塞擦音、擦音、鼻音和边音的信号之间存在差异,但是内部差异较小。因此,在分析的过程中,主要以参数分析为主,以信号分析为辅,综合气流和气压两部分参数,对声母辅音和鼻韵尾辅音进行描述和分析。

一、塞音

塞音均为爆破程度较强的辅音,图 5-23 为塞音 b/p/的气流和气压信号图,阻塞程度较大,从气流和气压信号的整体走势来看,从成阻到除阻的过程中,气压在不断增加,除阻的瞬间气流从口腔内爆发出来,从而形成了爆破程度较强的辅音。从参数方面来看,辅音呼气时长很短,范围为 0.43—0.19 s。气压峰值代表了成阻中形成的最大压力,压力值越大,说明成阻的程度越大。气流速度参数为除阻时的瞬时气流速度,由于/p/在发音中不送气,除阻时的速度相对于送气音较低。

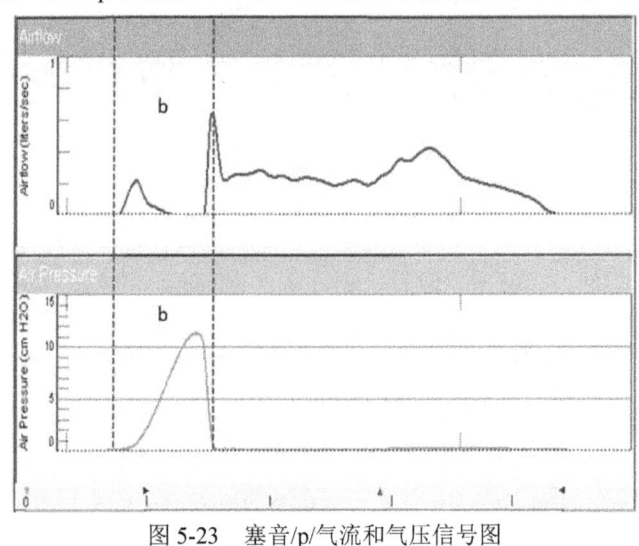

图 5-23 塞音/p/气流和气压信号图

第五章 普通话元音与辅音的言语空气动力学参数特征

图 5-24 中为送气塞音 p/ph/，气流信号与不送气音塞音 b/p/的差异较小，而气压信号在除阻时的位置和气流速度最大时刻之间的时间差较大，主要是送气段的存在，除阻时，加之送气作用，气流峰值较不送气音出现较晚。从参数方面来看，相同发音部位的两个辅音送气音的呼气时长、气压峰值、呼气速度、呼出气流量和空气动力学效率较不送气音更大，而空气动力学阻力较小，说明送气音在送气段的气流量和气压值的大小可以反映送气音的特点。

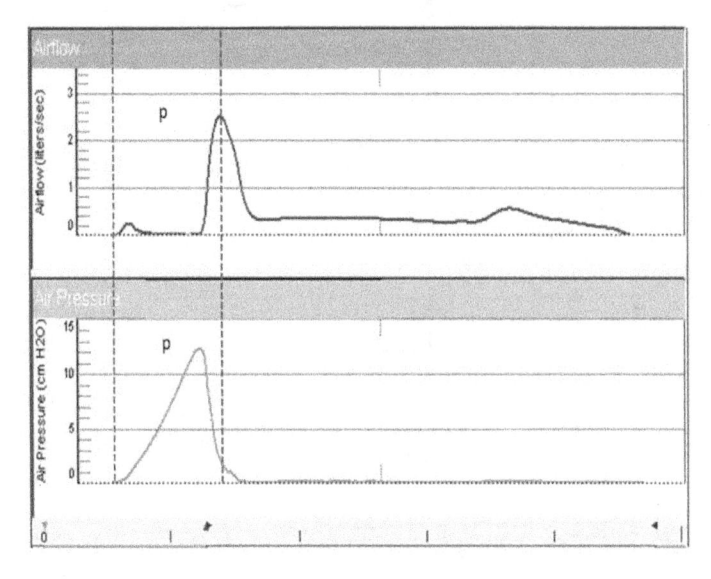

图 5-24　塞音/ph/气流和气压信号图

从图 5-25 和图 5-26 来看，d/t/和 t/th/在舌尖成阻，发音部位较 b/p/和 p/ph/靠后，与双唇塞音信号的差异较小。塞音 d 和 t 的发音部位均在舌面，在发音过程中，气流在舌面受阻碍，成阻时间较长，不送气音的阻碍程度相对送气音较大。气压信号的表现与其他塞音特征类似，送气音的气压在除阻之后衰减较慢。在参数统计结果中，d 和 t 的差异主要表现在发音方法上，参数方面的主要特征为送气音的时长较长、成阻程度较大、呼气速度较快、呼出气流量多且具有较大的空气动力学功率。虽然舌位靠后，但是对辅音气流和气压参数似乎没有产生影响，将结合舌根音做进一步分析。

从图 5-27 和图 5-28 中的舌面后音参数来看，气流和气压信号在成阻段的时长较短，发音部位越靠前的成阻段的时长越短，此外再无其他明显差异。塞音 g/k/和 k/kh/在信号采集过程中，因为舌位较靠后，采集到的信号存在一定的误差。为了避免误差对参数的影响，在采集过程中对气压管进行调整，将其放置于发音成阻的部位，以严格控制信号质量。在气流信号方面，送气音比不送气音的强度大，气流速度的峰值更明显。在气压信号方面，舌面后音比双唇和舌面塞音的成阻强度小，表现出送气音比不送气音的成阻时间更长的特征。

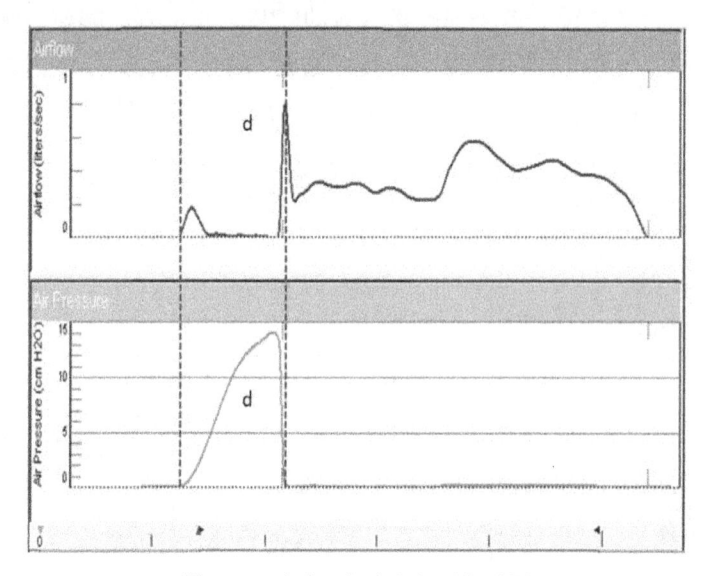

图 5-25 塞音/t/气流和气压信号图

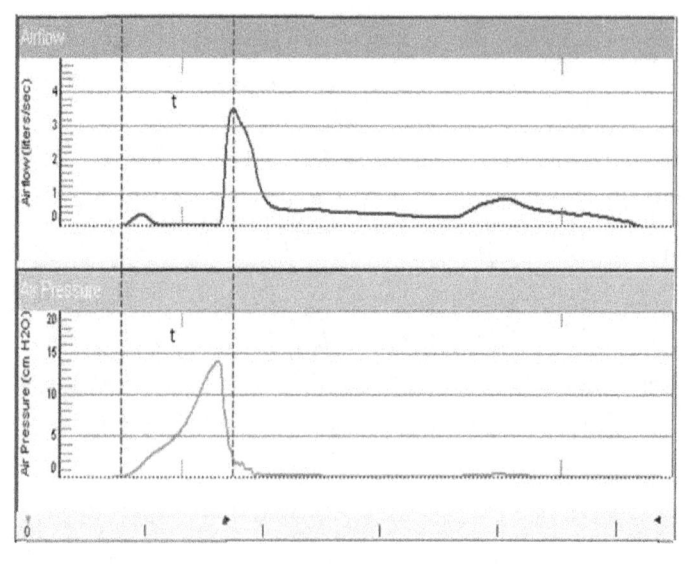

图 5-26 塞音/th/气流和气压信号图

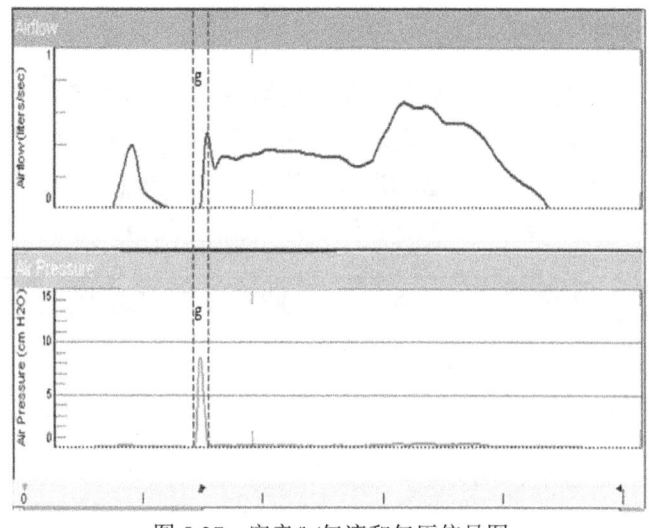

图 5-27　塞音/k/气流和气压信号图

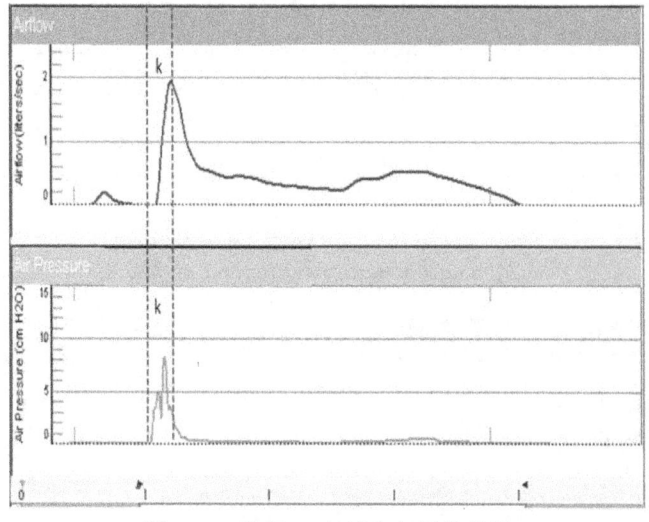

图 5-28　塞音/kh/气流和气压信号图

参数方面的差异主要表现在发音方法上，呼气时长、成阻程度、除阻时的最大气流速度、除阻段的气流速度和呼出气流量在塞音之间的区别不明显。虽然发音部位不同，但空气动力学功率和空气动力学阻力参数与其他塞音中的表现相同，主要表现在发音方法方面，与发音部位的前后关系不大。

因此，通过对以上 6 个塞音的数据和信号进行分析可以得出，塞音之间的差异主要表现在发音方法的送气与不送气方面，而发音部位的差别对参数的整体影响较小。除了空气动力学阻力的标准差较大以外，其余参数的标准差都较小，说明塞音发音时的阻碍程度在发音人个体间的差异较大。

二、塞擦音

塞擦音和擦音在发音过程中的除阻情况不同，塞擦音除了有与塞音相同的阻塞段以外，还有阻塞之后摩擦的过程。从图 5-29 和图 5-30 的信号来看，阻碍部位最靠后，位于舌面，不送气音和送气音的气压峰值和气流峰值的距离都较大，说明在除阻之后，伴随着气流的摩擦过程，气流速度增至最快。

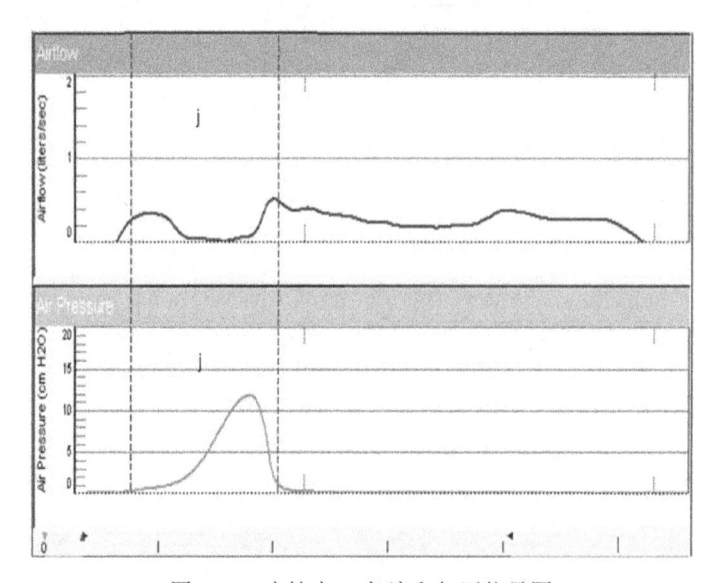

图 5-29　塞擦音/tɕ/气流和气压信号图

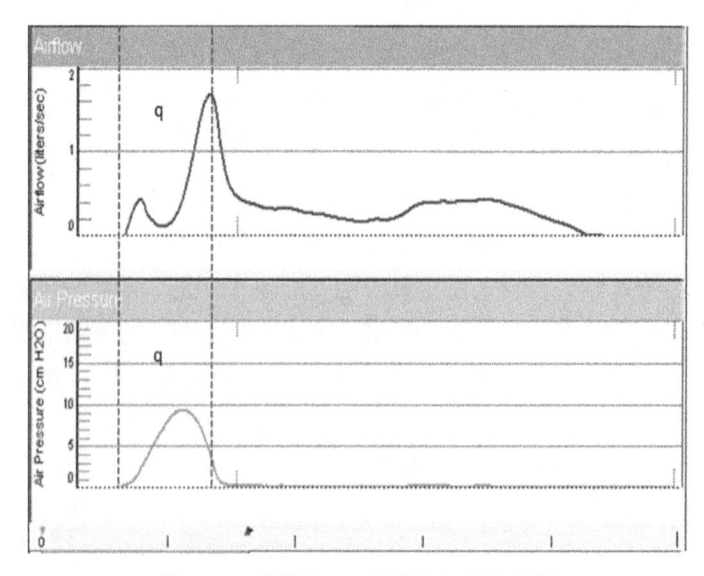

图 5-30　塞擦音/tɕh/气流和气压信号图

塞擦音在摩擦段的气流速度达到最快，并且随着后接元音的发音逐渐衰减。其在参数方面的表现与塞音不同，除了送气与不送气的差别之外，/tɕ/和/tɕh/的气压峰值之间的差异不大，不送气音的阻碍程度略大于送气音。

塞擦音中，/ts/和/tsh/是舌位最靠前的一组辅音，成阻部位在舌尖前部。从图5-31和图5-32来看，它们与塞擦音/tɕ/和/tɕh/相似，在除阻之后气压逐渐下降的过程中，随着气流速度的加快，在发音器官内摩擦成声。

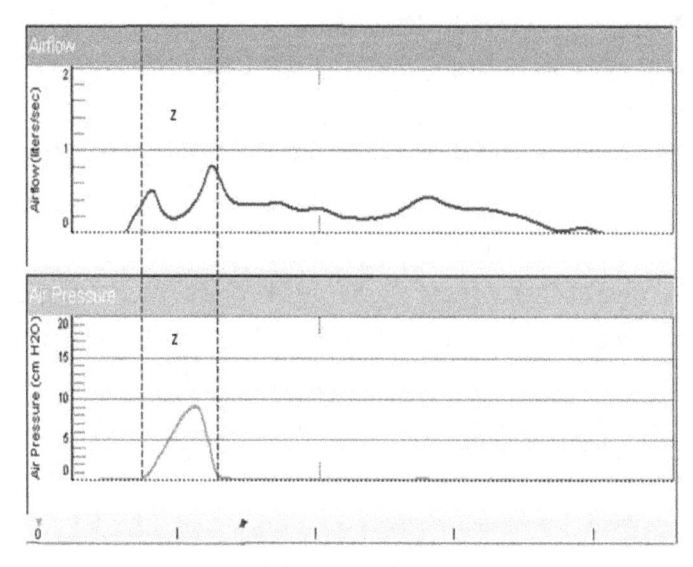

图 5-31　塞擦音/ts/气流和气压信号图

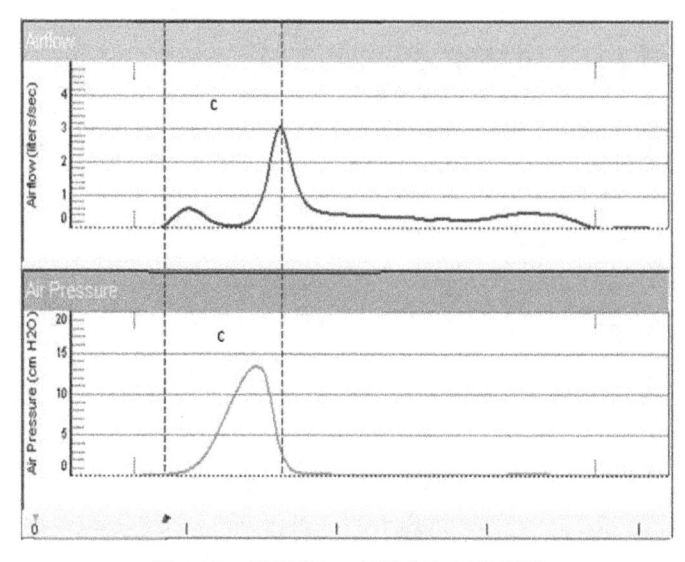

图 5-32　塞擦音/tsh/气流和气压信号图

在具体的参数中，除了空气动力学阻力之外，其余参数均表现为送气音大于不送气音。将/ts/和/tsh/的参数与/tɕ/和/tɕh/的参数均值对比来看，在塞擦音中，舌位前后不同，但是在辅音之间的差异不是很大。在平均气压峰值上，最大的是/tɕ/，为 13.70 cmH$_2$O，其次是/tɕh/，为 11.57 cmH$_2$O，略大于/ts/和/tsh/，其余参数的表现大致相同，由此说明塞擦音舌位的前后对成阻时阻碍程度的影响较弱，与塞音舌位前后对气流和气压参数的影响类似。由于塞擦音和塞音在发音时的情况不同，之后将对比两类辅音参数之间的差异。

塞擦音声母/tʂ/和/tʂh/发音部位在舌尖前硬腭，成阻时的气流和气压信号与前两组塞擦音相似，如图 5-33 和图 5-34 所示。在参数方面，表现出送气音参数明显大于不送气音，平均气压峰值的变化范围不大，与其他部位的塞擦音成阻程度的差异较小，在气流速度和呼出气流量等参数上表现出同样的特征。因此，气流和气压参数在塞擦音内的差异不明显，受舌位前后的影响较小。

将整体参数与塞音参数对比来看，塞音和塞擦音的呼气时长都在 0.3 s 左右，塞音的平均气压峰值较塞擦音高，说明塞音成阻程度较大。除阻时的最大气流速度反映出除阻时气流的爆发程度，塞音的爆发程度较大。在平均气流速度和呼出气流量方面，塞擦音大于塞音，说明塞擦音在爆破之后的摩擦段气流速度较快，并且因摩擦送气的作用，气流量相对较大，结合信号图也可以直观看出。在空气动力学阻力上，塞音和塞擦音的表现相同，表现为不送气音大于送气音，说明不送气音在发音过程中，在共鸣腔内受到的阻力较大。从空气动力学功率来看，发音中送气塞音产生的功率最大。

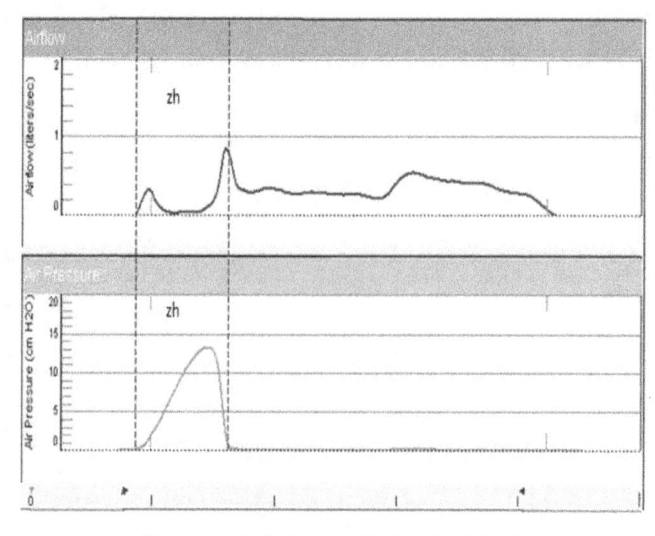

图 5-33　塞擦音/tʂ/气流和气压信号图

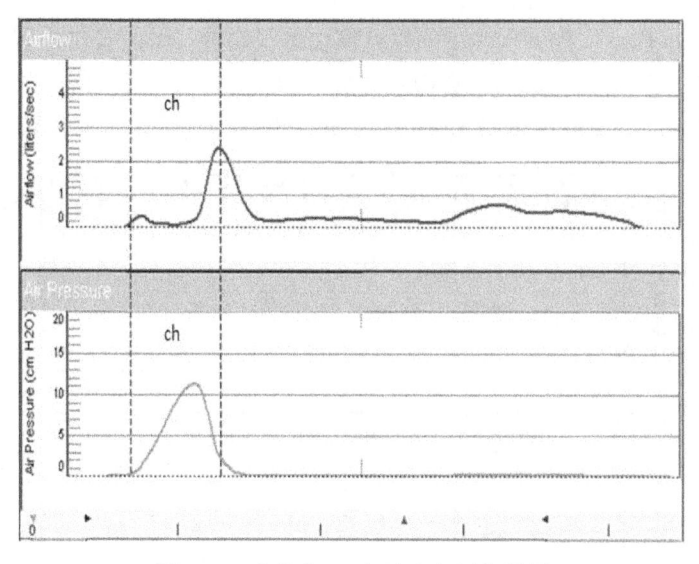

图 5-34　塞擦音/tṣh/气流和气压信号图

三、擦音

擦音的发音过程和方法与塞音、塞擦音不同,从图 5-35 的信号波形可以看出,从擦音/f/发音开始到结束的过程有着持续且较快的气流速度,口腔内气压也随气流发生变化。其气压峰值、气流速度、呼出气流量等参数都较小,空气动力学功率和阻力参数比塞音和塞擦音的送气音小,比不送气音大。

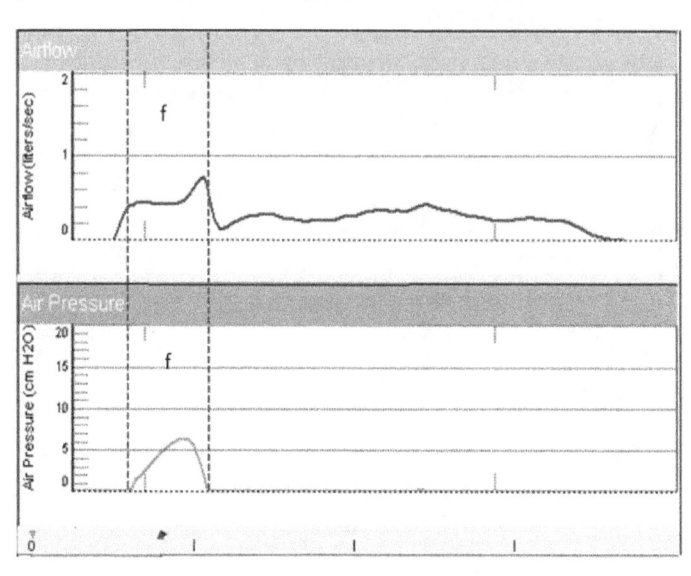

图 5-35　擦音/f/气流和气压信号图

如图 5-36 所示，擦音/s/和/f/的发音部位都很靠前，/f/在唇齿位置，/s/在舌尖前位置，气压信号波形反映出成阻的性质，阻碍程度较小，阻碍与送气摩擦同时进行。擦音/s/的气压峰值参数大于/f/，说明/s/发音时对气流的阻碍程度较大。

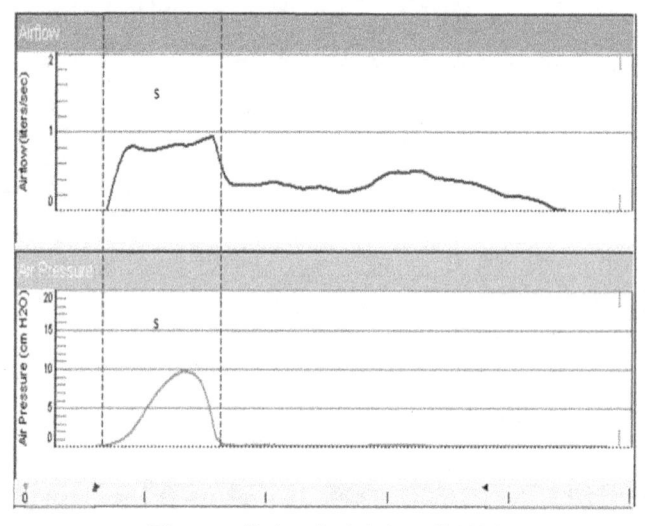

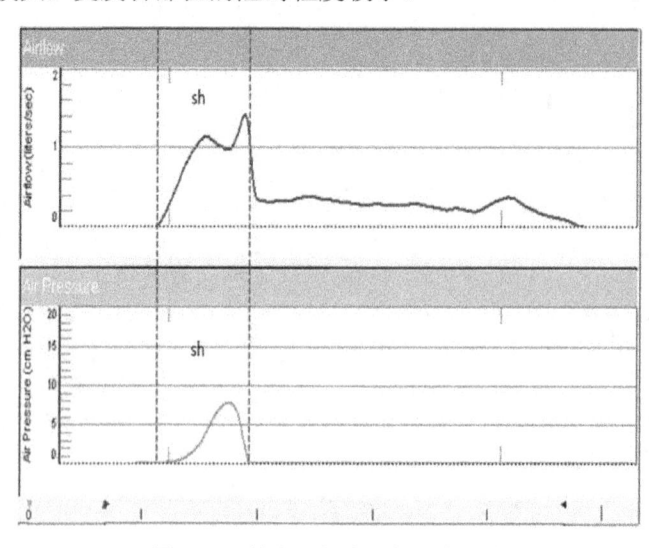

图 5-36 擦音/s/气流和气压信号图

舌尖后成阻的擦音/ṣ/发音部位相对靠后，舌有卷起的动作，成阻部分在舌与上腭接触的位置。气流和气压信号如图 5-37 所示，/ṣ/的成阻程度比/s/和/f/小，但是气流速度和呼出气流量最大，且空气动力学阻力最小，说明/ṣ/在发音时受气流摩擦的程度较大，受发音部位的阻碍程度较小。

图 5-37 擦音/ṣ/气流和气压信号图

关于/r/z/的语音性质，目前研究者还存在不同的看法，通常认为它是浊擦音，但与其他浊擦音的性质还有所不同，如具有发音持续时间较长的特征。发音过程中，舌尖有卷起的动作，并且在上腭部位对气流形成阻碍，气流通道较窄，摩擦成声。从图5-38中擦音/z/的气流和气压信号来看，气流速度呈先下降再上升的趋势，气压峰值、气流速度和呼出气流量相对之前的擦音较小。空气动力学参数也呈现出较小的特征，反映出/z/发音过程中气流受阻碍的程度和气流摩擦的程度都较小。

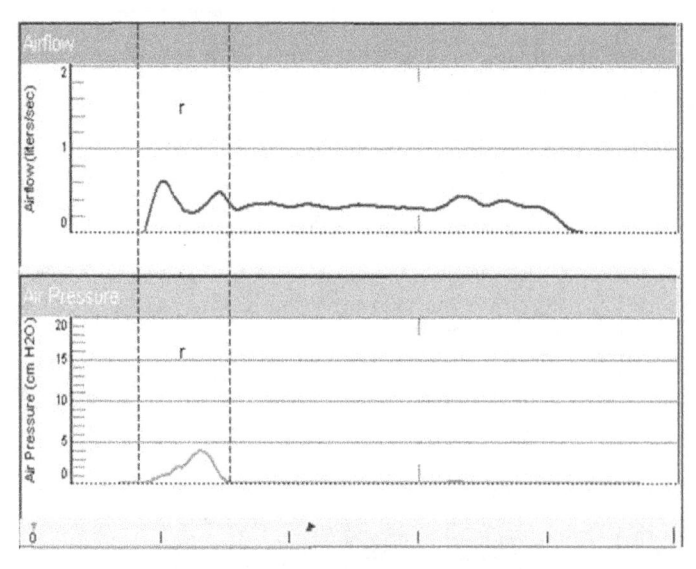

图 5-38　擦音/z/气流和气压信号图

擦音/ɕ/的发音部位在舌面，发音时气流受舌面和硬腭的摩擦，摩擦持续时间较长。图5-39中的气流和气压信号特征与擦音/s/、/f/和/ʂ/相似。在参数方面，平均气压峰值、气流速度、呼出气流量和空气动力学参数也接近擦音/s/、/f/和/ʂ/的参数范围。因此，/s/、/f/、/ʂ/和/ɕ/在发音过程中的气流特征和参数比较接近。

擦音/x/在发音过程中，成阻部位在软腭位置，为不完全阻碍，气流在狭缝中流出，受阻碍程度较小。从图5-40的气流和气压信号来看，其气流速度呈逐渐增大的趋势，平均气压峰值较其他擦音低，但是气流速度和呼出气流量参数在所有擦音中最大，说明擦音/x/在发音过程中气流摩擦成声的同时，气流受阻碍的程度最小，从而导致了较大的气流速度和呼出气流量。从空气动力学参数来看，参数值也具有同样的特征，在所有擦音中的值最小，表现为发音过程中对气流阻碍程度较小的特征。

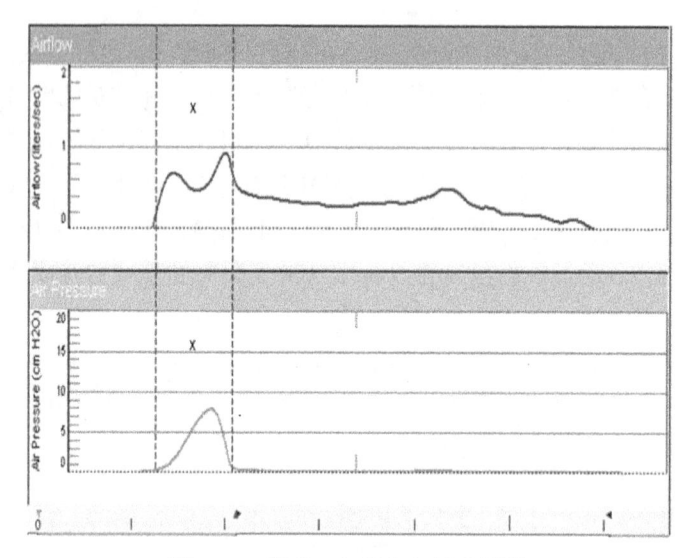

图 5-39　擦音/ɕ/气流和气压信号图

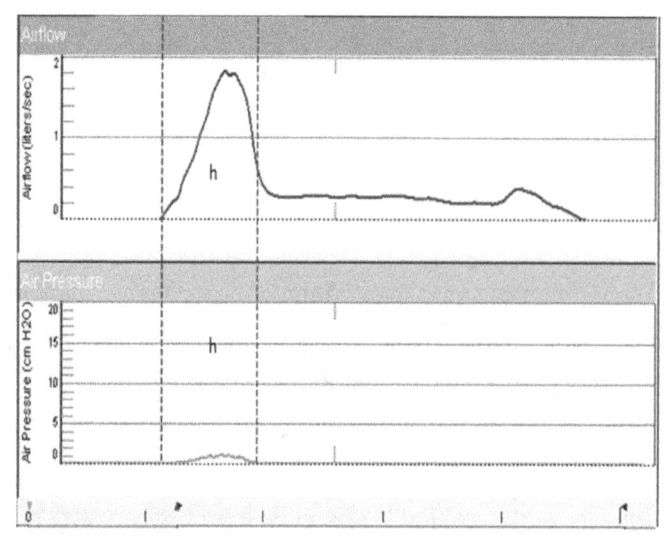

图 5-40　擦音/x/气流和气压信号图

四、鼻音和边音

鼻音在发音过程中伴随着软腭和小舌的下垂，口腔完全闭塞，鼻腔通道畅通，声源信号伴随着气流在鼻腔中形成共鸣。

普通话中可以做声母的鼻音只有/m/和/n/，从图 5-41 和图 5-42 中/m/和/n/的气流和气压信号来看，虽然在口腔内形成阻碍，但是鼻腔畅通，气流受阻碍的程度较其他类型的辅音小。气流速度整体波动不大，气压值也较小。发音过程中口腔内发音部位会形成完全阻碍,但是鼻腔通道打开,气流由鼻腔呼出,速度较小。

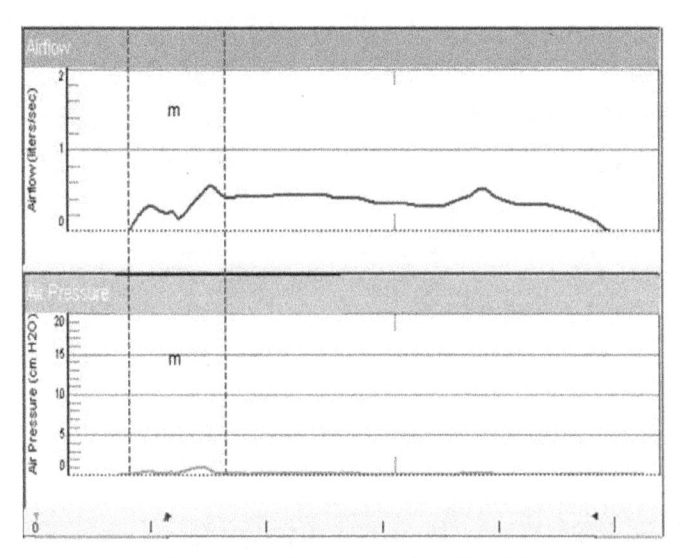

图 5-41　鼻音/m/气流和气压信号图

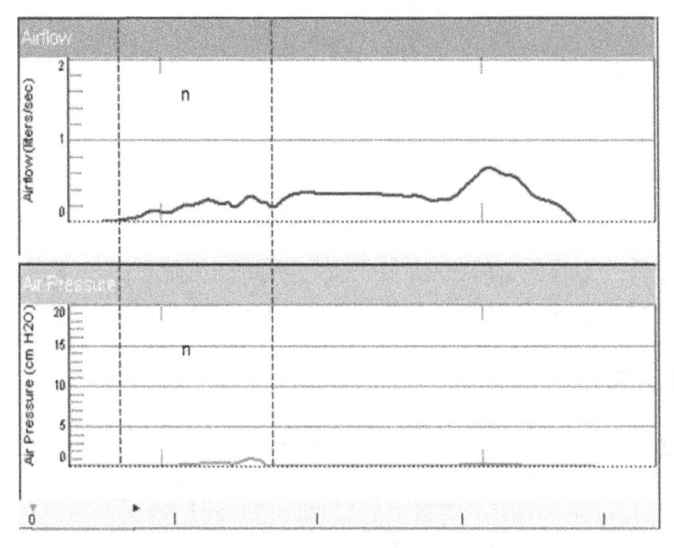

图 5-42　鼻音/n/气流和气压信号图

鼻音的空气动力学参数在所有辅音中是最小的,表明鼻音发音时虽然在发音器官内受阻碍,但是阻碍程度很小,呼出气流的速度很慢。其在参数方面的表现在所有辅音中最接近元音气流参数,这也是导致元音和鼻音组合的音节结构中元音容易受鼻化、鼻音容易受元音弱化的因素之一。

边音在发音过程中舌尖和舌两侧抬起并与上腭接触成阻，气流从舌侧面流出成声，在此过程中声带产生振动。辅音/l/是普通话中唯一的边音，发音的阻碍部位在舌尖位置。图 5-43 中气流信号在发音过程中波动不大，从发音开始到后接元音部分都有气流呼出。平均气压峰值较低，与发音时的阻碍方式息息相关。在所有参数中，气流速度较慢，呼出气流量也较小，但是略大于不送气的塞音。在空气动力学阻力参数中，功率较低，说明气流呼出口腔的功率较低，虽然受阻碍，但是受阻碍程度很小。

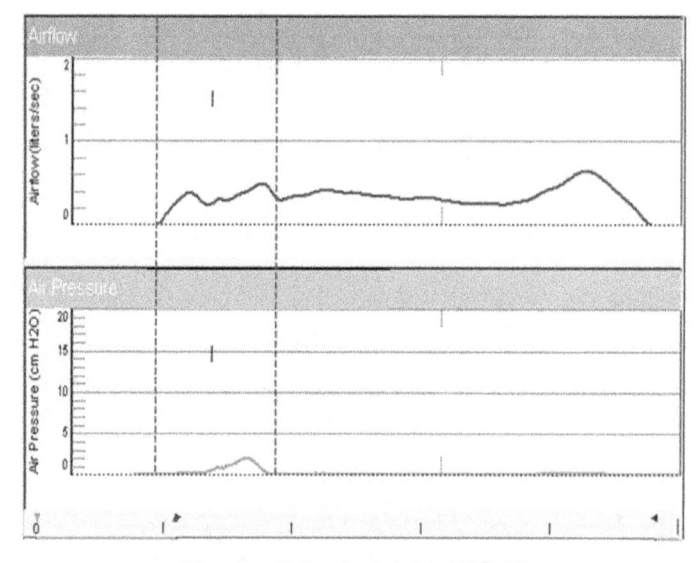

图 5-43 边音/l/气流和气压信号图

因此，边音作为普通话中发音部位较特殊的一类辅音，在发音过程中的气流特征表现为受较弱程度的阻碍，气流以较低的速度从舌叶两侧呼出并摩擦成声。

五、鼻音韵尾

鼻音韵尾在普通话中有/n/和/ŋ/两个，均由元音后加鼻音构成，在发音过程中，会受到前接元音的协同影响。从图 5-44 和图 5-45 的气流和气压信号波形来看，做韵尾鼻音的气流信号与做声母的鼻音信号区别不大。但是受前接元音的影响，鼻音韵尾有明显的弱化现象，在口腔内几乎不受阻碍，气流和气压波形的一致性与元音相似。

在参数特征方面，鼻音韵尾的呼气时长范围与/m/和/n/在声母位置时接近，在 0.3 s 左右。气流速度和呼出气流量在前后鼻音间的差别不大，但是小于做声母的鼻音参数。空气动力学阻力参数为负值，说明鼻音韵尾在发音过程中受到的

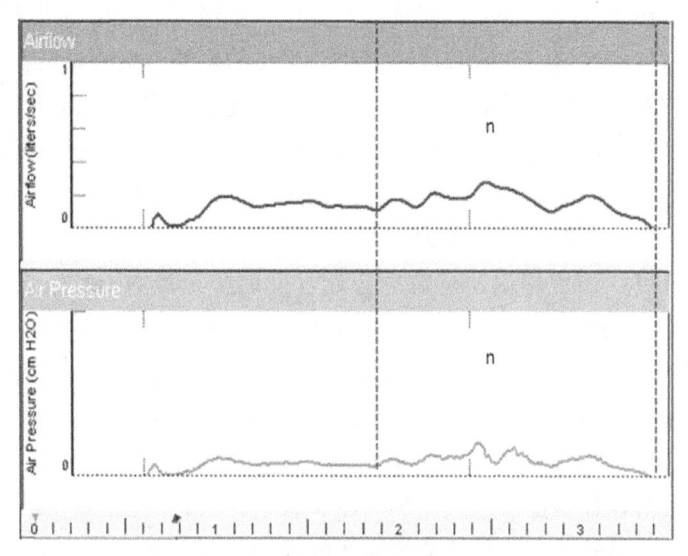

第五章　普通话元音与辅音的言语空气动力学参数特征

阻力很小，表现出了元音的性质，充分说明了鼻音在做韵尾时的弱化特性。

图 5-44　鼻音韵尾/n/气流和气压信号图

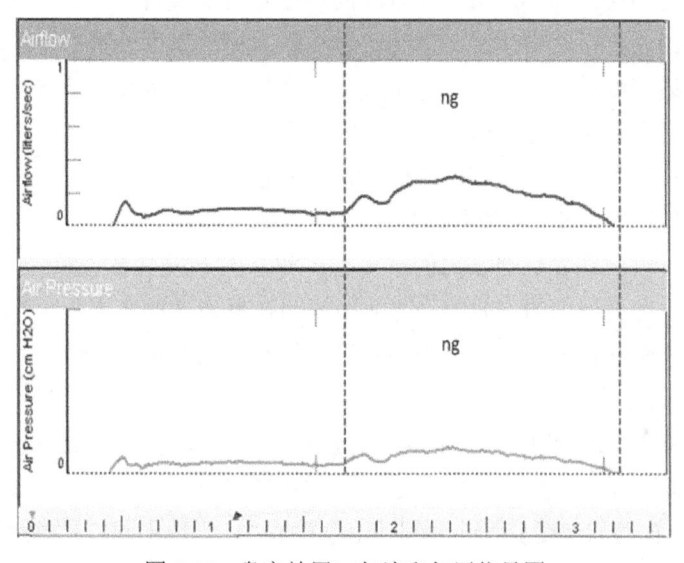

图 5-45　鼻音韵尾/ŋ/气流和气压信号图

第四节　本 章 小 结

本章通过对汉语普通话元音和辅音的气流和气压信号进行分析，得出了元音和辅音在发音过程中气流的特点和发音器官对信号参数的影响，进而为后面章节

91

的研究提供了单音节参数方面的参考。

　　研究分析得出，普通话元音在发音过程中，虽然气流在声道内不受阻碍，但是气流会受舌位的高低、前后和口腔内空间大小的影响，从而导致各元音在气流参数方面的差异，并且在发音过程中，气流畅通无阻，空气动力学阻力为负值，在气流通道变小的情况下，气流速度会加快。气流速度的快慢也与发音部位对气流的调节方式有关，在气流量和时长一致的情况下，气流通路变窄时，空气动力学阻力增大，气流速度也随之增大。

　　对复合元音的研究得出，前响二合元音受前接元音的影响较大，后响二合元音受后接元音的影响较大，而三合元音的情况较为特殊，有些音节受到音节首元音的影响程度较大，有些音节受到中间位置元音的影响程度较大，从而更进一步说明复合元音不是简单的元音组合，音节结构中的元音对整个部分的贡献程度不同。

　　对普通话塞音和塞擦音的气流和气压特征进行分析得出，参数在不同类型的辅音之间具有明显的差别，同类型的辅音内部的差异主要表现在发音方法上，如塞音和塞擦音的送气与不送气的差别。同类型辅音受发音部位的影响较小，气流和气压参数的差异不是很明显。空气动力学阻力和功率可反映出不同类型辅音在发音时受阻碍程度的大小，以及呼出气流时产生的功率大小。研究得出，个体在塞音和塞擦音参数上的差异较大。在成阻段受阻碍程度方面，塞音在发音时气流受到的阻碍程度最大，并且在除阻时的爆破程度也最大。

　　对擦音的研究得出，气流和气压参数的变化与塞音、塞擦音部分的表现不同。由于在发音时气流在发音器官内的摩擦程度和摩擦方式不同，除了 /z/ 和 /x/ 两个音以外，其余擦音表现出的差异较小，从而说明在普通话擦音中，/z/ 和 /x/ 的摩擦程度较小，气流在发音过程中受阻碍的程度也较小，从而导致了较大的气流速度和呼出气流量。

　　边音和鼻音在发音时，在口腔内的气流运行方式较为特殊，通过分析得出，边音气流在发音过程中受到的阻碍程度较小，与边音的发音特点有关。边音在发音过程中，气流以较慢的速度从舌叶两侧呼出摩擦成声，表现出同时具备擦音和阻塞辅音特征。对鼻音的分析得出，其在发音时虽然受阻碍，但是表现出的受阻碍程度较小，气流呼出速度较慢。鼻音处于声母位置和韵尾位置的参数表现类似，均表现出接近于元音的性质。尤其是鼻音处于韵尾位置时受前接元音的影响较大，鼻音韵尾的空气动力学阻力参数为负值，表现出与元音相同的特征。通过对信号和参数的分析更加证实，在由鼻音和元音组合构成的音节中，元音容易受到鼻化影响。鼻音处于韵尾位置时会受到前接元音的影响，从而导致韵尾部位的鼻音产生弱化。

第六章
基于言语空气动力学方法的协同发音研究

本章通过对气流和气压信号进行分析，在前面章节的基础上，以普通话音节为研究对象，继续考察发音过程中音节内元音和辅音在气流参数方面的协同发音表现，尤其是协同发音影响的情况和程度大小。本章试图从言语气流角度对普通话协同发音进行研究，补充语音发音生理层面的协同影响情况，归纳出普通话音节在发音时产生协同影响的气流特征，并从研究技术、研究方法和研究结论等方面介绍协同发音研究。

第一节 协同发音研究与普通话音节结构

一、协同发音研究

协同发音现象在语言中普遍存在，是语言研究中较为复杂的问题。协同发音研究的目的是从发音在语流中的改变出发来分析产生协同发音的根源，从而解释语言在产生过程中受发音器官的调节和制约所产生的变化。不同的学者对协同发音的定义不同，但研究者普遍认为协同发音是音位在语流中受相邻音或前后音的影响而产生的发音特征。

协同发音概念提出以来，研究者通常认为它是连续发音过程中产生的语音现象，后来的研究对协同发音的产生有不同的解释。早期的研究认为，协同发音是发音器官在发音过程中产生的一种惯性，这种惯性来源于发音器官的重量和变化程度，通过发音器官的调节产生了发音的变化。后来提出的"省力原则"认为，协同发音表现为发音器官在发音过程中以减少动力损耗的方式运动（Lindblom，1983）。协同发音研究形成了两个不同的理论，分别是特征扩展（feature spreading）理论和协同产生（coproduction）理论。特征扩展理论最早是由Daniloff和Hammarberg提出的，他们将协同发音的过程纳入语言学范畴中，认为协同作用主要在于减少语音之间的差异，若每个音素都是以标准形式发音的，发音器官则需要从前一个音段向后一个音段过渡（Daniloff, Hammarberg, 1973）。在这个过程中，协同发音产生作用，音段在发音过程中相互调整，使相互之间的过渡情况达到最小化，但是无法对应到音系学的解释。协同产生理论是由Fowler（1977）提出的，认为语音在发音过程中可以大致分为两个阶段，即计划阶段和执行阶段（Perkell et al., 1997）。计划阶段规定了将要实现的、发音过程中的一系列发音姿态的顺序和相互之间的动态过程，并且这些发音姿态不受语言环境的影响。发音过程中，在发音器官动作的制约下，发音姿态在时间域上有固有的时长结构，发音的时候就可以与相邻的姿态叠加。

目前，研究者将协同发音研究扩展到大脑认知领域，认为协同发音是人类大脑的认知行为干预的结果，是人加工语言的重要手段。在人发音的过程中，从言语产生开始，由于发音器官的制约，发音器官的运动过程不是由一个个独立的动作组成的，而是通过音段之间的相互作用完成一系列发音动作（Kühnert, Nolan, 1999）。总之，协同发音作用是言语产生过程中的重要表现，是在人脑认知机制的控制下，发音器官为实现连续的发音动作而产生的连续变化，受发音器官的物理特性和生理特性的制约。在不同语言发音的过程中，语言结构的不同尤其表现在音节结构方面，造成了协同发音作用在语言中的差异。发音器官对协同发音的作用除了表现在语音声学物理特性层面，还表现在发音的生理层面，如声带振动的情况、舌腭的接触情况、呼吸的控制和发音过程中气流的调节机制等。

通常情况下，对音节协同发音的研究包括辅音对元音的影响、元音对辅音的影响和元音之间的相互影响三大部分。目前对协同发音的研究方法有很多，除早期的声学分析方法之外，还有采用动态电子腭位仪的研究以及使用CT和超声技

第六章 基于言语空气动力学方法的协同发音研究

术的研究等。声学方面对协同发音的研究主要是通过第二共振峰的轨迹进行推断的。从发音的生理层面研究协同发音现象的方法包括动态电子腭位仪、X 射线和动态电磁发音仪。本书采用的气流气压计可以实时采集发音时的语音、气流和气压信号,气流信号与声门的开合状况有直接关系,还与声腔的空间有很大关系。与其他研究方法相比,从气流和气压角度对协同发音进行研究,是协同发音研究在生理层面的一个新角度。

目前对普通话协同发音的研究主要集中在语音声学、言语生理和言语认知三个领域。语音声学研究主要是对语音声学参数进行的研究,如通过元音共振峰的轨迹和频率来研究音节内声母、韵母的协同影响,以及音节间的协同发音作用,代表性的研究如对普通话双音节中音节内和音节间的协同发音模式进行研究,得出了普通话协同发音现象主要表现在逆向影响方面,并通过对音节中元音第二共振峰的轨迹进行观察,得出了元音对辅音影响的三种协同发音模式(吴宗济,2004a)。

言语生理研究则侧重于普通话在发音时语音产生的生理过程,主要采用动态电子腭位仪和动态电磁发音仪两种设备进行研究,使用动态电子腭位仪进行研究的成果较多。早在 20 世纪 90 年代,中国社会科学院民族学与人类学研究所就建立了普通话动态腭位数据库和研究平台,研究了汉语普通话协同发音的舌腭接触情况,并研究了辅音对元音的逆向协同发音的影响时间范围以及后音节辅音和元音对前音节鼻音韵尾的逆向影响。研究得出以下结论:不同发音部位和发音方法的辅音成阻时间大体一致,前音节鼻音韵尾的成阻与后音节辅音的成阻同时产生;后音节的声母为双唇音时,后音节元音决定了前音节鼻音韵尾的发音部位;等等(鲍怀翘,郑玉玲,2001)。后来,研究者采用动态电子腭位仪对汉语普通话音段协同发音进行了细致研究,得出的结论主要包括:①普通话音节中韵母元音对声母腭位的影响主要取决于声母对舌面动作的控制程度,这种控制主要与发音部位和发音方式有关。在发音部位方面,舌尖前音、舌尖后音和舌面前音对舌面动作的控制程度要强于唇音、舌尖中音和舌面后音,从而导致前者受韵母元音影响的程度较小;在发音方式方面,边音和唇齿擦音对舌面动作的控制程度强于鼻音。②研究得出动态电子腭位仪回归方程能够较好地反映声母对舌面动作的控制程度,并提出使用发音阻力来衡量声母对韵母元音的协同影响及程度大小。③通过分析声母对单元音韵母腭位的影响,得出声母对单元音韵母腭位的影响取决于声母的协同发音阻力,声调对单元音韵母的腭位也有影响。④对普通话 V1#C2V2 双音节的协同发音进行研究得出,在 V1#C2V2 双音节中,协同发音模式可分为三种,分别为 C2 发音部位对 V1 的协同发音影响、C2 发音方式对 V1 的协同发音影响以及 V2 对 V1 的协同发音影响。⑤通过分析韵律层级和语速对音段发音和音段协同发音的影响得出,普通话韵律层级对音段发音具有层级性的影响,声母的最大舌腭接触面积和生理持阻时长随音节左边界层级的提高而递增。在语速方面,语速对辅音发音动作幅度的影响主要取决于辅音的协同发音阻力,以及辅音的发音器官动作。辅音发音的动作幅度减小并不是快速语流的必然结果,并且辅音发音动作的生理时长会随着语速的加快而呈现出线性缩短的特征。元音发音动作幅度会随着语速的加快而表现出逐渐减小的特征。伴随着语速加快的情况,辅音音段动作重叠度呈线性增大的趋势,而元音间的逆向影响呈线性增强趋势。⑥普通话的音段协同发音现象会受到音节结构的制约,其中单元音韵母受声母的顺向影响,音节间音段协同发音不仅受音段发音限制条件的制约,还受韵律因素的影响(李英浩,2011)。

从言语认知角度对普通话协同发音进行研究的成果较少,主要是对普通话音节音联的共振峰过渡进行的感知研究(初敏等,1997),得出具有语言学背景和不具有语言学背景的被试在音节音联的感知方面具有差异,具有语言学背景的被试对双音节的音高和共振峰过渡较为敏感,而不具有语言学背景的被试则只对音高敏感。因此,从以上的研究成果来看,普通话的协同发音研究对象主要为单音节或双音节,言语生理方面的研究也主要集中于舌腭接触和口腔的变化情况。由于在发音过程中,发音器官对气流的控制和制约对语音的产生有重要的作用,发音器官的变化以及协同影响同样可以表现在发音过程的气流方面。

二、普通话音节结构

音节是语流中能够被自然听辨出的最小的语音结构单位。可从不同的角度对音节进行划分,但研究者主要是从听觉和发音两个角度进行划分的。从听觉角度来看,研究者将音节划分的标准与声音的响度相结合,普遍认为元音响度大于辅音响度,音节是由响度变化所决定的,响度大的音是一个音节的中心,而响度小的音是划分音节的界限。从发音角度,即发音时肌肉的紧张程度来看,肌肉从紧张到松弛变化一次就是一个音节。无论是从听觉还是从发音的角度,都很难对音节进行明确划分和精确定义,对音节的定义也很难找到自然属性上的依据。

一个音节至少由一个音素构成,如单元音音节。音素是从音质角度划分的最小的语音单位,从发音特征上可分为两类:元音音素和辅音音素。元音是发音时声带振动,气流在口腔内不受阻碍的音素。辅音是气流在口腔内受阻碍的音素,不同的阻塞部位和方法会形成不同的辅音。音位是能够区别意义的最小语音单位。

通常,音节都是以元音为核心的,辅音与元音相结合组成音节。常见的普通话音节结构有四种,如图6-1所示。

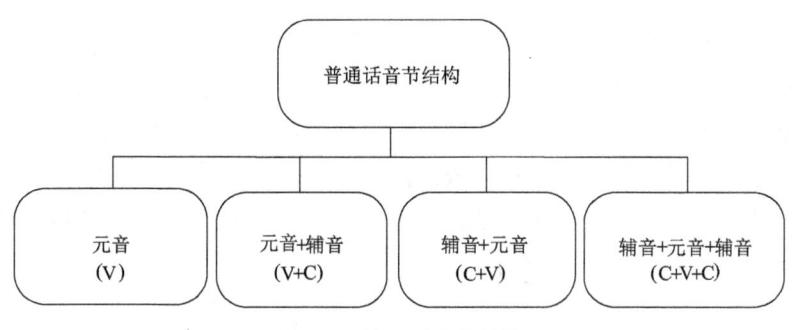

第六章　基于言语空气动力学方法的协同发音研究

```
                    普通话音节结构
         ┌──────────┬──────────┬──────────┐
       元音      元音+辅音    辅音+元音   辅音+元音+辅音
       (V)       (V+C)       (C+V)        (C+V+C)
```

图 6-1　普通话音节结构

元音（V）结构，如汉语普通话的单元音音节"啊/a/""哦/o/""额/ə/"等。元音+辅音（V+C）结构，如汉语普通话的"安/an/""爱/ai/""奥/ao/"等音节，是零声母音节。辅音+元音（C+V）结构，在汉语普通话中较多，为辅音声母与元音韵母组合的结构，如"巴/pa/""答/ta/"等。辅音+元音+辅音（C+V+C）结构，在汉语中主要由辅音声母与元音韵母组成，韵尾为鼻音的结构，如"班/pan/""本/pen/"等。

传统的汉语音韵学将汉字字音分为声、韵、调三个部分。后来，学者又将汉语音节分为声母、介音、主要元音、韵尾和声调五个部分（罗常培，1956）。再后来，学者又将字首的辅音总结为"声"，将辅音以后的部分总结为"韵"，将整个部分的声调归纳为"调"。整体将普通话音节分为声母、韵母和声调，韵母又可分为韵头、韵腹和韵尾。韵头是一个音节中介于声母和韵腹之间的音位，韵腹是一个音节中的主要元音，韵尾是音节中韵腹之后的音位，包括元音韵尾和辅音韵尾两个部分。声调分为阴平、阳平、上声和去声，如图 6-2 所示。

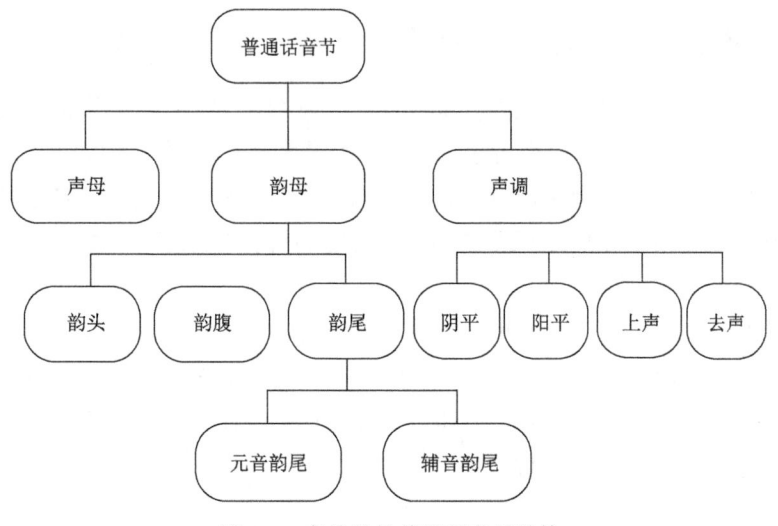

```
                      普通话音节
         ┌──────────────┼──────────────┐
       声母            韵母            声调
              ┌─────────┼─────────┐    ┌──────┬──────┬──────┬──────┐
            韵头      韵腹      韵尾   阴平   阳平   上声   去声
                              ┌────┴────┐
                          元音韵尾  辅音韵尾
```

图 6-2　音韵学的普通话音节结构

汉语普通话音节有其自身特点，主要有以下几个方面：音节结构大多以元音结尾，以辅音结尾的结构主要为辅音+元音+鼻辅音。普通话中复元音较多，主要包括二合元音和三合元音。普通话音节中不存在复辅音，这也是汉语音节结构特点之一。汉语普通话的音节结构构成最少为 1 个音素，最多为 4 个音素。汉语声调具有区别意义的作用，每个音节都有声调。因此，普通话音节结构可以构成以下 10 种主要类型，如图 6-3 所示。

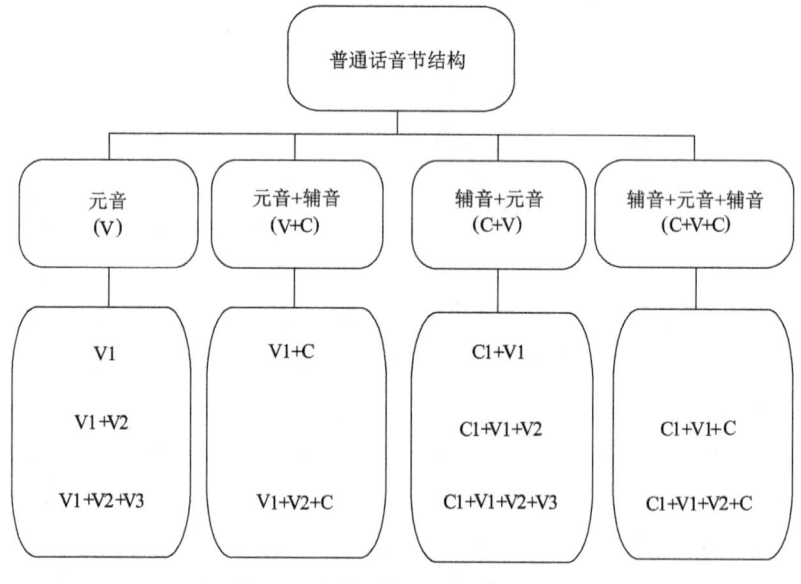

```
                    普通话音节结构
        ┌───────────┬───────────┬───────────┐
      元音        元音+辅音     辅音+元音   辅音+元音+辅音
      (V)         (V+C)        (C+V)       (C+V+C)
       │            │            │            │
       V1          V1+C         C1+V1        C1+V1+C
      V1+V2       V1+V2+C      C1+V1+V2     C1+V1+V2+C
     V1+V2+V3                  C1+V1+V2+V3
```

图 6-3　音韵学的普通话音节结构

三、普通话单音节内的协同影响

对普通话协同发音的研究主要集中在三个领域，分别是语音声学、言语生理、言语认知。通常情况下，研究者主要从言语气流和气压信号的角度研究普通话声韵母之间的影响，不考虑声调对参数的影响。本书将参考前人的研究结果，从言语气流和气压信号的角度研究普通话声韵母之间的影响，同样不考虑声调对参数的影响。

本部分将对汉语普通话中的 10 种音节结构的气流和气压信号及参数进行分类，主要研究普通话四类基本的音节结构：V 型、V+C 型、C+V 型和 C+V+C 型。在这四类基本的音节结构中，主要研究复元音结构、辅音声母和鼻音韵尾对韵母的影响，以及韵母对辅音声母的影响。

（一）复元音结构的分析

汉语普通话中的复元音音节分为两类，分别是 V+V 和 V+V+V。其中 V+V 由双元音构成，又可以分为两部分，分别是前响复韵母和后响复韵母。前响复韵母发音时舌位由下向上运动，如/ai/、/ei/和/ou/等，在听感上，前面的元音发音较为响亮；后响复韵母发音时舌位由上向下运动，如/ia/、/ie/和/uo/等，在听感上，后面的元音发音较为响亮。可通过气流和气压信号研究元音间气流信号的过渡问题，以及与单元音相对比得出两个元音在参数上的相互影响。三合元音在汉语中组成的结构不多，称为中响复韵母，分别是/iou/、/uai/、/iao/和/uei/。该结构与二合元音相比较为复杂，将结合声学参数及协同发音的结论来进行研究。

（二）辅音声母、鼻音韵尾对韵母元音气流信号的影响

该部分的协同影响分为两个方面，分别是辅音声母对后接韵母的影响和鼻音韵尾对前接元音的影响。辅音声母对后接韵母的影响主要表现在 C+V 和 C+V+C 两种音节结构中；鼻音韵尾对前接元音的影响主要表现在 V+C 和 C+V+C 结构中。普通话中，声母有 21 个，韵母有 39 个，声韵母的搭配具有规律性，有的声韵母可以搭配，有的不可以。从声母来看，只有/n/和/l/可以与四呼的韵母相搭配，与其发音部位相同的/t/和/th/不能与撮口呼相搭配。在研究中，将按照四呼的不同对韵母进行分类研究，主要考察韵母结构受声母影响的程度。

（三）韵母对辅音声母气流气压信号的影响

辅音声母的气流和气压值的变化同样受后接韵母的影响，因此研究主要分为对气流的影响和对气压的影响两个方面。韵母分为单元音韵母、复合元音韵母和鼻音做韵尾的韵母，按照四呼可分为开口呼、齐齿呼、合口呼和撮口呼四大类。

本部分将结合普通话音节中元音对辅音声母逆向协同发音的研究结论，按四呼韵母的不同部位进行研究。

四、普通话双音节 C1V1#C2V2 的协同影响

双音节是普通话构词的基本结构，而且是最小的节奏单元。研究者对音节间协同发音的研究较早，从声学上主要是针对元音间的协同发音研究，对 VCV 序列的研究认为，发音过程中存在元音的自由过渡（Ohman，1966）。对于普通话双音节 C1V1#C2V2 的协同发音，早期学者（吴宗济，林茂灿，1989）研究了音节内和音节间的相互影响，主要包括 C1V1、C2V2、V1C2、V1 与 V2 的稳定段四个方面的内容。通过研究可得出辅音前的元音受到后接辅音的影响，表现为明

显的过渡,元音对后接辅音却几乎没有影响,由此认为普通话中逆向协同发音显著,顺向协同发音不显著。研究过程可以从气流和气压信号及参数角度展开,包括 C2 对 V1 和 V2 的协同影响、V1 和 V2 对 C2 的协同影响、V1 对 C1 的协同影响三部分,图 6-4 为音节间和音节内相互影响的方向。

$$C1V1\#C2V2$$

图 6-4 C1V1#C2V2 协同影响示意图

(一)C2 对 V1 和 V2 的协同影响

C2 对 V1 的协同影响是逆向影响,对 V2 的协同影响是顺向影响。在研究过程中将考虑两种情况:一种情况是 V1 和 V2 是相同元音;另一种情况是 V1 和 V2 是不同元音。通常主要考虑 V1 和 V2 是相同元音的情况,即在对等的情况下研究 C2 对前后元音的影响,并对影响的程度大小进行对比。

研究的主要内容包括:①C2 对元音气流参数协同影响的程度,包括顺向影响和逆向影响两个方面;②C2 对 V1 和 V2 的协同影响是否存在差异,差异产生的原因与哪些因素有关;③舌位高低、前后不同的元音是否在受 C2 影响的程度上存在差异。

(二)V1 和 V2 对 C2 的协同影响

V1 对 C2 的协同影响为音节间的顺向影响,V2 对 C2 的协同影响为音节内的逆向影响。研究过程同样分为两种情况,分别是 V1 和 V2 为相同元音、V1 和 V2 为不同元音。为了判断 V1 和 V2 对 C2 的影响程度,可选择相同元音的情况。

研究的主要内容包括:①V1 对 C2 气流和气压参数的影响,影响的程度与什么因素有关;②V2 对 C2 的影响为音节内协同影响,主要研究音节内的逆向影响在气流和气压参数上有什么表现,以及不同元音影响程度的差异;③对音节内的影响和音节间的影响进行对比,对影响程度的大小和因素进行分析。

(三)V1 对 C1 的协同影响

V1 对 C1 的影响为逆向协同影响,与单元音韵母对声母的影响情况相同。C1V1 内部的协同发音在宏观上与 C2V2 相同,但在微观上有所差别(吴宗济,林茂灿，1989）。C2V2 是双音节结构的一个组成部分，前面的音节对其也存在影响。因此，研究的重点可以放在 V1 和 V2 为相同元音的情况下，主要研究 V1 对 C1 的影响，并与 V2 对 C2 的影响程度进行进一步的对比分析。

第二节 音节间协同发音

通常情况下，在所有辅音类别之中，塞音和塞擦音具有其他辅音不具有的特殊表现，如气流变化在发音过程中有一个完全闭塞的过程，而且其时长是所有辅音中最短的。在塞音的发音过程中，气流的完全闭塞起到了至关重要的作用，这要求发音部位有很好的气流调节机制，而且无论是送气还是不送气，都存在气流中断的过程。同时，塞音发声时气流和气压会发生不同的变化，呼出气流量的大小也不相同。这不仅受发音部位的影响，还与发音方法有一定的关系，尤其在协同发音过程中，这种表现更为突出。因此，本节主要选择塞音和塞擦音两类爆破辅音，对发音时的气流和气压信号进行分析，观察汉语普通话塞音和塞擦音在气流和气压信号上的表现，主要对普通话 C1V1#C2V2 结构中音节间的协同发音进行研究。

一、音节间协同发音的气流和气压信号表现

气流和气压信号可以表现出与声学信号不同的部分。在塞音和塞擦音的发音过程中，成阻时需要双唇紧闭，此时声带还未产生振动，因此在语音波形上无法完整地表现成阻的过程。气流和气压信号则不同，在塞音和塞擦音成阻一开始，由于双唇紧闭、气流在口腔中积聚，口腔内的压力逐渐增大，这个过程的气压大小在气压信号上有很直观的表现。通过对塞音和塞擦音的气压信号进行分析，我们可以观察到在发音之前的成阻过程，以及在该过程中表现出的协同发音现象。

二、信号分析

阻塞辅音在发音时，在语音信号产生之前就已有气流和气压信号，气流信号较为平缓，而气压信号逐渐增大直到爆破时急剧下降。在辅音除阻的一刹那，紧接着元音发出。在爆破的瞬间，气压达到峰值，单位时间内的气流量在此刻达到最大，在语图上表现为冲直条。以往的声学分析中，我们只能通过冲直条的位置大致判断辅音的起始位置，而通过观察气流和气压信号，我们可以更为准确地找到辅音的起始位置。图6-5 为双音节"宝贝"baobei[paʊ peɪ]的气流与气压信号示意图。

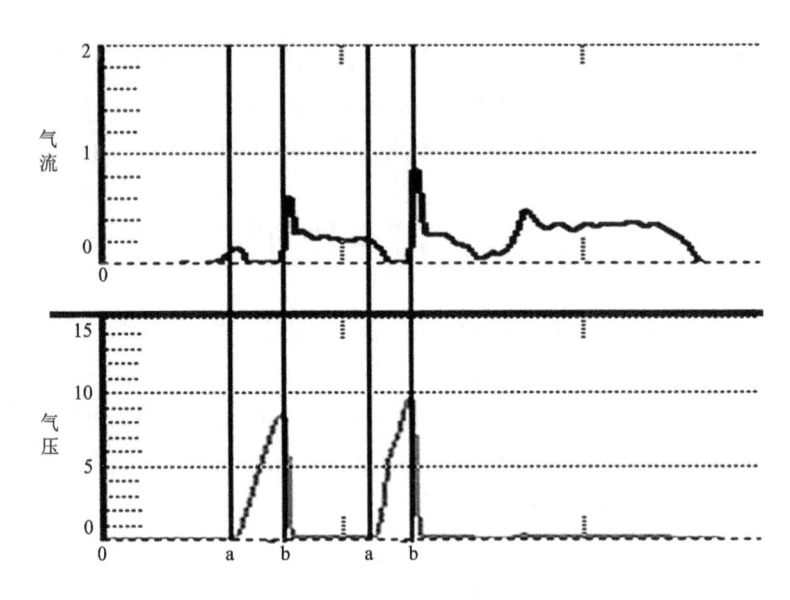

图 6-5　气流与气压信号示意图

其中 a 点为成阻点，b 点为除阻点。从上面部分的气流信号中我们可以看出，在 b 点除阻时，气压达到峰值，单位时间内的气流量也达到最大。除阻之后，气压值急剧下降，气流相对平缓。在前后两个音节中，前音节结束时，有一个短暂的吸气过程，在吸气的同时，后音节辅音声母开始成阻。

图 6-6 是语音波形与气压信号示意图，其中 a1 和 a2 分别为双音节词"宝贝"

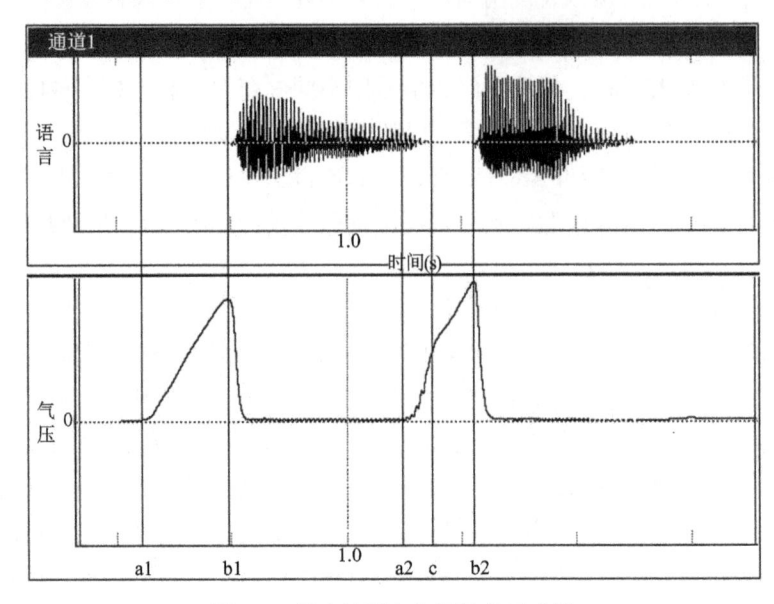

图 6-6　语音波形与气压信号示意图

声母b[p]的成阻点，b1和b2为除阻点，a1与b1、a2与b2之间的时长为成阻时长。从图6-6中我们可以看出，a2与c之间的这一段较为特殊，为前一音节V1元音结尾波形与后一音节声母C2开始的时域叠加。

因此可以说明，在该双音节词发音时，前一音节V1的发音并未完全结束，此时后一音节声母C2的发音准备已经开始，而且两者是同时进行的，这两者之间的时长数据是我们判断是否存在V1C2协同发音模式的依据。为了研究该现象的产生是否与发音方法有关，我们将塞音和塞擦音按照送气和不送气分开进行分析。

国外对于该现象的解释有很多，对这种协同发音现象有着不同的解释。初期的研究都将这种现象归因为发音器官的惯性动作，因为发音器官的各部分质量和大小不同，有的动作很快，有的动作很慢，这就造成了发音时各个器官需要相互协调，从而达到发音的目的。后来将这种协同发音称为"省力原则"，指协同发音是发音动作位移幅度的减小和向相邻音的发音动作过渡，是一种减少动力损耗的行为，是发音的省力方式（Lindblom，1983）。当发音器官在很短的时间内连续接收到不同音段的发音要求时，由于发音器官在尚未完全完成第一个发音动作时就不得不开始下一个动作，于是该协同发音现象就产生了。后来国外学者Daniloff和Hammarberg在1973年提出了特征扩展理论，认为协同发音的作用是减少相邻音之间的差异。如果各个音素以其标准形式发出来，那么发音器官就要从前一个音段向后一音段过渡。再后来提出的协同产生理论认为，发音姿态在时域上有其固有的时长结构，在发音的时候可以与相邻的姿态进行叠加，叠加后的时长反映了叠加程度的大小（Fowler，1977）。因此，为分析塞音和塞擦音声母C2在协同发音时的叠加时长，我们对时长数据按双音节词的前一音节C1V1末尾音（韵腹和韵尾）的不同进行统计。

三、不送气音分析

为研究V1C2间的协同发音现象，我们按照不同的发音方法分别来看塞音和塞擦音。在分析时，考虑到后音节的声母可能会受前音节韵尾的影响，我们将按前音节韵尾的不同选取要分析的音，以下部分为不送气塞音和塞擦音的协同发音时长数据，主要统计了前音节结束到后音节开始的时长。

在提取时长数据时，我们用后音节塞音声母C2成阻开始的时间减去前音节V1结束的时间，得到的则为双音节词两个音节间的时间差，然后对所有样本求平均值。从统计数据（表6-1、表6-2、表6-3）中我们可以看出，产生该协同发音现象主要与后一音节的塞音C2有关，汉语普通话中的塞音b[p]、d[t]和g[k]，按照发音部位从前到后排列，其中 b[p]为双唇音，d[t]为舌尖音，g[k]为舌根音。数据显示，塞音 b[p]从 c 到 a2 的时长均为负值，表明后一音节塞音声母 C2 成阻在前一音节 V1 结束前就开始了；d[t]和 g[k]的时长均为正值，表明前后音节的这种协同发音现象不明显。

表 6-1　不送气塞音 b 时长数据表

例词	前音节尾	c 到 a2 时长/ms
发布 fabu	a	−60.22
宝贝 baobei	o	−52.26
结伴 jieban	e	−39.18
西部 xibu	i	−55.33
普遍 pubian	u	−105.76
斑驳 banbo	n	−51.82
空白 kongbai	ng	−103.74
M		−66.90

表 6-2　不送气塞音 d 时长数据表

例词	前音节尾	c 到 a2 时长/ms
达到 dadao	a	5.44
窝点 wodian	o	57.81
特点 tedian	e	49.54
菜单 caidan	i	77.03
目的 mudi	u	91.03
判断 panduan	n	61.10
强大 qiangda	ng	61.54
M		57.64

表 6-3　不送气塞音 g 时长数据表

例词	前音节尾	c 到 a2 时长/ms
大概 dagai	a	78.04
宝贵 baogui	o	85.77
客观 keguan	e	76.70
机关 jiguan	i	80.11
如果 ruguo	u	52.65
韩国 hanguo	n	52.38
风格 fengge	ng	55.73
M		68.77

第六章 基于言语空气动力学方法的协同发音研究

塞擦音的情况和塞音不同,从表 6-4、表 6-5、表 6-6 中三个不送气音的发音部位来看,分别是舌尖前音、舌尖后音和舌面音。数据显示,前音节与后一音节间 c 到 a2 的时长均为正值,说明不存在上述的协同发音现象,这更加说明,该现象主要与发音部位有关,而且发音部位越靠前,这一现象越明显,最突出表现在双唇音中。

表 6-4 不送气塞擦音 z 时长数据表

例词	前音节尾	c 到 a2 时长/ms
沙子 shazi	a	58.25
操作 caozuo	o	55.62
盒子 hezi	e	42.00
一组 yizu	i	45.18
兔子 tuzi	u	86.42
签字 qianzi	n	31.82
讲座 jiangzuo	ng	90.87
M		58.59

表 6-5 不送气塞擦音 zh 时长数据表

例词	前音节尾	c 到 a2 时长/ms
夹住 jiazhu	a	49.46
锁住 suozhu	o	51.35
协助 xiezhu	e	55.86
荔枝 lizhi	i	65.38
处置 chuzhi	u	82.46
民主 minzhu	n	51.27
庆祝 qingzhu	ng	58.29
M		59.15

表 6-6 不送气塞擦音 j 时长数据表

例词	前音节尾	c 到 a2 时长/ms
嫁接 jiajie	a	66.19
莴苣 woju	o	78.25
科技 keji	e	66.65
理解 lijie	i	79.69
估计 guji	u	50.21
南京 nanjing	n	49.38
相机 xiangji	ng	52.76
M		63.30

为了进一步研究该协同发音现象产生的原因，以及是否与前一音节 V1 为末尾音有关，我们对所有时长进行统计分析（图 6-7）。从音节间时长的走向来看，V1 为元音 u 和 a 的音节间时长变化范围较大，并且 V1 为元音 u 的时长变化趋势与其他音节变化趋势不同，其余音节变化规律基本一致。由此可以说明，音节间时长的大小主要受前音节的影响，而该协同发音的产生与前一音节 V1 末尾音的关系不大，主要与后一音节的塞音声母 C2 有关。

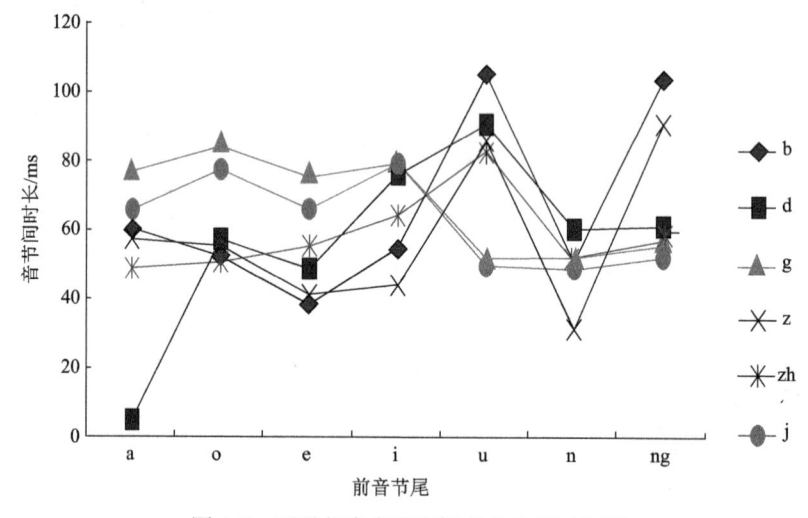

图 6-7 不送气塞音和塞擦音音节间时长图

综合前面的数据，从发音部位来看，发音部位越靠前，协同发音现象越明显。通常情况下，汉语普通话中做韵腹或韵尾的除 n 和 ng 以外，其余均为元音，在前一音节 C1V1 结束时往往开口度较大，若后音节声母 C2 开口度也较大，如 d[t] 和 g[k]，但发音器官的变化幅度不大，因此不会对邻音产生影响。若后音节声母 C2 开口度较小，如塞音 b[p]，发音时存在从开口到闭口成阻的变化，则会产生该协同发音现象。

四、送气音分析

汉语普通话中，送气辅音与不送气辅音的对立是区别意义的重要因素，送气塞音在除阻之后有一个送气的过程，在语音波形图上表现为送气段。送气塞音在发音时也具有成阻的过程，除阻时的瞬时气流比不送气音大，在除阻之前同样具有一个明显的压力峰值。因此，为了研究该协同发音时长与发音方法之间的关系，我们对送气塞音 p[p^h]、t[t^h] 和 k[k^h] 的音节间时长按前音节的不同进行分类，然后统计列表，如表 6-7、表 6-8、表 6-9 所示。

表 6-7　送气塞音 p 时长数据表

例词	前音节尾	a2 到 c 时长/ms
搭配 dapei	a	−37.96
作品 zuopin	o	−38.65
和平 heping	e	−44.08
逼迫 bipo	i	−36.48
图片 tupian	u	−65.63
分配 fenpei	n	−40.34
恐怕 kongpa	ng	−23.99
M		−41.02

表 6-8　送气塞音 t 时长数据表

例词	前音节尾	a2 到 c 时长/ms
打听 dating	a	91.73
沃土 wotu	o	56.95
课题 keti	e	101.84
泥土 nitu	i	57.98
普通 putong	u	50.99
反弹 fantan	n	40.61
共同 gongtong	ng	40.04
M		62.88

表 6-9　送气塞音 k 时长数据表

例词	前音节尾	a2 到 c 时长/ms
插孔 chakong	a	75.54
好看 haokan	o	58.85
可靠 kekao	e	58.67
立刻 like	i	44.39
阻抗 zukang	u	87.43
参考 cankao	n	21.16
听课 tingke	ng	28.84
M		53.55

汉语普通话送气塞音按照发音部位从前到后排列，其中 p[p^h]为双唇音，t[t^h]为舌尖音，k[k^h]为舌根音。由表 6-7 我们可以看出，双唇音 p[p^h]与不送气塞音

b[p]的情况一致，后音节 C2 成阻时间减去前音节 V1 结束时间也均为负值，表明存在这种协同发音的现象。舌尖音 t[tʰ]和舌根音 k[kʰ]（表 6-8、表 6-9）均为正值，时长参数除个别值较大（如 101.84 ms）或减小（如 21.16、28.84 ms）外，其余音节间时长大致集中在 40—100 ms。

塞擦音无论送气与否，该协同发音在 V1C2 之间的表现不明显，通过气流与气压信号无法观察出来。发音时，塞擦音的情况与塞音有所不同，塞音除阻后紧接着元音部分，而塞擦音还有一段擦的过程。V1 在发音将要结束时，C2 首先要调整发音部位的状态与 V1 的状态相适应，而塞擦音 C2 的变化幅度比塞音小，因此这种协同发音现象在塞音，尤其是双唇塞音中表现较为突出。

从表 6-10、表 6-11、表 6-12 的统计数据中可以看出，a2 到 c 的时长在送气塞擦音中均为正值，c[tsʰ]的最小，其次是 ch[tʂʰ]，q[tɕʰ]的最大。综合送气音和不送气音，我们可以看出，不送气 a2 到 c 的时长大于送气音，说明发音部位虽然靠前，但是同样表现出受发音方法的影响较大的特征。

表 6-10　送气塞擦音 c 时长数据表

例词	前音节尾	a2 到 c 时长/ms
下次 xiaci	a	35.89
保存 baocun	o	37.55
歌词 geci	e	39.22
其次 qici	i	29.38
服从 fucong	u	55.29
单词 danci	n	40.66
从此 congci	ng	51.58
M		41.37

表 6-11　送气塞擦音 ch 时长数据表

例词	前音节尾	a2 到 c 时长/ms
拉车 lache	a	76.65
保持 baochi	o	55.26
挟持 xiechi	e	67.58
非常 feichang	i	66.35
输出 shuchu	u	49.56
坚持 jianchi	n	37.99
工程 gongcheng	ng	38.27
M		55.95

第六章　基于言语空气动力学方法的协同发音研究

表 6-12　送气塞擦音 q 时长数据表

例词	前音节尾	a2 到 c 时长/ms
下棋 xiaqi	a	65.22
早期 zaoqi	o	62.65
歌曲 gequ	e	55.21
皮球 piqiu	i	42.06
福气 fuqi	u	58.67
传奇 chuanqi	n	54.23
正确 zhengque	ng	65.98
M		57.72

送气塞音和塞擦音音节间时长（图 6-8）的变化情况与不送气塞音和塞擦音相同，同样说明前音节 V1 对后音节 C2 产生的影响不大。

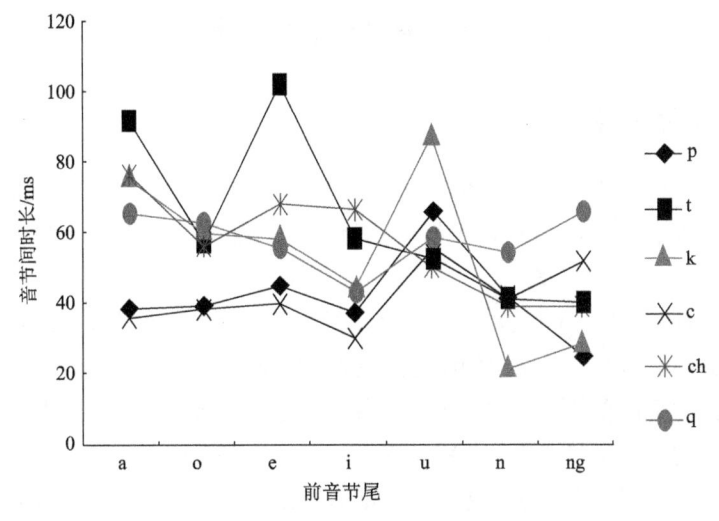

图 6-8　送气塞音和塞擦音音节间时长图

总之，无论送气与否，均存在 V1C2 的协同发音现象。受到第二音节辅音声母 C2 的影响，在发音时，第一音节元音韵母 V1 和第二音节辅音声母 C2 间产生过渡。因此，在第二音节声母 C2 的影响下，第一音节元音韵母 V1 的发音将随辅音声母 C2 的不同而发生变化。

综上所述，本书通过分析气流和气压信号，提取第二音节 C2 的成阻时间，然后统计 V1C2 的时长数据，得出在汉语普通话双音节 C1V1#C2V2 结构中存在 V1C2 的协同发音现象。本书主要研究了当 C2 为塞音或塞擦音声母时的 V1C2 的协同发音模式,在该模式中,受发音部位和生理惯性的影响,音节间产生了时域范围内的叠加。通常我们在研究普通话过渡音征时,由于普通话中不存在 VC 音节的模式,对音节内部协同发音研究得比较多,而这种协同发音模式与过渡音征不同,是一种音节间的影响。

首先,对所有音节间的时长进行统计之后,我们发现音节间时长的大小与前音节 V1 有关,无论后音节声母 C2 是什么音,音节间时长变化均保持一致。其次,总结 V1C2 协同发音模式,得出该模式的产生与 C2 的发音部位有关,其大小还受发音方法的影响,表现为不送气音大于送气音。最后,V1C2 的协同发音时长普遍比音节间的时长短。

本次实验只研究了 C2 为普通话塞音和塞擦音声母的情况,对其他发音部位的辅音还未研究。因此,若开展深入研究,还需对普通话中各声母进行研究,系统总结这种协同发音模式的规律,从普通话辅音整体上来看该模式的内在规律。

第三节 音节内协同发音

一、实验材料

本节实验材料按照研究内容分为四部分,分别是复合元音结构的影响、鼻音韵尾对韵母元音的影响、辅音声母对韵母元音的影响和韵母元音对辅音声母的影响。

复合元音结构的影响主要研究二合元音和三合元音两种类型,二合元音中主要研究韵头和韵腹,以及韵腹和韵尾之间的顺向和逆向协同影响。在实验中对对二合元音在前后位置的差异进行研究,并涵盖了所有元音,最终选择了三组共 6 个二合元音韵母为研究对象,分别是/ai/和/ia/、/ou/和/uo/、/ie/和/ei/。三合元音在汉语普通话中共有 4 个,分别是/iou/、/uai/、/iao/和/uei/。考虑到三合元音的结构较为复杂,因此本书中只对二合元音进行研究。二合元音的声母包括能成音节的所有辅音,声调均为阴平调。

鼻音韵尾对韵母元音的影响是逆向协同影响,汉语普通话中的鼻音韵尾有两个,分别是/n/和/ŋ/,都能够与[a]、[i]和[ə]构成鼻音韵母,即汉语拼音中的前鼻音和后鼻音。实验中选择 an 和 ang、in 和 ing、en 和 eng 三组前后鼻音对称的鼻音韵尾韵母作为研究对象,为避免声母对元音的影响,从而对实验数据造成干扰,声母不包括鼻音声母,但包括零声母及能够与这些韵母成音节的所有辅音。

辅音声母对韵母元音的影响是顺向协同影响,主要研究单元音韵母受辅音协同影响的程度和大小。在实验过程中，选择具有代表性的 4 个元音[a]、[i]、[ə]和[u]作为韵母的单音节，辅音包括汉语普通话中不同部位的辅音声母。

韵母元音对辅音声母的影响为逆向协同影响，实验材料与辅音声母对韵母元音的影响部分相同，同样为单元音韵母的音节，韵母元音为具有代表性的 4 个元音[a]、[i]、[ə]和[u]，辅音包括 21 个普通话辅音声母。

在信号采集过程中，为了保证信号的质量和数据的有效性，每个音节采集 5 遍。本部分发音人选择男女各 5 人，并且其肺活量的差异不大，都是以北方方言为母语的在校研究生，具有语言学相关知识背景，年龄为 24—29 岁，发音标准且没有任何呼吸系统疾病，普通话水平测试成绩为二级甲等或一级乙等。

二、信号标记和参数提取

为了保证参数提取的准确性，在信号标记部分将严格按照研究内容分步骤进行。按照影响的前后顺序，可以将协同影响分为顺向协同影响和逆向协同影响两部分。其中，复合元音结构的影响包括顺向和逆向两个部分，辅音声母对韵母元音的影响是顺向协同影响，鼻音韵尾对韵母元音的影响和韵母元音对辅音声母的影响均是逆向协同影响。因此，在复合元音信号标记的过程中，需要注意"过渡段"和"稳定段"的问题。吴宗济和林茂灿（1989）在对二合元音的研究中认为，二合元音的共振峰模式处于滑动中，一般很少会存在稳定段，并且只有后响二合元音中处于靠后位置的元音存在稳定部分。杨顺安和曹剑芬（1984）根据假设，将二合元音分为起始段、过渡段和收尾段三个部分，认为二合元音的过渡段最长，其次是收尾段，起始段最短，并且认为过渡段是二合元音信息的主要承载者，过渡段和收尾段之间的时长成近似的反比关系。张磊（2012）在对普通话音节协同发音的研究中，对二合元音和三合元音的发音特征进行了描述，认为二合元音中前接元音与后接元音之间存在两种过渡类型：/ai/、/ia/、/ua/为显性过渡，即过渡段，较为显著；/ei/、/ie/、/ye/、/au/、/ou/、/uo/为隐性过渡。二合元音的共振峰过渡拟合斜率不仅取决于元音所处的下颌、舌的位置，还取决于元音间的过渡运动特征、下颌的运动方向、唇的圆展及其对舌的连带影响。在三合元音部分，他将三合元音分解为两部分的二合，认为在分解后的三合元音中均为隐性过渡，显性过渡在三合元音中不存在。

为了保证参数统计时的一致性，本节实验中二合元音过渡段将考虑前响和后响的不同，并且将过渡段尽量包含在被影响的元音当中，同时参照语图的共振峰对信号进行切分。在参数提取过程中，将按照元音在韵母中的前后顺序进行参数提取，分别为/ai/和/ia/、/ou/和/uo/、/ie/和/ei/三对参数，按韵母不同保存为 6 组数据，便于后期对参数的统计分析。

为研究鼻音韵尾对韵母元音的影响，以含有鼻音的单音节为研究对象，实验中选择了 3 对较典型的前鼻音和后鼻音音节，提取参数时分为声母辅音、韵母元音和韵尾鼻音三个部分。信号的标记方法如图 6-9 所示，图中是 b 为声母、a 为韵腹、ng 为韵尾的单音节。

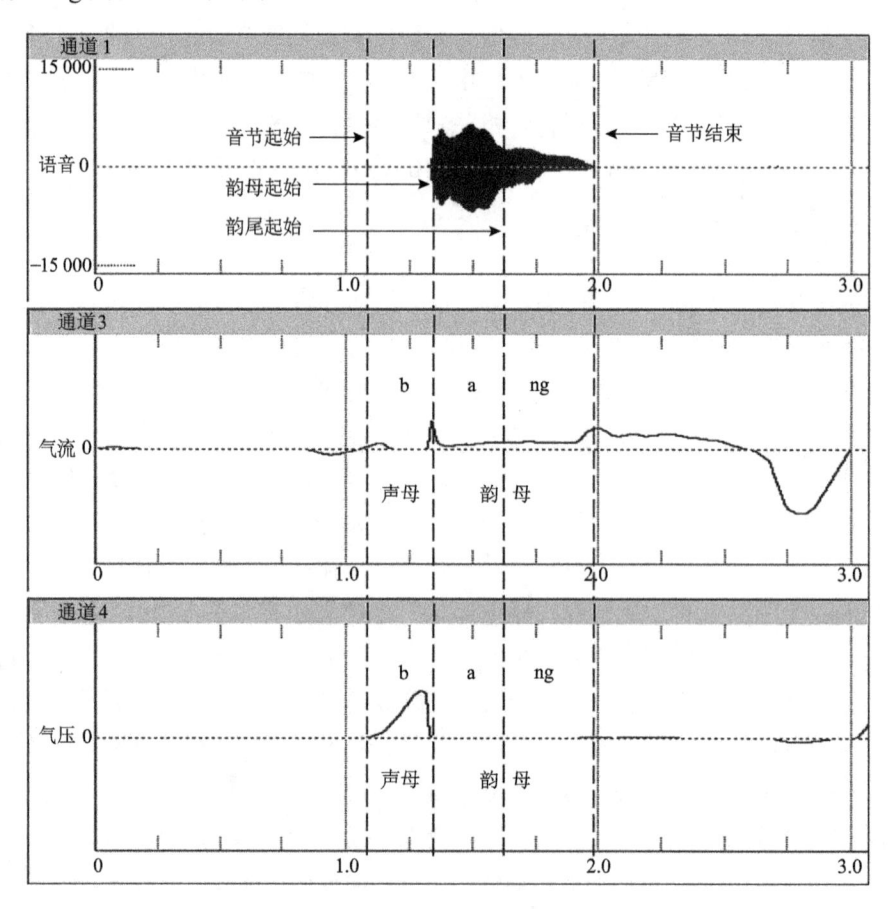

图 6-9 韵尾为鼻音的单音节信号标记图

在图 6-9 中，从上至下分别是语音、气流和气压信号。根据韵母元音的起始位置和韵尾的起始位置标记出元音部分，韵尾部分依据音节的结束和韵尾的起始进行标记。其中在元音标记时，将参照共振峰轨迹标记元音稳定段，鼻音韵尾的结束位置参照语音波形图。在参数提取之后，将按照元音和鼻音韵尾分为两组数据。在进行参数检验且剔除有问题的数据之后，将 3 对共 6 组数据按音节分开保存，便于后期对参数进行统计分析。

韵母元音对辅音声母的逆向协同影响和辅音声母对韵母元音的顺向协同影响部分，实验材料均为单音节，并且韵母为单元音。信号标记如图6-10所示，辅音声母主要以气压信号的成阻起始为标准，结束位置位于元音的起始位置；元音的起始位置以语音波形图为参照，并且根据基频起始点，结束位置为语音信号的结束。

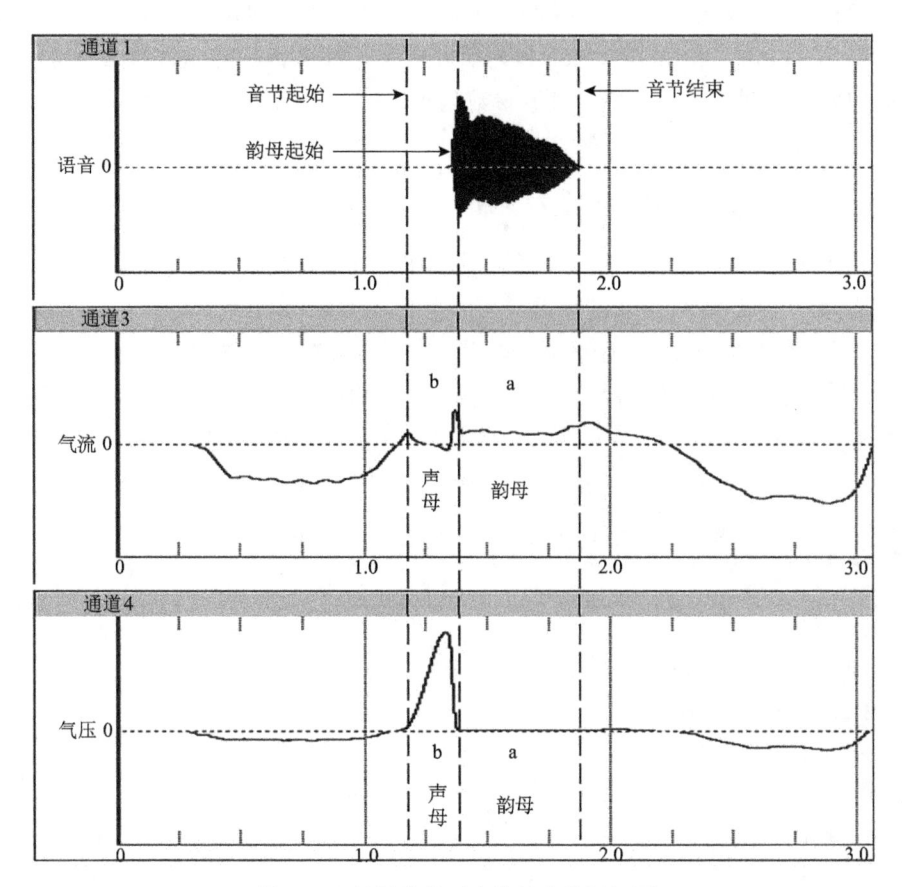

图6-10 韵母为单元音的单音节标记图

参数提取按照标记段进行，这两部分的音节在发音时每个读5遍，在参数提取之后将按照每个音节分别统计参数的平均值，保存结果为平均后的音节参数值，除去无效或有问题的数据之后，分为声母辅音和韵母元音两部分。本章下面的部分将从研究内容的四个部分出发，在前人声学和生理的协同发音研究基础上，研究音节内在气流和气压等相关参数方面的协同影响。

三、复合元音结构的协同影响

汉语普通话中共有 13 个复韵母：二合前响复韵母有 4 个，分别是/ai/、/ei/、/ao/和/ou/；二合后响复韵母有 5 个，分别是/ia/、/ie/、/ua/、/ye/和/uo/；三合中响复韵母有 4 个，分别是/iou/、/uai/、/iao/和/uei/。在实验过程中，从普通话音节表中选择所有双元音韵母，并提取音节韵母的元音参数，考虑到韵母韵头或韵腹元音受辅音声母的影响，因此，我们在实验中选择了成对的元音进行对比，最终选择/ai/、/ei/、/ou/、/ia/、/ie/、/uo/作为研究对象。辅音包括能成音节的所有辅音，声调均为阴平调。元音的主要气流参数为呼气时长、平均呼气速度、呼出气流量和空气动力学阻力共 4 个参数。

（一）二合元音/ai/和/ia/参数分析

元音/a/在二合元音/ai/和/ia/中的位置不同。在对二合元音的声学分析中，研究者认为，/ai/和/ia/共振峰过渡类型为显性过渡（张磊，2012），元音/a/在韵母中存在稳定段。从表 6-13 的数据中可以看出，整体参数的标准差都较小，除了空气动力学阻力参数的离散度较大以外，其余都在 0.10 左右的范围内，说明参数在各音节中的变化范围不大。在/ia/中元音/a/的呼气时长、平均呼气速度、呼出气流量和空气动力学阻力均大于在/ai/中的数值。

表 6-13　二合元音/ai/和/ia/中元音/a/气流参数统计数据

参数	M	SD	n
ai_a 呼气时长/s	0.28	0.12	17
ai_a 平均呼气速度/（L/s）	0.07	0.02	17
ai_a 呼出气流量/L	0.02	0.01	17
ai_a 空气动力学阻力/（ds/cm^5）	−14.26	3.98	17
ia_a 呼气时长/s	0.85	0.11	6
ia_a 平均呼气速度/（L/s）	0.09	0.04	6
ia_a 呼出气流量/L	0.08	0.03	6
ia_a 空气动力学阻力/（ds/cm^5）	−12.52	4.23	6

二合元音/ai/中的/i/和/ia/中的/i/，除空气动力学阻力以外，其余标准差都在 0.10 左右，参数的变化范围不大。呼气时长和呼出气流量参数在/ai/中的平均值大于在/ia/中的平均值，平均呼气速度在/ai/中的均值小于在/ia/中的均值，与元音/a/的表现不一致。结合表 6-13 的分析，元音/a/处于靠前位置时的参数整体小于靠后

位置，而元音/i/处于靠前位置时的呼气时长和呼出气流量小于靠后位置，但平均呼气速度和空气动力学阻力值大于靠后位置。

发音过程中，在速度一致的情况下，呼气时长和呼出气流量成正比。呼气速度的快慢与元音的开口度大小和舌位的高低有关，在舌位高、开口度小的情况下，口腔的呼气速度较快；在舌位低、开口度大的情况下，口腔的呼气速度较慢。元音/i/的开口度较小，舌位高；而元音/a/的开口度大，舌位低。因此，元音/i/的呼气速度相对快于元音/a/。从表 6-13 和表 6-14 的数据中也可看出，元音/i/的平均呼气速度都快于元音/a/。

表 6-14　二合元音/ai/和/ia/中元音/i/气流参数统计数据

参数	M	SD	n
ai_i 呼气时长/s	0.32	0.10	17
ai_i 平均呼气速度/（L/s）	0.10	0.05	17
ai_i 呼出气流量/L	0.03	0.02	17
ai_i 空气动力学阻力/(ds/cm^5)	−12.44	6.47	17
ia_i 呼气时长/s	0.12	0.03	6
ia_i 平均呼气速度/（L/s）	0.13	0.03	6
ia_i 呼出气流量/L	0.02	0.01	6
ia_i 空气动力学阻力/(ds/cm^5)	−8.22	2.28	6

理论上，在/ai/和/ia/中，元音/a/受元音/i/的影响，/a/的开口度在/ai/中从大到小变化，呼气速度会由慢到快变化；在/ia/中，呼气速度会由快到慢变化。但是，从参数对比来看，顺向影响的过程中，元音/a/的平均呼气速度加快（表 6-13），逆向影响的过程中，元音/a/的平均呼气速度较慢。从元音/i/的平均呼气速度来看，平均呼气速度在顺向影响中的平均值小于在逆向影响中的平均值（表 6-14），同样受顺向影响的程度较大，表现与元音/a/的情况一致。

为了对比元音/a/和/i/的气流参数在顺向和逆向影响中的程度大小，我们在实验中使用 SPSS 19.0 统计学软件中的双变量相关分析，对元音气流相关参数进行分析。表 6-15 中为元音/a/在二合元音/ai/和/ia/中的气流参数相关分析结果，分析了呼气时长、平均呼气速度、呼出气流量和空气动力学阻力 4 个参数。在 SPSS 19.0 统计结果中，如表 6-15 所示，/ia/中的/a/和/ai/中的/a/的呼气时长的 Pearson 相关系数 $r=0.62$。由于样本数量不一致，在统计结果中，样本数量较多的变量将以样本较少的一组为准。

表 6-15　二合元音/ai/和/ia/中元音/a/气流参数相关分析（N=6）

参数		ai_a 呼气时长	ai_a 平均呼气速度	ai_a 呼出气流量	ai_a 空气动力学阻力
ia_a 呼气时长	r	0.62	0.04	0.59	−0.12
	p（双侧）	0.19	0.94	0.22	0.82
ia_a 平均呼气速度	r	0.07	0.59	0.30	0.34
	p（双侧）	0.90	0.21	0.56	0.51
ia_a 呼出气流量	r	0.14	0.54	0.35	0.29
	p（双侧）	0.79	0.26	0.49	0.58
ia_a 空气动力学阻力	r	0.15	0.37	0.30	0.13
	p（双侧）	0.78	0.47	0.56	0.81

通过相关系数可以观察到不同韵母中气流参数间的直线关系程度和方向，在分析过程中，选择 Pearson 相关系数，显著性检验方式为双侧检验，并在结果中标记出相关性显著的位置。通过 Pearson 相关系数来观察变量之间的线性关系，相关系数的绝对值越大，表明两个变量间的相关性越强；相关系数的绝对值越接近 0，表明两个变量间的相关性越弱。

若/a/或/i/在/ai/和/ia/中的同一个参数的相关程度大，且呈显著相关，说明元音/a/或/i/在/ai/和/ia/中的差异不大，受协同影响的程度小；如果相关程度小，且相关性弱，说明元音/a/或/i/在/ai/和/ia/中的差异大，受协同影响的程度大。结合表 6-15 和表 6-16 中的分析结果来看，元音/a/和/i/的呼气时长的相关系数 r 分别是 0.62 和 −0.71，p 值分别是 0.19 和 0.12。Pearson 相关系数 r 的绝对值都小于 1 大于 0.5，说明参数呈中等正相关，并且 p 值均大于 0.05，受协同影响的程度较小。

表 6-16　二合元音/ai/和/ia/中元音/i/气流参数相关分析（N=6）

参数		ai_i 呼气时长	ai_i 平均呼气速度	ai_i 呼出气流量	ai_i 空气动力学阻力
ia_i 呼气时长	r	−0.71	−0.55	−0.85*	−0.71
	p（双侧）	0.12	0.26	0.03	0.12
ia_i 平均呼气速度	r	0.86*	−0.12	0.33	0.08
	p（双侧）	0.03	0.76	0.60	0.88
ia_i 呼出气流量	r	0.50	−0.64	−0.35	0.49
	p（双侧）	0.31	0.17	0.49	0.33
ia_i 空气动力学阻力	r	0.90*	−0.15	0.33	0.07
	p（双侧）	0.14	0.78	0.53	0.90

*表示在 0.05 水平（双侧）上显著相关，**表示在 0.01 水平（双侧）上显著相关，下同

平均呼气速度参数中，元音/a/受协同影响的程度适中，显著程度一般，/ai/中/i/的平均呼气速度与/ia/中/i/的平均呼气速度的 Pearson 相关系数较小（−0.12），受协同影响的程度较大。呼出气流量参数中，元音/a/和元音/i/受协同影响的程度均较大。空气动力学阻力参数中，元音/a/和元音/i/的相关程度极小，受协同影响的程度较大，但是 p 值接近 1，表明相关程度极不显著。因此，二合元音/ai/和/ia/中，气流参数受协同作用的影响主要表现在呼气时长和平均呼气速度方面，与元音的开口度和舌位高低有关。元音/a/和/i/在二合元音/ai/和/ia/中受顺向影响的程度较大，受逆向影响的程度较小。呼出气流量和空气动力学阻力参数方面的协同影响很小，与元音发音的生理机制有关。

（二）二合元音/ei/和/ie/参数分析

从共振峰过渡方式来看，二合元音/ei/和/ie/中的过渡为隐性过渡，过渡时没有稳定段的部分。从/e/的数据统计来看，表 6-17 中的标准差除空气动力学阻力以外，其余参数的范围较为集中，/e/在靠前位置的平均呼气速度和空气动力学阻力参数大于靠后位置的参数，而在呼气时长和呼出气流量上则是靠前位置比靠后位置小。

表 6-17　二合元音/ei/和/ie/中元音/e/气流参数统计数据

参数	M	SD	n
ei_e 呼气时长/s	0.34	0.99	16
ei_e 平均呼气速度/（L/s）	0.11	0.41	16
ei_e 呼出气流量/L	0.04	0.02	16
ei_e 空气动力学阻力/（ds/cm^5）	−9.82	3.43	16
ie_e 呼气时长/s	0.97	0.14	11
ie_e 平均呼气速度/（L/s）	0.11	0.03	11
ie_e 呼出气流量/L	0.10	0.04	11
ie_e 空气动力学阻力/（ds/cm^5）	−10.46	3.47	11

关于元音/i/的数据，从表 6-18 的数据中可以看出，当/i/处于靠前位置时，呼气时长和呼出气流量小于靠后位置，平均呼气速度和空气动力学阻力大于靠后位置，其表现与/e/的情况相同。

表 6-18　二合元音/ei/和/ie/中元音/i/气流参数统计数据

参数	M	SD	n
ei_i 呼气时长/s	0.62	0.14	16
ei_i 平均呼气速度/(L/s)	0.08	0.03	16
ei_i 呼出气流量/L	0.05	0.02	16
ei_i 空气动力学阻力/(ds/cm^5)	−13.93	5.63	16
ie_i 呼气时长/s	0.13	0.49	11
ie_i 平均呼气速度/(L/s)	0.15	0.03	11
ie_i 呼出气流量/L	0.02	0.01	11
ie_i 空气动力学阻力/(ds/cm^5)	−7.30	2.42	11

从元音/e/和/i/的开口度和舌位来看，/e/的舌位比/i/的低，开口度比/i/大，但差异程度较小。在二合元音/ei/和/ie/中，元音/e/受/i/的影响，随着舌位由高到低、开口度由大到小变化，平均呼气速度呈逐渐加快的趋势。从表 6-18 的数据来看，协同影响表现为逆向影响较大。同样，元音/i/的平均呼气速度会受/e/的影响，呈逐渐下降的趋势，从表 6-19 的参数来看，协同影响表现为逆向影响。空气动力学阻力的表现与平均呼气速度相同，而呼气时长和呼出气流量的表现与平均呼气速度相反。

从进一步的相关分析结果来看，表 6-19 中元音/e/的呼气时长、平均呼气速度和空气动力学阻力的相关系数的绝对值都在 0.5 左右，相关程度适中，但相关性不显著。表 6-20 中元音/i/参数的相关分析中，所有参数的相关程度都较小，且相关性不显著。综合相关性和显著性可以得出，元音/i/的各参数受协同影响的程度较大，而/e/受协同影响的程度较小，从表 6-19 中的前后位置参数差值亦可看出。

表 6-19　二合元音/ei/和/ie/中元音/e/气流参数相关分析（n=11）

参数		ei_e 呼气时长	ei_e 平均呼气速度	ei_e 呼出气流量	ei_e 空气动力学阻力
ie_e 呼气时长	r	−0.50	0.19	−0.04	0.32
	p（双侧）	0.12	0.58	0.91	0.35
ie_e 平均呼气速度	r	−0.50	0.56	0.22	0.50
	p（双侧）	0.12	0.07	0.52	0.12
ie_e 呼出气流量	r	0.53	0.48	0.15	0.46
	p（双侧）	0.10	0.14	0.66	0.15
ie_e 空气动力学阻力	r	0.53	0.48	0.13	0.44
	p（双侧）	0.10	0.13	0.70	0.17

表 6-20 二合元音/ei/和/ie/中元音/i/气流参数相关分析（n=11）

参数		ei_i 呼气时长	ei_i 平均呼气速度	ei_i 呼出气流量	ei_i 空气动力学阻力
ie_i 呼气时长	r	0.15	0.21	0.18	0.38
	p（双侧）	0.67	0.54	0.61	0.25
ie_i 平均呼气速度	r	0.06	0.16	0.18	0.27
	p（双侧）	0.86	0.65	0.59	0.42
ie_i 呼出气流量	r	0.12	0.31	0.29	0.51
	p（双侧）	0.72	0.35	0.39	0.11
ie_i 空气动力学阻力	r	0.20	0.30	0.35	0.37
	p（双侧）	0.56	0.37	0.29	0.27

因此，综合二合元音/ei/和/ie/中元音/e/、/i/分析结果来看，气流参数受协同作用表现为逆向影响，元音/i/受/e/的影响较大，而元音/e/受/i/的影响较小，协同影响主要表现在平均呼气速度和呼气时长方面。

（三）二合元音/ou/和/uo/参数分析

二合元音/ou/和/uo/中的共振峰过渡属于平缓过渡，从开始至结束有平稳的过渡状态。从舌位来看，元音/o/和/u/的舌位高低和开口度差别较小，其中/u/的开口度比/o/大，/u/的舌位比/o/高。从表 6-21 的统计数据来看，元音/o/的气流参数的标准差与前两组二合元音的情况相类似，从参数的均值来看，/o/在靠前位置的气流参数均小于靠后位置的气流参数。

表 6-21 二合元音/ou/和/uo/中元音/o/气流参数统计数据

参数	M	SD	n
ou_o 呼气时长/s	0.37	0.04	18
ou_o 平均呼气速度/(L/s)	0.09	0.03	18
ou_o 呼出气流量/L	0.03	0.01	18
ou_o 空气动力学阻力/(ds/cm^5)	−13.23	5.12	18
uo_o 呼气时长/s	0.82	0.09	15
uo_o 平均呼气速度/(L/s)	0.10	0.03	15
uo_o 呼出气流量/L	0.09	0.02	15
uo_o 空气动力学阻力/(ds/cm^5)	−10.77	3.87	15

如表 6-22 所示，在元音/u/的参数中，处于靠前位置的呼气时长和呼出气流量参数小于靠后位置，平均呼气速度和空气动力学阻力参数大于靠后位置。

表 6-22　二合元音/ou/和/uo/中元音/u/气流参数统计数据

参数	M	SD	n
ou_u 呼气时长/s	0.67	0.12	18
ou_u 平均呼气速度/（L/s）	0.07	0.02	18
ou_u 呼出气流量/L	0.05	0.02	18
ou_u 空气动力学阻力/（ds/cm^5）	−16.34	6.23	18
uo_u 呼气时长/s	0.15	0.04	15
uo_u 平均呼气速度/（L/s）	0.10	0.05	15
uo_u 呼出气流量/L	0.02	0.01	15
uo_u 空气动力学阻力/（ds/cm^5）	−12.36	7.22	15

根据元音/o/和/u/的开口度大小和舌位，元音/o/的平均呼气速度等参数在元音/u/的影响下会呈从小到大的变化趋势；而元音/u/同样会受元音/o/的影响，平均呼气速度等参数会呈从大到小的变化趋势。从元音位置在靠前位置和靠后位置时的参数差值对比来看（表 6-21 和表 6-22），元音/o/受到元音/u/的顺向影响程度较大，元音/u/受到元音/o/的顺向影响程度较大。

从表 6-23 的相关分析结果来看，元音/o/的所有参数间的相关程度均较小，呼出气流量和空气动力学阻力的相关显著性接近 1，远大于 0.05 的显著性水平，表现为不显著。

表 6-23　二合元音/ou/和/uo/中元音/o/气流参数相关分析（n=15）

参数		uo_o 呼气时长	uo_o 平均呼气速度	uo_o 呼出气流量	ou_o 空气动力学阻力
uo_o 呼气时长	r	0.17	0.16	0.18	−0.08
	p（双侧）	0.54	0.57	0.52	0.78
uo_o 平均呼气速度	r	0.10	−0.12	−0.08	0.20
	p（双侧）	0.72	0.68	0.77	0.47
uo_o 呼出气流量	r	0.18	−0.11	−0.05	0.15
	p（双侧）	0.53	0.69	0.87	0.60
uo_o 空气动力学阻力	r	0.19	0.25	−0.17	0.08
	p（双侧）	0.50	0.37	0.54	0.79

表 6-24 中，除元音/ou/呼气时长和/uo/呼出气流量间相关系数 r 的显著性小于 0.05 以外，其余参数均表现出相关性不显著的特征。

表6-24 二合元音/ou/和/uo/中元音/u/气流参数相关分析（*n*=15）

参数		uo_u 呼气时长	uo_u 平均呼气速度	uo_u 呼出气流量	ou_u 空气动力学阻力
uo_u 呼气时长	*r*	0.32	−0.39	−0.18	−0.41
	p（双侧）	0.25	0.15	0.51	0.13
uo_u 平均呼气速度	*r*	0.43	−0.13	0.01	−0.17
	p（双侧）	0.12	0.65	0.99	0.54
uo_u 呼出气流量	*r*	0.60*	−0.19	0.02	−0.29
	p（双侧）	0.02	0.49	0.96	−0.30
uo_u 空气动力学阻力	*r*	0.44	0.02	0.12	−0.02
	p（双侧）	0.10	0.95	0.68	0.95

综合二合元音/ou/和/uo/中元音/u/、/o/的分析结果来看，整体参数的相关性较小，将相关性大小作为参考可以看出，二合元音/ou/和/uo/中的相互影响表现为顺向影响，主要表现在呼气时长和平均呼气速度方面。

总之，通过对二合元音气流参数的数据进行统计分析，从协同影响的方向来看，二合元音中/ai/和/ia/之间存在顺向协同影响，在/ei/和/ie/中存在逆向协同影响，在/ou/和/uo/中存在顺向协同影响，并且在呼气时长和平均呼气速度参数方面的影响程度较大，且表现较显著。结合对二合元音声学分析的共振峰过渡类型来看（张磊，2012），共振峰处于显性过渡和平缓过渡的二合元音在气流参数方面呈顺向协同影响，而共振峰为隐性过渡的二合元音在气流参数方面呈逆向协同影响。

造成协同影响的原因主要与发音时口腔和舌的运动情况有关，在元音发音过程中，气流通过口腔时受开口度、舌位的高低和前后的影响。当口腔内空间较大时，气流速度变缓，发音的动程较大，呼气时长随之变长；而当口腔内空间较小时，气流速度变快，发音的动程较小，呼气时长随之变短。在二合元音中，表现为顺向协同影响的/ai/和/ia/、/ou/和/uo/中，均包含发音时舌位较低或者舌位靠后的元音，如/a/、/u/和/o/。因此，协同影响的方向在二合元音中主要与元音发音时的生理机制有关，主要是受舌位高低和前后以及口腔内空间大小的影响。

四、鼻音韵尾对韵母元音的影响

在研究鼻音韵尾对元音影响的部分，汉语普通话音节中，鼻音韵尾主要有两个，分别是/n/和/ŋ/，普通话的前、后鼻音韵母在发音时，位于韵腹的元音要经历一个鼻化阶段，本书主要研究韵母中鼻音韵尾对前接元音的影响及程度。由于

C+V+V+C 结构较复杂，本书先不做考虑，而是选择前后鼻音成对并包含/a/、/i/和/ə/三个元音的 C+V+C 结构的音节。

元音鼻化是一种较为典型的协同发音现象，并且研究的成果较多。元音鼻化在汉语普通话中也较常见，分为鼻音声母对后接元音的鼻化，以及鼻音韵尾对元音韵母的影响。

林茂灿和颜景助（1992）在对普通话带鼻尾零声母音节的协同发音研究中得出，(V)VN 结构中元音部分终点的舌位不仅会受到鼻音韵尾不同发音部位的逆向协同发音作用，还会受到（V）V 中不同主要元音的顺向协同发音作用。普通话鼻辅音前面的元音共振峰过渡是区分/n/和/ŋ/的最重要依据。

冉启斌（2005）在对汉语鼻音语音的实验研究中，在对鼻音韵尾的研究成果进行详细综述的基础上，对普通话鼻音韵尾和元音鼻化现象做出了解释，认为元音鼻化的原因是鼻音在与元音结合的发音过程中，软腭的动作较为缓慢，从而导致鼻音在除阻后或成阻前，鼻腔通路没有完全闭合或者闭合速度较慢，使除阻后或者成阻前的这段时间内鼻咽通道耦合，从而产生了元音的鼻化，并且认为语流中的鼻尾是不存在的，通常变成了前接元音的鼻化作用。普通话的鼻音韵尾在共时层面上呈现出比较明显的弱化现象，并且普通话中的前鼻音和后鼻音的差别不仅表现在鼻音韵尾本身，还表现在相邻的元音（韵尾前的元音）上。

吴宗济和李茂灿（1989）在《实验语音学概要》一书中将鼻韵尾的特征表述为三个方面：①在单念的普通话单音节里，鼻音韵尾常表现为鼻辅音，声学特质与声母中的鼻辅音一样；②鼻音韵尾有时候并不表现为鼻辅音，并且可以造成前面元音的鼻化；③鼻音韵尾是否表现为鼻辅音以及鼻音韵尾鼻辅音的时长取决于鼻音韵尾本身的发音部位，以及元音的发音部位和开口度大小。

从前人的研究结果来看，普通话中的鼻音韵尾在发音时存在弱化的现象，并且对之前的元音有鼻化影响，研究者在后期实验中通过使用鼻流计对汉语语音的鼻化度进行了分析（时秀娟等，2019；郭蕾，2011；张磊，2012），分析结果一致表明，前接元音受到了鼻音韵尾的影响，鼻流量数值增大，并产生了鼻化现象。

鼻音韵尾在发音时，气流从口腔和鼻腔同时呼出，由于发音时口腔、鼻腔和喉腔的调节作用，其在对元音音质进行调节的同时，也会对元音的发声气流速度产生影响。目前还没有从气流信号及参数角度对元音受鼻音韵尾影响程度的研究，本次实验选择含有韵母 an、ang、in、ing、en 和 eng 的普通话音节，将这三组前后鼻音对称的鼻音韵尾、韵母元音作为研究对象，为了排除声母鼻音对元音的顺向影响，剔除了声母为鼻音的音节。本部分实验中的语音、气流和气压信号采集设备采集的气流信号为鼻腔和口腔信号的总和，便于分析元音气流信号受鼻音韵尾的影响以及影响程度的大小。在气流参数方面，本部分实验主要分析不同元音在后接鼻音韵尾 n 和 ng 时，平均呼气速度和空气动力学阻力这两个参数的变化，并通过参数统计分析元音受鼻音韵尾协同影响的程度。

（一）平均呼气速度参数分析

由元音和鼻音韵尾构成的音节在发音过程中，气流从肺部呼出经过声门以后，在发元音时软腭抬起阻碍鼻腔通路，气流完全由口腔呼出，此时气流较为缓慢；在元音结束和鼻音韵尾开始发音时，软腭下降，气流在口腔中形成的阻碍逐渐增大，由于口腔内体积的减小，经口腔呼出的气流速度会逐渐加快，同时另一部分气流在打开的鼻腔中快速呼出。因此，元音在韵尾鼻辅音的影响下，气流速度会呈逐渐加快的态势，韵尾鼻辅音的鼻化程度越大，元音受鼻化的影响程度也越大，测量到的口腔气流也随之越快。

为对比不同元音在不同鼻化程度影响下平均呼气速度的差别，我们对前鼻音和后鼻音的不同元音参数进行对比分析，如表 6-25 所示，分别为元音/a/、/ə/和/i/的气流速度参数。

表 6-25　受鼻音韵尾影响的元音平均呼气速度参数均值分析

	参数	n	M	SD
对 1	an_a 平均呼气速度/（L/s）	16	0.08	0.03
	ang_a 平均呼气速度/（L/s）	16	0.10	0.01
对 2	en_e 平均呼气速度/（L/s）	15	0.06	0.03
	eng_e 平均呼气速度/（L/s）	15	0.14	0.05
对 3	in_i 平均呼气速度/（L/s）	7	0.04	0.02
	ing_i 平均呼气速度/（L/s）	7	0.18	0.07

由于普通话中元音与鼻音韵尾构成的音节数量不同，在统计结果中的样本数量表现不一致。从标准差来看，元音的标准差都小于 0.10，表明各参数与平均值的离散程度较小。平均值的标准差数据范围为 0.01—0.07，变化范围不大，说明总体参数的可靠度较高。元音/a/的平均呼气速度在/an/中为 0.09 L/s，在/nŋ/中的为 0.10，表现为在/nŋ/中的速度大于在/an/中的速度。同样，元音/i/和/ə/的平均呼气速度参数也表现为后鼻音大于前鼻音，由此说明鼻音韵尾前接元音的平均呼气速度受后鼻音的影响大于受前鼻音的影响。

为了进一步分析元音/a/、/i/和/ə/的平均呼气速度受鼻化影响的程度大小，通过参数的相关分析可以看出,在表 6-26 中,相关系数的绝对值大小为元音/i/最大,其次是元音/a/,最小的是元音/ə/。相关程度越大,说明元音在不同韵母结构中的受影响程度越小,因此元音受鼻音韵尾鼻化的协同影响最小的是前高元音/i/,其次是前低元音/a/,最大的是央元音/ə/,表现为/ə/＞/a/＞/i/。

表 6-26　受鼻音韵尾影响的元音平均呼气速度参数相关分析

参数		n	r	p
对 1	an_a 平均呼气速度 ang_a 平均呼气速度	16	−0.20	0.45
对 2	en_e 平均呼气速度 eng_e 平均呼气速度	15	0.14	0.62
对 3	in_i 平均呼气速度 ing_i 平均呼气速度	7	−0.55	0.21

通过分析可以得出,鼻音韵母在发音过程中,韵母元音的呼气速度会受鼻音韵尾辅音的影响,表现为后鼻音前的元音呼气速度快于前鼻音前的元音呼气速度。后鼻音的软腭抬起程度大,从而使前接元音的舌位靠后,元音呼气速度受影响的程度越大。通过对受影响程度进行分析,得出不同元音受影响程度的大小不同,主要与元音的舌位高低、前后有很大的关系,如央元音/ə/,受鼻化的影响程度越大,呼出气流的速度越快。

(二)空气动力学阻力参数分析

在发音过程中,气流会在发音器官的不同部位受到阻碍,受阻碍后,气流的运动方式、气流速度以及口腔内的压力都会发生变化。通过口腔内呼出的气流计算出空气动力学阻力参数,可反映出气流由肺部呼出后,经过发音器官由口腔呼出时的通畅程度。元音在发音时的气流都较为通畅,计算得出的空气动力学阻力通常是负值,空气动力学阻力参数越小,说明受阻碍的程度越小。在之前部分中对鼻化后元音的呼气速度进行分析,得出由单元音和鼻辅音构成的鼻韵母在发音时,鼻音韵尾会对元音鼻化时的气流速度产生影响,但是呼气速度的增加究竟是在阻碍增大时还是减小时产生的,以及与鼻音发音时的关系如何,还需通过对受鼻化影响的元音空气动力学阻力进行进一步分析。

从表 6-27 的数据中可以看出,标准差均大于 1,说明参数的变化范围较大,而且前鼻音和后鼻音的对比反映出,在前鼻音韵尾影响下,元音的参数相对于平均值的离散程度较大。从平均值可以看出,前鼻音和后鼻音对元音参数的影响程度不同,与平均呼气速度表现一致,表现为后鼻音的影响和受阻碍程度大于前鼻音。例如,元音/a/的空气动力学阻力参数在前鼻音韵母/an/中的平均值为–15.30 ds/cm^5,在鼻音韵尾/nŋ/中的平均值为–10.66 ds/cm^5,在/anŋ/中受阻碍的程度大于在/an/中受阻碍的程度,说明参数的差异与前后鼻音发音时的差异有直接关系。为了研究参数之间的相关程度,对元音在不同前后鼻音中的数据进行相关分析。

表 6-27 受鼻音韵尾影响的元音空气动力学阻力参数均值分析

	参数	n	M	SD
对 1	an_a 空气动力学阻力/(ds/cm5)	16	–15.30	8.11
	ang_a 空气动力学阻力/(ds/cm5)	16	–10.66	1.30
对 2	en_e 空气动力学阻力/(ds/cm5)	15	–19.44	8.62
	eng_e 空气动力学阻力/(ds/cm5)	15	–7.91	2.10
对 3	in_i 空气动力学阻力/(ds/cm5)	7	–29.19	10.93
	ing_i 空气动力学阻力/(ds/cm5)	7	–6.55	2.84

从表 6-28 中的相关程度来看,除元音/i/的相关系数绝对值大于 0.5 外,/ə/和/a/的相关系数绝对值都在 0.1 左右。因此,从受鼻音韵尾协同影响的程度来看,空气动力学阻力的协同影响程度表现为/ə/>/a/>/i/。除了与鼻音韵尾的鼻化度有关,协同影响程度还与元音的舌位高低有关系,从元音参数平均值的大小来看(表 6-28),在前鼻音/an/中的受阻碍程度表现为/a/>/ə/>/i/;在后鼻音/nŋ/中的受阻碍程度表现为/i/>/ə/>/a/,与在前鼻音中的表现相反。

表 6-28 受鼻音韵尾影响的元音空气动力学阻力参数相关分析

	参数	n	r	p
对 1	an_a 空气动力学阻力 ang_a 空气动力学阻力	16	–0.15	0.59
对 2	en_e 空气动力学阻力 eng_e 空气动力学阻力	15	0.13	0.65
对 3	in_i 空气动力学阻力 ing_i 空气动力学阻力	7	–0.53	0.22

综合来看,元音受鼻音韵尾鼻化的协同影响程度主要与鼻音韵尾的鼻化程度有关,还与元音本身的舌位有关。在受阻碍程度大的情况下,气流速度反而加快,说明元音到鼻音韵尾的过渡是一种不完全阻碍的增大,并非完全的阻碍。由此可知,鼻音韵尾对前接元音的协同影响产生在后接鼻音软腭抬起的阶段,软腭抬起

的过程使气流通道变狭窄，从而导致气流速度的加快。

理论上，从由元音自身舌位高低造成的参数差异来看，舌位越高，因口腔内空间体积缩小，随着阻碍程度的增大，气流速度加快。因此，元音/i/、/ə/和/a/的平均呼气速度应该表现为/i/＞/ə/＞/a/；受阻碍程度同样表现为/i/＞/ə/＞/a/。但从平均呼气速度和空气动力学阻力参数的分析得出，元音在前鼻音/an/、/en/、/in/中的平均呼气速度表现为/a/＞/ə/＞/i/，受阻碍程度表现为/a/＞/ə/＞/i/；元音在后鼻音/aŋ/、/eŋ/、/iŋ/中的平均呼气速度和受阻碍程度表现正好相反，表现为/a/＜/ə/＜/i/。与元音发音时结果一致的是后鼻音/aŋ/、/eŋ/、/iŋ/中元音参数的表现，而在前鼻音/an/、/en/、/in/中的表现正好相反，说明在前鼻音/an/、/en/、/in/中，鼻音/-n/对前接元音的鼻化程度大于/-ŋ/，这与张磊（2012）对鼻韵尾/-n/、/-ŋ/前接元音不同的鼻化程度研究结果一致。

本部分实验分析得出，在鼻音韵尾和单元音构成的韵母结构中，元音气流参数主要受舌位高低的影响和鼻音韵尾的鼻化影响，平均呼出气流速度和阻碍程度方面的表现不同。从元音受到前鼻音和后鼻音的影响来看，主要表现在平均呼出气流速度和空气动力学阻力参数上，参数为后鼻音大、前鼻音小。在鼻音韵尾对前接元音的影响程度方面，前鼻音/-n/对前接元音的鼻化程度大于后鼻音/-ŋ/。在协同影响程度方面，鼻音韵尾前的元音影响程度为/ə/＞/a/＞/i/，差异主要受元音舌位高低的影响。鼻音/-n/在发音过程中的舌位靠前，而鼻音/-ŋ/在发音过程中的舌位靠后，前接元音受鼻音/-n/和/-ŋ/的影响，其元音的舌位前后也会发生变化，主要表现为舌位越靠后，元音与鼻音韵尾间的协同影响程度越大。造成该影响程度不同的原因，主要与前接元音受鼻音韵尾的鼻化作用有关，还与鼻音韵尾受元音的弱化影响有关。以后的研究还应继续探讨鼻音韵尾受元音弱化影响的程度以及气流参数方面的具体表现特征。

五、辅音声母对韵母元音的影响

之前部分的研究得出，元音舌位的高低和前后会对气流信号造成影响，主要表现在平均呼气速度和空气动力学阻力两个方面。

普通话辅音发音过程中，由于气流受阻碍的部位不同，理论上会对后接元音产生影响。研究者在对音节内协同发音的研究中已经得出，元音共振峰和舌腭接触都会受到声母发音部位和发音方法的影响（李英浩，2011）。因此，本部分主要考察韵母结构中元音气流参数受不同部位辅音声母影响的程度大小，在研究辅音声母对元音影响的部分只研究单元音韵母的影响，研究对象选择后接元音为/a/、/i/、/ə/和/u/的4个元音为韵母，选择发音部位（成阻部位）在双唇、舌尖中、舌面和舌根的辅音，不考虑声调的影响，所有音节均为阴平调。双唇音声母为 b、p、m；舌尖音声母为 d、t、n、l；舌面音声母为 j、q、x；舌根音声母为 g、k、h。

（一）元音/a/参数分析

图 6-11 和图 6-12 中的参数分别是不同部位辅音后接元音的平均呼气速度、呼出气流量和空气动力学阻力参数，所有参数为成阻部位在双唇、舌尖、舌面和舌根成阻辅音的平均值，其中，空气动力学阻力为原始数据的绝对值。

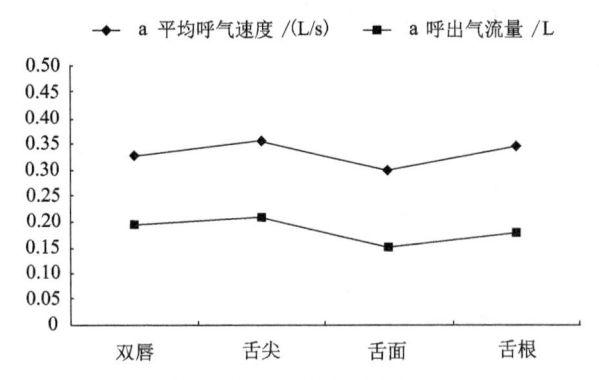

图 6-11 不同发音部位声母后接元音/a/气流参数分析

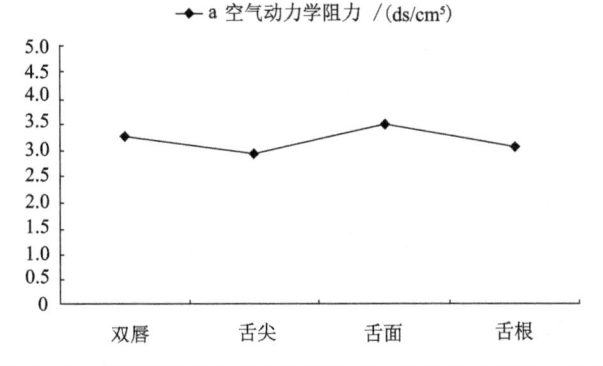

图 6-12 不同发音部位声母后接元音/a/空气动力学阻力分析

对单元音参数进行统计分析，得出元音/a/的呼出气流量和平均呼气速度分别是 0.77 L 和 0.87 L/s，空气动力学阻力参数是 –15.3 ds/cm^5。从图 6-11 和图 6-12 中的参数大小来看，所有参数均大于单元音参数，说明后接元音受到前接声母辅音的影响后，参数明显增大。元音/a/的舌位低且靠前，发音时口腔内空间较大，气流畅通且没有受到阻碍。受前接辅音发音部位的影响，舌尖音和舌根音的参数提升幅度较大，而双唇音和舌面音提升幅度较小，说明在由辅音向元音过渡的过程中，元音/a/的舌位受舌尖音和舌根音影响，舌位提升幅度较大，从而导致呼气速度的加快和呼出气流量的增大。在空气动力学阻力参数上，舌尖音和舌根音的绝对值最低，说明气流受阻碍的程度大，在不完全阻碍的情况下，呼气速度会随之加快。

（二）元音/ə/参数分析

通过计算参数得出，单元音/ə/的平均呼气速度是 0.09 L/s，呼出气流量是 0.11 L，空气动力学阻力是–11.94 ds/cm^5。如图 6-13 所示，不同发音部位声母后接元音/ə/的气流参数，表现出与元音/a/相同的特征，除了舌面音部分的参数以外，其余部位的参数都有较大幅度的提升。由图 6-14 可以看出，舌面音受阻碍程度最大，其余部位受阻碍程度大致处于同一水平。

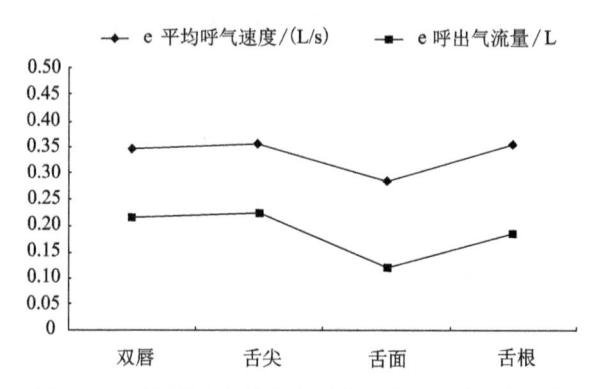

图 6-13 不同发音部位声母后接元音/ə/气流参数分析

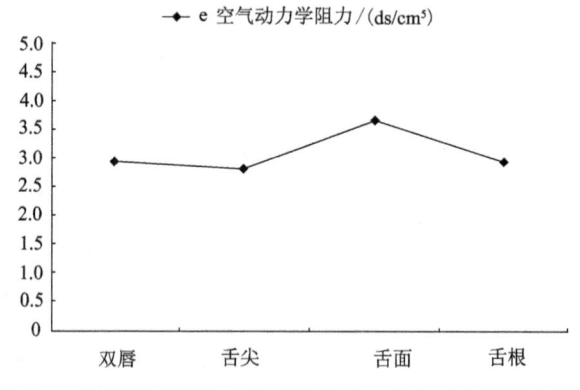

图 6-14 不同发音部位声母后接元音/ə/空气动力学阻力分析

元音/ə/是央元音，发音时舌位处于中间位置，因此受舌面音的影响较小。双唇音、舌尖音和舌根音的平均呼气速度在 0.35 L/s 左右，呼出气流量在 0.2 L 左右，参数的增大幅度接近说明双唇音、舌面音和舌根音在发音时发音器官对气流的阻碍程度较大，在空气动力学阻力参数上的表现也更加说明了舌面音对元音/ə/

气流的影响较小。

（三）元音/i/参数分析

元音/i/的舌位最高且最靠前，单元音的平均呼气速度是 0.27 L/s，呼出气流量是 0.23 L，空气动力学阻力是–3.77 ds/cm^5。从图 6-15 和图 6-16 中可以看出，元音/i/的参数都有增大，但是幅度较低，平均呼气速度在 0.35 L/s 左右，而呼出气流量为 0.15—0.2 L，舌面音受影响后参数的提升幅度最小。

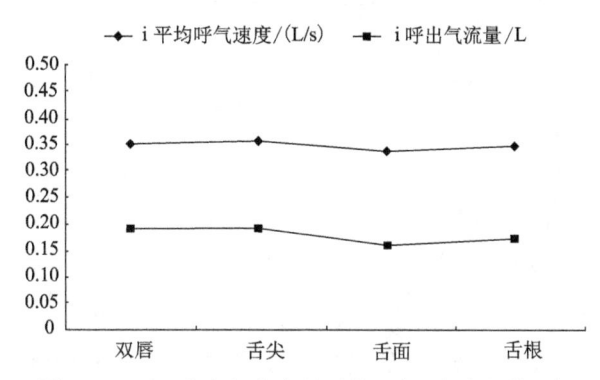

图 6-15 不同发音部位声母后接元音/i/气流参数分析

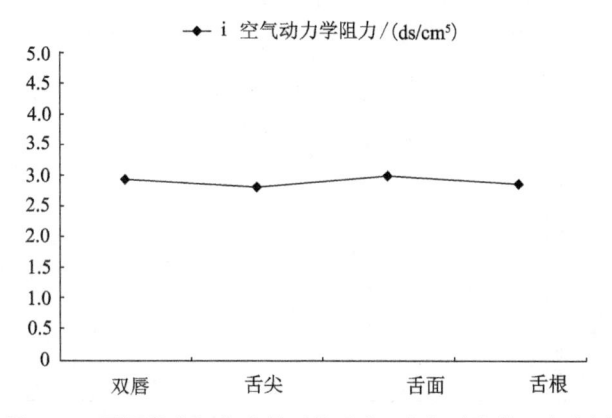

图 6-16 不同发音部位声母后接元音/i/空气动力学阻力分析

结合单元音韵母/i/受声母影响后腭位参数的变化来看（李英浩，2011），舌面前音使得/i/的舌腭收紧点的位置前移，并导致 F2 的下降，舌尖音除了边音以外，对元音/i/的影响与唇音的情况大体相似，更加说明了元音/i/受双唇音、舌尖音和舌根音的影响程度大致相同，且均大于舌面音的影响。

（四）元音/u/参数分析

单元音/u/在发音过程中圆唇且发音部位靠后，如图 6-17 所示，平均呼气速度为 0.10 L/s，呼出气流量为 0.15 L，空气动力学阻力为–10.67 ds/cm^5。受辅音声母的影响，元音/u/的气流参数同样表现出整体增大的趋势，其中双唇音和舌根音的变化幅度较大，其次是舌尖音，最小的为舌面音。

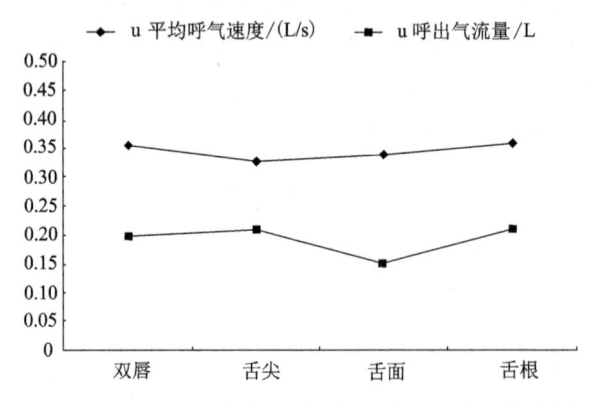

图 6-17　不同发音部位声母后接元音/u/气流参数分析

从图 6-18 的空气动力学阻力参数来看，由于元音参数为负值，舌尖音的绝对值最大，即受阻碍的程度最小。元音/u/在发音过程中，开口度较小，舌位处于靠后的位置，虽然舌位较高，但是口腔内空间较大，相对元音/i/的气流速度较大，受阻的程度较小。但是，在受前接辅音影响之后，气流速度增大，与/i/受影响后的参数接近，主要表现在舌根音和双唇音，说明其受双唇音和舌根音的影响较大。

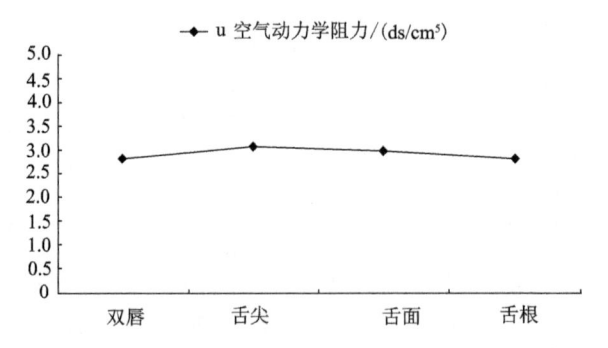

图 6-18　不同发音部位声母后接元音/u/空气动力学阻力分析

结合声学研究的结果来看，/u/受前接辅音的影响程度最大，/a/受前接辅音的影响程度较大，/ə/受前接辅音的影响程度之次，/i/具有很高程度的抗协同发音能力且受影响程度最小（张磊，2012）。从以上 4 个元音的分析来看，元音的平均呼气速度、呼出气流量和空气动力学阻力参数受前接辅音影响后呈明显的升高特征。其中前低元音/a/和央元音/ə/的变化趋势一致，前高元音/i/的参数变化幅度较小，后高圆唇元音/u/的参数变化相对复杂，由此进一步证实了/u/受前接辅音的影响程度最大，/i/具有很高程度的抗协同发音能力且受影响程度最小。造成影响程度不同的原因不仅与元音自身的发音情况，如舌位的高低、前后有关，还与前接辅音的发音部位有很大关系。

后高圆唇元音/u/在发音过程中的舌位处于最高位置，舌叶和舌尖相对较灵活，口腔内空间受辅音影响后的变化情况较复杂，会受到不同程度的影响。元音/a/和/ə/的舌位处于中低位置，在发音过程中，舌叶的变化情况不灵活，两者的受影响情况表现出较一致的特征，整体受舌面音影响最小。元音/i/的舌位最靠前且最高，在发音时舌叶同时向前和向上运动，舌叶的运动受到很大程度的制约，因此舌叶的变化情况受辅音的影响不大。本部分只是得出了元音气流参数受辅音影响的一些主要特征，具体的影响情况和舌叶的运动方式将在以后的研究中结合超声数据进行进一步分析。

六、韵母元音对辅音声母的影响

辅音声母的气流和气压值的变化是否会受后接韵母的影响，是本部分的主要研究内容。普通话声母除零声母外，按发音部位的不同可以分为双唇音、唇齿音、舌尖前音、舌尖中音、舌尖后音、舌面前音和舌面后音。本部分主要研究 C+V 结构中韵母元音对辅音声母的影响，并结合普通话音节中元音对辅音声母逆向协同发音的研究结论，分析单元音韵母对声母辅音的气流和气压参数的影响，以及影响的显著程度和大小。单元音韵母选择 4 个具有代表性的元音/a/、/i/、/ə/和/u/，辅音包括 21 个普通话辅音声母。

之前的研究已经得出，元音受辅音的影响后，气流参数整体增大，主要受辅音发音部位的影响。为分析辅音受元音的逆向影响，本书对不同辅音声母的气流参数和后接元音气流参数进行线性回归分析，以辅音气流参数为因变量，以后接元音为自变量，通过对输出结果进行分析得出，回归方程的斜率不显著，并且整体的 R^2 较低，部分辅音的线性相关程度较小，说明声母气流受后接元音的影响较小。为了进一步分析辅音和元音间的气流信号影响程度，对辅音和元音气流参数进行简单相关分析。在本部分的相关分析中，为了说明辅音受后接元音的影响以及程度大小，辅音参数提取了音节中声母部分的气流参数，后接元音参数提取了韵母中单元音的所有参数。由于线性回归方程的拟合度不高，所以在分析中略去线性回归分析，不再赘述，只对相关分析结果进行详细说明。

（一）塞音分析

塞音在发音过程中，气流在口腔内受阻碍的程度较大，除阻过程中，气流从口腔中爆发而出，产生较大的气流速度。我们按照发音部位从前往后排列，并且依据不同的发音方法，将塞音的气流参数进行统计分析。

从表 6-29 中的最大呼气速度来看，相关分析结果中，塞音声母和后接元音的 p 值均大于 0.05，表现出两者之间不存在显著的相关性，或说明元音和塞音声母的相关性不强。参考相关性来看，元音与 b、p、d 和 g 的相关性都很低，并且相关系数都在 0.1 左右，而与 t 和 k 呈中度相关，相关系数在 0.5 左右，说明双唇音和不送气音受后接元音的最大气流速度影响很小，而不送气舌尖音和舌根音受影响的程度较大。

表 6-29 塞音最大呼气速度相关分析

参数		b 最大呼气速度	p 最大呼气速度	d 最大呼气速度	t 最大呼气速度	g 最大呼气速度	k 最大呼气速度
元音最大呼气速度	r	−0.09	0.08	0.14	0.40	0.07	0.58
	p	0.83	0.85	0.75	0.32	0.88	0.13

平均呼气速度的分析结果（表 6-30）大致与最大呼气速度相同，发音部位靠后的辅音和送气音受后接元音的影响程度较大。其中，相关系数最大的是元音与舌尖音 t 的相关，呈中度正相关。

表 6-30 塞音平均呼气速度相关分析

参数		b 平均呼气速度	p 平均呼气速度	d 平均呼气速度	t 平均呼气速度	g 平均呼气速度	k 平均呼气速度
元音平均呼气速度	r	0.12	−0.14	−0.02	0.58	0.23	0.29
	p	0.79	0.74	0.96	0.13	0.58	0.49

呼出气流量的结果与呼气速度正好相反，表 6-31 中，发音部位靠前的不送气音受影响的程度较大，而发音部位靠后的送气音受影响的程度较小，而且元音与 p 和 g 均呈负相关。相关程度最大的是元音与双唇不送气音 b 的相关，呈正相关。

表 6-31 塞音呼出气流量相关分析

参数		b 呼出气流量	p 呼出气流量	d 呼出气流量	t 呼出气流量	g 呼出气流量	k 呼出气流量
元音呼出气流量	r	0.41	−0.06	0.22	0.03	−0.07	0.02
	p	0.32	0.89	0.61	0.94	0.87	0.96

从空气动力学阻力的相关分析结果（表6-32）中可以看出，除了双唇音外，舌尖音和舌根音的送气音的相关程度大于不送气音，而且较大的相关系数都为负相关。其中相关程度最大的是元音与舌根送气音k的相关，呈高度相关。

表6-32 塞音空气动力学阻力相关分析

参数		b空气动力学阻力	p空气动力学阻力	d空气动力学阻力	t空气动力学阻力	g空气动力学阻力	k空气动力学阻力
元音空气动力学阻力	r	−0.24	0.11	0.18	−0.33	0.19	−0.84**
	p	0.56	0.80	0.67	0.42	0.65	0.01

从塞音相关程度整体来看，在塞音气流信号中，最大呼气速度和平均呼气速度受后接元音的影响较大，发音部位靠后的辅音和送气音受后接元音的影响较大。呼出气流量和空气动力学阻力受影响的程度与呼气速度相反，表现为发音部位靠前的不送气音受影响的程度较大。后接元音对辅音声母的影响主要表现在对辅音发音动作的影响上，从李英浩（2011）对辅音受元音影响的腭位分析结果来看，元音对双唇音和舌面后音的发音动作影响最大，其次是对舌尖中音的舌面动作，对舌尖后音和舌面前音的影响较小，基本上不影响舌面前音的发音动作。李英浩（2011）的研究还发现舌面前音的协同发音阻力最强，双唇音、舌面后音和舌尖中音的协同发音阻力较小，边音的情况表现为其受后接元音的阻力有可能大于受舌尖中音的阻力。因此，双唇音和舌根音气流参数受影响的差异取决于对后接元音的发音准备的动作大小，主要与发音的生理机制有关。

（二）塞擦音分析

塞擦音在发音过程中与塞音不同，除了阻塞段之外，还有摩擦成声的部分。发音时，口腔内的发音部位相互接触，在口腔内形成阻碍，爆发除阻过程中与塞音不同，气流从口腔内挤出，呈现出先阻塞后摩擦的特征。但是塞擦音不是简单的塞音和擦音的组合，而是一个独立完整的辅音。从塞擦音呼气速度相关分析结果来看（表6-33、表6-34），最大呼气速度和平均呼气速度的相关程度表现为送气音大于不送气音，在发音部位方面的表现不明显，并且有正相关和负相关两种类型。与塞音不同的是，塞擦音呼气速度的影响主要与辅音的发音方法有关，与发音部位的关系不是很大。

表 6-33　塞擦音最大呼气速度相关分析

参数		z 最大呼气速度	c 最大呼气速度	zh 最大呼气速度	ch 最大呼气速度	j 最大呼气速度	q 最大呼气速度
元音最大呼气速度	r	0.04	0.75*	0.21	0.25	−0.12	0.53
	p	0.93	0.03	0.62	0.55	0.77	0.18

表 6-34　塞擦音平均呼气速度相关分析

参数		z 平均呼气速度	c 平均呼气速度	zh 平均呼气速度	ch 平均呼气速度	j 平均呼气速度	q 平均呼气速度
元音平均呼气速度	r	0.10	0.37	0.08	−0.36	0.07	0.45
	p	0.82	0.37	0.85	0.39	0.87	0.27

在后接元音的气流参数与塞擦音气流参数的相关分析结果中，塞擦音 c 的最大呼气速度与后接元音的相关程度最大，p 值为 0.03，小于 0.05，表明存在显著的正相关，其余参数都没有表现出显著相关性。

在呼出气流量参数中，塞擦音呼出气流量和元音呼出气流量的相关性不大。参考表 6-35 中的相关分析结果，塞擦音呼出气流量的大小受韵母元音的影响较小，除与 ch 呼出气流量表现出负相关以外，送气音和不送气音的表现一致。

表 6-35　塞擦音呼出气流量相关分析

参数		z 呼出气流量	c 呼出气流量	zh 呼出气流量	ch 呼出气流	j 呼出气流量	q 呼出气流量
元音呼出气流量	r	0.16	0.20	0.18	−0.22	0.27	0.46
	p	0.70	0.64	0.67	0.60	0.52	0.25

在空气动力学阻力参数（表 6-36）中，塞擦音在发音过程中同样受阻碍，后接元音在发音过程中的气流几乎不受阻碍，导致后接元音与塞擦音声母的空气动力学阻力参数的相关性较弱，其中与 z、c 和 q 的空气动力学阻力相关系数为负值，其余均为正值，送气音比不送气音的相关性相对较大。

表 6-36　塞擦音空气动力学阻力相关分析

参数		z 空气动力学阻力	c 空气动力学阻力	zh 空气动力学阻力	ch 空气动力学阻力	j 空气动力学阻力	q 空气动力学阻力
元音空气动力学阻力	r	−0.30	−0.62	0.11	0.33	0.05	−0.23
	p	0.48	0.10	0.80	0.43	0.90	0.58

虽然参数间未呈现出明显的相关性，但通过参考相关系数，呼出气流量和空

气动力学阻力的相关性表现出与呼气速度相同的特点，与塞音的情况大致相同，表现出元音对辅音声母气流参数的协同影响较小。按发音部位来看，塞擦音与塞音不同，主要与塞擦音发音时的成阻部位有关，塞音的成阻部位跨度较大，从双唇到舌尖，然后到舌根；而塞擦音主要集中在舌尖和舌面，表现出不同发音部位之间的差异较小。

（三）擦音分析

擦音的发音部位分布在唇齿至舌根，由于擦音成阻的情况不同，而且从辅音的研究结果中得知，在擦音中，r 和 h 的摩擦程度较小，发音过程中气流受阻碍的程度较小，从而导致了较大的呼气速度和呼出气流量，而擦音 s、f、sh 和 x 在发音过程中的气流特征和参数也较为接近。

从受后接元音的影响来看，最大呼气速度在发音部位上没有明显的差别，表 6-37 中，除了元音与 s 最大呼气速度的相关系数的显著性小于 0.05 以外，其余参数均表现出相关性不显著的特征，仅参考相关系数，最大呼气速度受影响最大的是舌尖音 s，较大的是 f、sh 和 r，较小的是舌面音 x 和舌根音 h。在平均呼气速度中，f、sh 和 h 几乎不受影响，其余受影响的程度也较小。

表 6-37　擦音最大呼气速度相关分析

参数		f 最大呼气速度	s 最大呼气速度	sh 最大呼气速度	r 最大呼气速度	x 最大呼气速度	h 最大呼气速度
元音最大呼气速度	r	0.40	0.79*	0.27	0.24	−0.13	−0.15
	p	0.33	0.02	0.51	0.57	0.76	0.73

擦音的平均呼气速度（表 6-38）表现出与最大呼气速度同样的特征。参考相关系数，元音与擦音 f、sh 和 h 表现出负相关的特征，但是系数较小，不足以说明元音与擦音声母之间的影响关系。

表 6-38　擦音平均呼气速度相关分析

参数		f 平均呼气速度	s 平均呼气速度	sh 平均呼气速度	r 平均呼气速度	x 平均呼气速度	h 平均呼气速度
元音平均呼气速度	r	−0.07	0.11	−0.04	0.22	0.26	−0.05
	p	0.86	0.78	0.99	0.61	0.53	0.90

从呼出气流量的参数（表 6-39）来看，呼出气流量参数在擦音和元音之间的表现与塞音和塞擦音相似，除了 r 和 h 之外，其余参数与元音之间均表现出负相

关，但是相关显著性，只能说明后接元音的呼出气流量对擦音声母的呼出气流量产生的影响较小。擦音 f、s、sh、x 声母在发音过程中的通道较狭窄，气流摩擦较大，声母发音需要较大的气流量支持，而在整个音节中，元音部分对气流量的需求较小。

表 6-39　擦音呼出气流量相关分析

参数		f 呼出气流量	s 呼出气流量	sh 呼出气流量	r 呼出气流量	x 呼出气流量	h 呼出气流量
元音呼出气流量	r	−0.52	−0.50	−0.11	0.18	−0.25	0.20
	p	0.19	0.21	0.79	0.66	0.55	0.64

从参数的大小关系，并结合表 6-39 和表 6-40 的呼出气流量与空气动力学阻力来看，发音部位靠前的唇齿音和舌尖前音的呼出气流量的相关性较大，舌尖后音的最小，而舌面音和舌根音的居中。在空气动力学阻力中，与元音相关性最大的是 r 和 h，舌尖音和唇齿音几乎不受影响。

表 6-40　擦音空气动力学阻力相关分析

参数		f 空气动力学阻力	s 空气动力学阻力	sh 空气动力学阻力	r 空气动力学阻力	x 空气动力学阻力	h 空气动力学阻力
元音空气动力学阻力	r	0.02	0.11	0.30	−0.31	0.14	0.44
	p	0.96	0.78	0.48	0.46	0.74	0.27

空气动力学阻力参数的关系在元音对擦音声母的影响中表现出不显著的特征，与其他参数的情况一致，更加表明后接元音对擦音声母的逆向协同影响较小。

（四）鼻音和边音分析

鼻音和边音在发音过程中声带振动，属于浊音。在后接元音对鼻音和边音影响的呼气参数中，两者在最大呼气速度和平均呼气速度上的相关均不显著，说明后接元音对鼻音和边音的逆向协同影响很微弱。参考表 6-41 和表 6-42 的呼气速度参数的相关性，最大呼气速度中，n 和 l 与元音呈负相关，这主要与发音过程中口腔内气流通道的狭窄程度有关。

表 6-41　鼻音和边音最大呼气速度相关分析

参数		m 最大呼气速度	n 最大呼气速度	l 最大呼气速度
元音最大呼气速度	r	0.12	−0.33	−0.04
	p	0.79	0.42	0.92

第六章　基于言语空气动力学方法的协同发音研究

表 6-42　鼻音和边音平均呼气速度相关分析

参数		m 平均呼气速度	n 平均呼气速度	l 平均呼气速度
元音平均呼气速度	*r*	0.43	0.13	0.20
	p	0.29	0.76	0.63

从鼻音和边音的分析来看，最大呼气速度中，l 与元音的相关性最小，舌尖阻碍的鼻音最大。在平均呼气速度中，双唇鼻音 m 最大，鼻音 n 最小，而边音 l 居中，说明呼气速度对边音的影响没有规律性。

呼出气流量的相关性与平均呼气速度正好相反，从呼出气流量参数（表 6-43）来看，双唇鼻音 n 最大，鼻音 m 最小，边音居中。相关分析结果显示，所有的相关均不显著，表明鼻音和边音声母受后接元音的影响较小，这与其他辅音的情况一致。

表 6-43　鼻音和边音呼出气流量相关分析

参数		m 呼出气流量	n 呼出气流量	l 呼出气流量
元音呼出气流量	*r*	−0.13	−0.43	−0.22
	p	0.76	0.29	0.61

在空气动力学阻力相关分析（表 6-44）中，鼻音 m 和 n 的参数几乎不受后接元音的影响，与鼻音在声母位置的气流特征结论一致（元音容易受鼻音的鼻化影响，而鼻音做韵尾时会受前接元音的影响，导致韵尾部位的鼻音弱化，在鼻音做声母时的效果不显著）。边音与元音的空气动力学阻力的相关性较低，且呈负相关，发音过程中元音气流不受阻碍，主要与发音过程中鼻音和边音声母的气流阻碍程度有关。

表 6-44　鼻音和边音空气动力学阻力相关分析

参数		m 空气动力学阻力	n 空气动力学阻力	l 空气动力学阻力
元音空气动力学阻力	*r*	−0.10	−0.09	−0.33
	p	0.82	0.84	0.42

综合来看，在发音气流参数的相互关系中，相关系数的显著性 *p* 值均大于 0.05，表明后接元音对辅音声母几乎不存在逆向协同影响。仅将相关系数作为参考值来看，辅音声母气流参数受后接元音的影响与辅音发音方法的关系较大，与发音部位的关系较小，且与成阻部位的前后有一定关系。

送气音与不送气音受后接元音的影响主要与辅音发音的生理机制有关，在辅音发音过程中，发音器官的动作会受后接元音的影响和制约，从而使声母的气流参数受影响。在汉语普通话中，塞音、塞擦音和擦音大多数为清音，而后接元音为浊音，发音时声带会振动。在清音向浊音过渡的过程中，为了使声带产生振动，必须保证声门上和声门下有压力差，在此过程中，声门下压力会上升，口腔内压力会下降，而呼气速度和呼出气流量会有所提升，主要反映在辅音声母对元音的影响方面。保持持阻段的口腔内压力以及声门压力差是不送气塞音和送气塞音发音动作产生差异的根本原因。送气塞擦音持阻开始后，声门面积开始增大，声门面积在除阻前后达到最大，这使得口腔内压力不断增大。由于塞擦音持阻过程中，整个舌形姿态具有较高的发音限制条件，口腔内压力的增大有可能使成阻点后的口腔体积增大；不送气塞擦音在持阻过程中，声门达到最大面积的时刻较早发生，而在持阻段后部，声门开始关闭，因此不送气塞擦音的舌面发音器官受口腔内压力的影响要小一些（李英浩，2011）。为了使后接元音发音，不送气音辅音发音时口腔内压力会减小，但是程度很小；而送气音发音时口腔内压力也会有减小的过程，但是加之送气的过程，口腔内压力减小主要是通过送气来完成的，因此表现出受后接元音的影响较大。

从发音部位来看，辅音不同气流参数受后接元音的影响情况不同，其中最大呼气速度反映了除阻时的呼气速度。塞音和塞擦音成阻部位靠前的受影响程度小，擦音成阻部位靠前的受影响程度大，鼻音成阻部位靠前的受影响程度小，边音的受影响程度小于鼻音。因此，受阻碍程度越大的音受后接元音的影响越小。

平均呼气速度是整个辅音发音部分的呼气速度的平均值，与成阻时的时长和阻碍的程度大小有关，受影响的程度与最大呼气速度的表现大致相同。塞音呼气速度受后接元音的影响与协同发音声学研究的结果一致（冉启斌，2005；张磊，2012），但是塞擦音和擦音的表现不同。

呼出气流量方面，受影响程度在塞音中的表现为，除不送气音 b 和 d 以外，其余塞音几乎不受影响；在塞擦音中，按发音部位从前到后，受影响程度依次增大；在擦音中，成阻部位靠前和靠后的音受影响的程度大于成阻部位在中间的音；舌尖成阻的鼻音 n 受影响的程度大于边音，边音受影响的程度大于双唇成阻鼻音 m。

在空气动力学阻力方面，塞音发音部位越靠后，受影响程度越大；在塞擦音中的表现与塞音正好相反，发音部位越靠前，受阻碍程度越小；擦音中除 r 和 h 以外，其余受影响程度很小；鼻音几乎不受后接元音的影响，边音受影响的程度较小。空气动力学阻力的影响程度主要与后接元音对辅音发音动作的影响有关。在舌腭接触的影响中，元音对唇音和舌面后音的发音动作影响最大（李英浩，2011），表现在塞擦音和塞音两个方面。元音对舌尖后音和舌面前音的发音动作影响程度较小，主要表现在擦音方面。

第四节 本章小结

本章通过分析汉语普通话双音节 C1V1#C2V2 结构中的气流和气压信号，得出存在 V1C2 的协同发音现象，主要提取第二音节 C2 的成阻时间，并统计 V1C2 的协同影响时长数据，得出在汉语普通话双音节 C1V1#C2V2 结构中存在 V1C2 的协同发音现象。产生该现象的原因主要与后一音节的声母有关，与前音节韵尾的关系不大，是一种音节间的相互影响。

普通话音节内协同影响部分，主要是通过对单音节内气流和气压信号进行分析，研究协同影响的程度和大小，包括四个部分，分别是二合元音内的相互影响、韵母元音受鼻音韵尾的影响、辅音声母对韵母元音和韵母元音对辅音声母的影响等。研究得出以下结论，在二合元音/ai/和/ia/中存在顺向协同影响，在/ei/和/ie/中存在逆向协同影响，在/ou/和/uo/中存在顺向协同影响，影响程度在呼气时长和平均呼气速度参数方面表现显著，主要与元音的发音生理机制有关，受元音舌位和口腔内空间大小的影响。

鼻音韵尾和单元音构成的韵母中，元音气流参数除了受自身舌位高低的影响外，还受鼻音韵尾的鼻化影响，在呼出气流量和受阻碍程度方面有不同的表现。从受前鼻音和后鼻音的影响来看，在元音的呼气速度和空气动力学阻力参数方面，后鼻音中的参数大于前鼻音中的参数。从前接元音参数受鼻音韵尾的影响程度来看，前鼻音/-n/对前接元音的鼻化程度大于后鼻音/-ŋ/。从协同影响的程度来看，鼻音韵尾前接元音表现为/ə/＞/a/＞/i/，主要与元音舌位的前后有关，鼻音/-n/发音时舌位靠前，而/-ŋ/发音时舌位靠后，前接元音受鼻音/-n/和/-ŋ/的影响，舌位也会产生不同变化，舌位越靠后的元音与鼻音韵尾间的协同影响程度越大。这种影响程度的大小不仅与鼻音韵尾对前接元音的鼻化有关，还与元音对鼻音韵尾的弱化影响有关。

韵母元音受辅音声母的影响主要表现在元音的呼气速度、呼出气流量和空气动力学阻力参数方面，元音参数受辅音影响之后，表现出参数值升高的特征。其中，前低元音/a/和央元音/ə/的变化趋势一致，前高元音/i/的参数变化幅度较小，后高圆唇元音/u/的参数变化相对复杂。影响程度主要与元音舌位的高低、前后有关，还与前接辅音的发音部位有关。后高圆唇元音/u/在发音时舌位处于最高位置，发音时舌叶和舌尖相对灵活，口腔内空间大小在发音时受辅音影响的情况较为复杂。元音/a/和/ə/在发音时舌位处于中低位置，舌叶的变化不灵活，表现出较为一致的特征，受到舌面音的影响最小。元音/i/在发音时舌位最靠前且最高，舌叶同时向前和向上运动，舌叶的运动受到很大程度的制约，受辅音的影响不大。

后接元音对辅音声母气流参数的影响较小,参考相关系数结果来看,主要与辅音发音方法的关系较大,与成阻部位的前后有关,与发音部位的关系较小。从发音部位来看,辅音气流参数受后接元音的影响不同。为便于后接元音发音,不送气音辅音发音时口腔内压力会减小,送气音发音时也存在口腔内压力减小的过程。然而,送气部分会导致口腔内压力减小,表现出受后接元音的影响较大。

第七章
言语空气动力学韵律研究

　　语言韵律的研究发展至今有着悠久的历史,"韵律"一词最早来源于古希腊词汇(prosōidía, [prosɔːdía]),指用歌曲演唱的音乐或音节的发音,可被归纳为一种节奏、重音、语调和言语。在古希腊的口头文学中,有一种以歌词为主、音乐为辅的手段来进行演唱的方式,最具代表性的就是抒情诗。在演唱过程中,演唱者将诗词与音乐的节拍高低按照不同的音阶形式组合起来,构成了诗歌的韵律节奏,其中诗歌的音步被认为是最基本的韵律单元。韵律不仅能反映说话者语音的各种特征,还能传达说话者的情感,如陈述、疑问和强调等。人类对语言韵律的感知也主要取决于非音质特性,如语音的高低、强弱和长短。韵律的特征是超音段特质,韵律单位的标志是语音的音高、停顿和重音,并通过超音段特征实现。在对韵律的感知过程中,需要根据上下文和语境信息对这些标志进行区分。语音韵律和音节的节奏有一定区别,语音韵律除了有音节的节奏交替之外,还有高低和长短的变化。语音韵律是语流中的一种等距离重现,并且具有超音段成分更迭交替的特征,通过音高、音长和音强中的一种或多种因素进行等距离的重现交替。

韵律特征还具有跨语言的共同特征，音高下倾、停顿和重读等现象都存在于不同的语言之中（王洪君，2008）。语流中的韵律特征通过超音段特征的系统变化实现，并被认为是知觉的一种产物（杨玉芳等，2006）。

  现代语音学对韵律在语音学层面的研究主要是对音调和节奏的语音特征进行观察，探讨在韵律产生时和人们对韵律感知时的生理机制和声学特征，从而进一步归纳出语音韵律的普遍规则。研究内容主要集中在两个方面：一方面是说话人对音高的控制，即研究可感知的声调或语调的组合特性；另一方面是说话人在发音时对语速的控制，即一种可感知的节奏特征。汉语韵律研究主要经历了语文学研究、音系学研究和韵律语法研究三个过程。汉语韵律研究与印欧语言研究不同。汉语与印欧语言不同的是，印欧语言韵律是单纯的节奏，汉语是有声调的语言，汉语普通话的韵律除与节奏有关之外，还与声调有关。声调在广义上是指音高的变化，在声学上反映在基频的变化方面。汉语普通话的声调和语调研究是韵律研究的主要方向，每个音节的音高都对韵律体系有着很大影响，这种基频音调的函数称为语调。赵元任早期提出声调和语调关系"代数和"的理论，认为汉语的声调是词或者固有字调和语调的代数和（转引自：吴宗济，1996）。英语语调中没有单个音节的声调，只有整体句子的音高变化。汉语普通话句子中包含音节的单字调和音节组合的连续变调，还有受不同语气影响的变调，将汉语语调构成了一个混合体。对单字调的研究在汉语普通话中非常重要，但是多字连续变调在语句的调形构成上承担着基本单元的任务。在后来的研究中，沈炯（1994）认为，普通话语调是由一串连贯的声调音域组成的音高调节形式，声调是在音域中滑动的"曲拱"，语调与声调的关系表现在对声调音域的调节作用方面，声调音域的变化范围表现在声调曲拱反生的变化方面，语调只会改变声调的音阶而不会改变声调的调型，并否认了"代数和"的概念。从语音声学层面对汉语普通话韵律现象进行研究，主要是对韵律单元、韵律边界、韵律时长、停顿和重音等方面的研究，感知研究也涉及这些方面。从生理层面研究汉语普通话韵律的较少，较典型的是从嗓音发声的角度研究汉语普通话韵律的嗓音发声（尹基德，2010），从语音发声的角度探讨汉语普通话韵律的音高、音长和音强调节的生理机制。该研究以汉语呼吸节奏和语句重音作为汉语普通话韵律在音调和节奏方面的主要特征，从声学和生理两个方面研究了嗓音的发音特征。总之，韵律研究无论是针对声学还是感知层面，对自然语言韵律产生的声学特征和生理机制的研究还不够深入。

  本章将结合言语空气动力学研究方法和前人的研究成果，从语音生理研究角度出发，以气流信号及参数为对象，研究汉语普通话言语气流与韵律的关系，主要研究基频、重音，以及诗词朗读时的气流与韵律关系，从而为汉语普通话韵律的进一步研究奠定基础。

第一节 实验概况

一、发音人和实验材料

本章实验按照研究内容共分为三个部分，分别是声调与气流信号的关系研究、重音与气流信号的关系研究以及诗词朗读的气流特征。在选择发音人时，应避免男女差异对基频信号的影响，共选择6名发音人，在研究过程中将按照性别不同分别予以考虑。发音人均是以北方方言为母语的在读研究生，年龄差距不大，发音标准，普通话水平测试成绩均为一级乙等。

在声调与气流信号的关系研究部分，信号采集使用汉语普通话单音节词表，为研究前接不同辅音的影响，词表为辅音声母后接4个单元音[a]、[i]、[ə]、[u]，选择不同部位具有代表性的辅音声母，分为塞音、擦音和鼻音三大类。按照阴平、阳平、上声和去声4个声调进行采集，每个音节为4个样本。为排除声母对后接元音的影响，还将对比元音[a]、[i]、[ə]、[u]单独发音时在4个声调下的信号及参数。

在重音与气流信号的关系研究部分，在信号采集时，以单句的模式进行，共选择句法结构差别不大的5个句子，均为陈述句。本节主要研究强调时的重音，由于强调的位置不同，所以采用一问一答的模式，但只采集回答者的信号，如单句"昨天我去了老师的办公室"，问答形式为：① 昨天还是今天你去了老师的办公室？<u>昨天</u>我去了老师的办公室。② 昨天谁去了老师的办公室？昨天<u>我</u>去了老师的办公室。③ 昨天你去了谁的办公室？昨天我去了<u>老师的</u>办公室。④ 昨天你去了老师的家里还是办公室？昨天我去了老师的<u>办公室</u>。其中，分别以"昨天、我、老师的、办公室"为被考察对象，在第一句中"昨天"为重音，而其他几个词则为非重音，然后将重音与非重音的参数进行分析。

在诗词朗读的气流特征部分，主要研究呼吸群边界处的参数变化，信号采集文本参考北京大学中文系语言学实验室的汉语普通话韵律朗读库中的发音文本，选取近体诗15首、词24首。其中近体诗中，由于信号采集时长的限制，选择五言律诗、五言绝句、七言绝句各5首。词中，则按照词牌的不同，选择具有代表性的8个词牌共24首，8个词牌分别是忆江南、如梦令、长相思、相见欢、浣溪沙、卜算子、西江月和鹧鸪天，每个词牌选择3首进行信号采集。由于字数不同，根据毛先舒的《填词名解》，将58字以内的词称为小令，59—90字的为中调，91字及以上的为长调。由于采集时间的限制，本书选择的文本为小令，分别是忆江南（27字）、如梦令（33字）、长相思（36字）、相见欢（36字）、浣溪沙（48字）、卜算子（44字）、西江月（50字）、鹧鸪天（55字）。

二、信号采集和标记

信号采集在专业语音录音室内进行，并按照不同样本分组进行，将不同组的样本分阶段进行采集，从而避免了发音人疲劳对信号质量的影响。发音词表使用提词器进行提示，从而减少发音人低头看文本时面罩漏气等干扰因素的影响。鉴于本章的研究内容与音高和能量有很大关系，在信号采集时选择发声效率模式。在该模式中，同时可以根据标记的位置提取声学参数和空气动力学参数。

在声调部分，由于气压信号在元音部分不明显，信号主要分为语音和气流信号。标记时按照软件界面同时标记4个通道，其中语音信号主要提取基频、时长和能量数据，气流信号提取所有气流参数。

声调的变化只表现在元音上，因此在信号标记时只选择元音部分，按照基频曲线进行标记。如图7-1所示，第一行信号为语音基频信号，分别对应的是音节ba的阴平、阳平、上声和去声调；第二行为语音声压级信号；第三行为语音气流信号，标记的部分为元音基频的部分；第四行为语音气压信号，由于气压信号在元音部分的表现不明显，不将其作为研究考虑的对象。按照不同音节的各声调对参数进行保存，如图7-1中的音节按照声调保存为4个文件，将声学参数和气流参数统一保存。不同声调在参数提取时的取值位置不同，在研究各声调参数的差

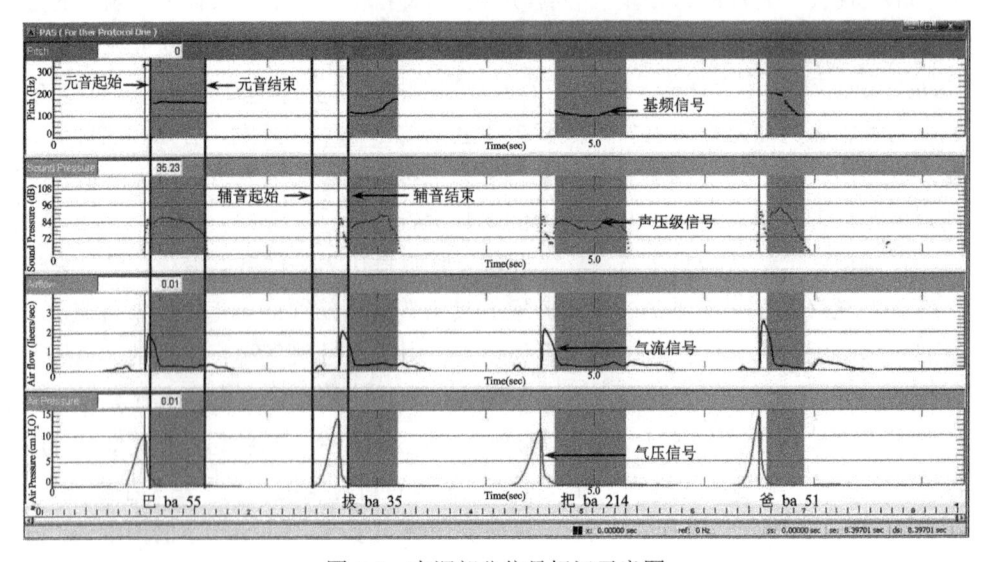

图 7-1　声调部分信号标记示意图

第七章 言语空气动力学韵律研究

别时，将提取不同声调的单元音信号参数进行分析，如阴平、阳平和去声调取基频起始和结束位置的参数，上声调除了取基频起始和结束位置的参数外，还将提取中间位置的参数，从而研究不同声调在参数上的差异。

在句重音部分，主要标记出重音词和非重音词的位置，然后提取相应位置的气流参数。在语音声学参数方面，该部分的语音参数借鉴了声学研究的成果，通过空气动力学参数和声学参数两方面加以证实。目前主要是对语音音高、音强和音长进行研究。在研究重音时，研究者对音强对重音的影响存在不同的观点，但是音长和音高对重音有影响得到了研究者的普遍认同。许洁萍等（2000）对汉语的语句重音进行了研究，分析了不同语句重音条件下音高和音长的变化及相互之间的关系。从生理上来看，部分学者认为，音强与声门的变化有直接关系，并表现为频谱中的高频和低频能量。本书中将对声学参数和气流参数与重音的关系进行系统分析，主要提取时长、基频、音强和所有气流参数。

在信号标记时，标记出重音音节和非重音音节，图7-2是双音节"昨天"为重音时的标记图。标记时，按照元音部分的声压级信号和基频信号，依次按照被研究对象词的不同，标出其他非重读音节，然后提取声学信号和言语气流信号的参数。每个句子按照重音词的不同分为不同文件，该句中有4个音节，则信号采集时对应4个文件。参数保存时，按照不同音节分别进行保存，为方便统计分析，将同音节的重音和非重音形成对立。

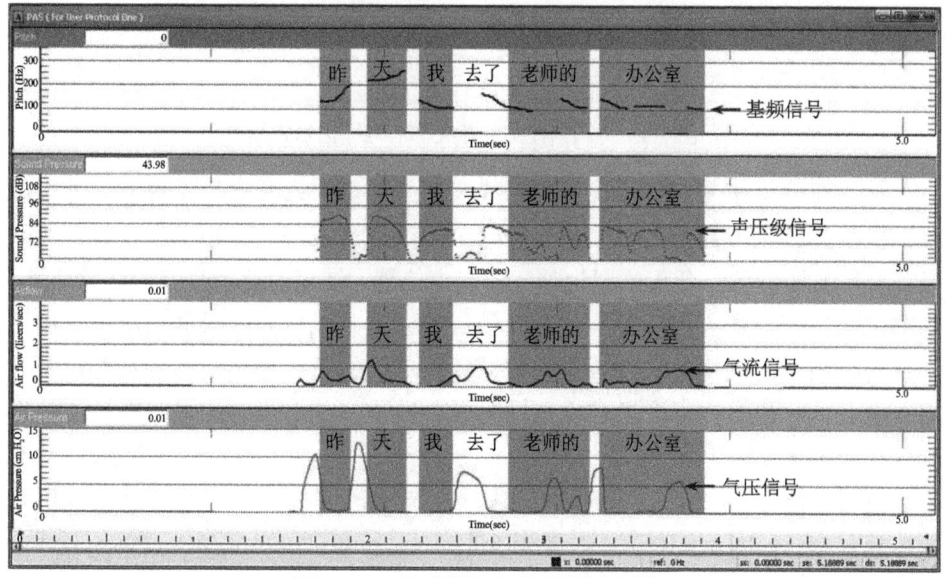

图7-2 句重音部分信号标记示意图

145

在诗词朗读部分，由于语调层面的呼吸群对语调的产生和人对语调的感知有着重要作用，而且不同层级的韵律单元之间有着密切关系，在对近体诗和词的分析中，将结合对呼吸信号的研究结果（谭晶晶等，2008），即结合近体诗和词的呼吸信号，将呼吸群开始和结束位置的音节切分出来进行标记，提取呼吸群边界的参数从而进行分析。

诗歌朗读部分的信号标记分两种不同方式，图7-3所示的信号为唐代诗人柳宗元的五言绝句《江雪》，该诗分为两联，每联有两小句。

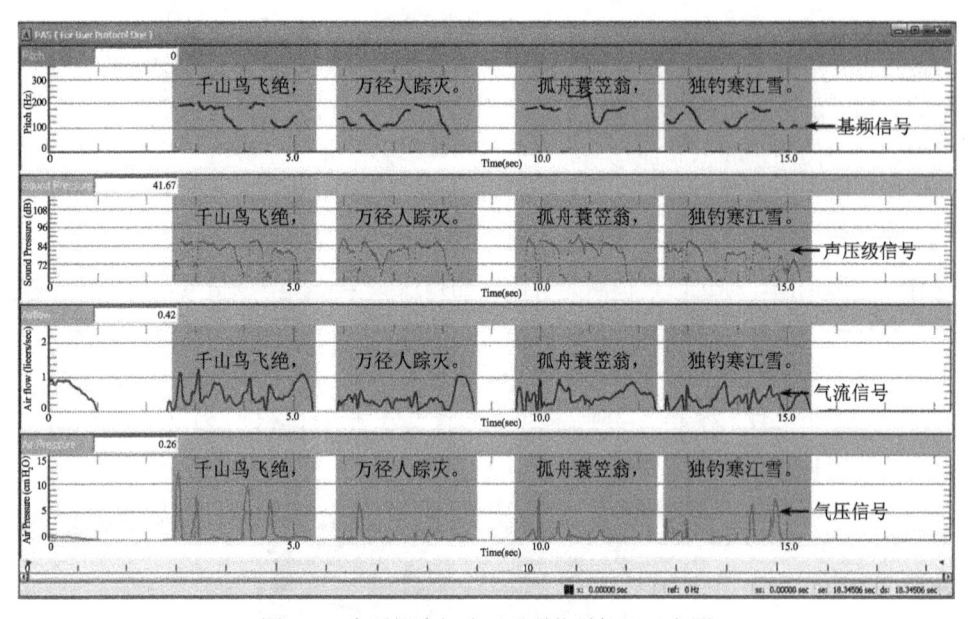

图7-3 诗词朗读部分呼吸群信号标记示意图

从气流信号来看，以横坐标为零线，横坐标以上为呼出气流部分，吸气部分在横坐标轴上方显示为空白段。每一个呼气部分是每一个小句与之对应的呼吸群，其中每小句的开头位置为呼气的起点位置，结束位置为吸气的开始位置。为对比在气流参数方面的差别，第一种信号标记方式将以呼吸群为单位，标记出整个呼吸群。同样，词的标记也按照呼吸单位的不同分别标出呼吸群。参数提取之后，将语音声学参数和空气动力学参数进行统一保存，按照呼吸群的不同保存为不同文件。

第二种信号标记方式主要是对近体诗进行标记，便于分析呼吸群边界的信号和参数变化，如图7-4所示，将每个呼吸群开始位置的音节和结束位置的音节切分出来进行标记。在五言绝句中，呼吸群对应每个小句，《江雪》两联四小句中共有8个音节，呼吸群开始和结束位置各有4个音节。信号标记时，将音节的声韵母全部标记。呼吸开始音节起始位置为声母辅音开始位置，结束点参照后接音节的声母；呼吸结束音节起始位置参照前音节的韵尾，并以完整的呼吸结束位置为结束点。

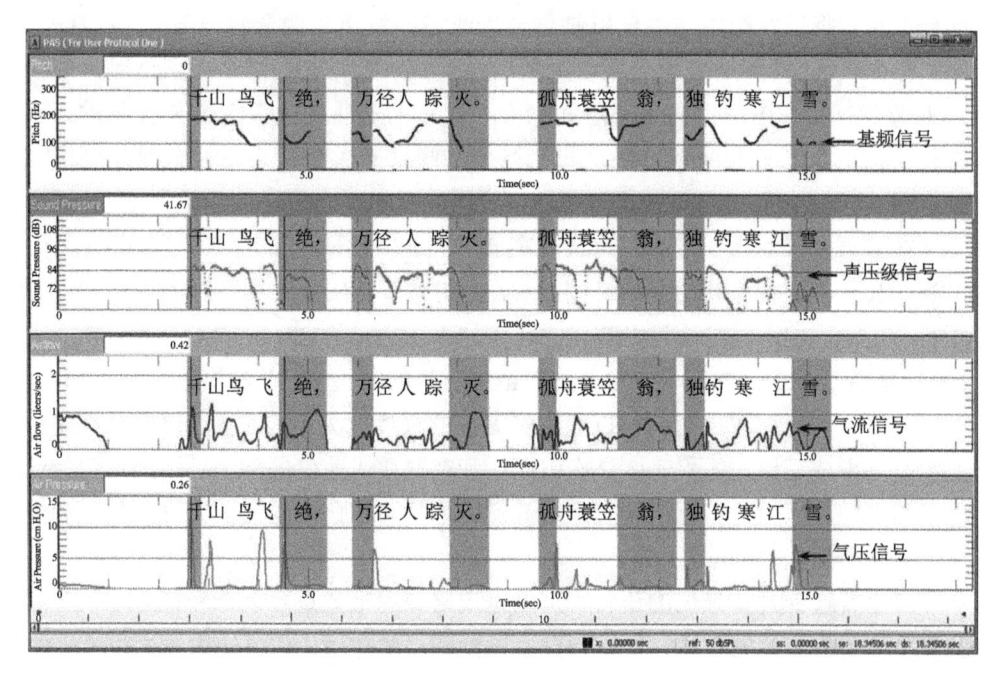

图 7-4　诗词朗读部分呼吸群边界信号标记示意图

对呼吸边界音节进行信号标记后，提取参数时按照每个音节分别进行提取，提取每个音节的声学和言语空气动力学信号，参数按音节保存为不同文件。各部分的所有信号在标记完成之后，将按照实验的不同要求提取参数，参数保存为 txt 格式的文本文件，然后使用参数处理程序批量提取参数并按类别存为 Excel 文件，以便于后期的统计分析。

第二节　声调与气流信号

语音韵律特征的变化主要表现在音高、音强和音长变化的超音段特征方面。其中，音高在汉语普通话中表现为音节中韵母部分的声调。从言语产生的声学原理来看，语音的产生是由两个部分构成的，一个是声源，另一个是滤波器（Fant，1960），这两个部分缺一不可。声源信号主要是由声带振动产生的声门信号，声源信号产生之后，经过口腔、鼻腔和喉腔等共鸣腔的滤波作用，通过各发音器官的调节，最终产生了我们能够听懂和用于交流的语音信号。在整个过程中，声源和滤波器是两个相对独立的过程，其中声源是由声带的振动产生的（嗓音发声），声源信号的不同取决于不同的声带振动模式。在关于嗓音发声的研究中，将语音产生的生理机制划分为嗓音的发声和调音两个部分（孔江平，2001）。嗓音的发声是指声带振动时的运动模式，而调音主要是指声道对声音的共鸣调节。从言语产生的生理层面来看，语音的音质是由调音部分控制的，而声音的高低、长短和强弱的生理机制除了与嗓音有关外，还与发音时的呼吸气流有关。

在言语空气动力学方面，声音的高低和强弱主要取决于声门下压力的大小，声音的长短与声带振动的持续时间有关。声道实验证实了声门下压力对语音的基频有一定的影响，但是这种影响较小，声门下压力每增加 1 cmH$_2$O，基频约升高 1—4 Hz（Flanagan et al., 1975）。在 Flanagan 等的实验中，单独增加声门下压力，会引起最大声振动的声门面积以近似平方根的幅度增大。空气质点速度与产生压力的平方根成正比，体积速度是声门面积和空气质点速度的乘积，因此声门气流峰值与声门下压力成正比，随着声门气流的增加和声门下压力的升高，基频和能量都会有所提高（Fant, 1960）。

汉语普通话是有声调的语言，声调是汉语普通话的重要韵律特征之一，音高的变化会引起声调的差异，从而起到了区别词义的作用。声调的调类通过调值进行归纳，调值的大小主要与音高的频率有关。音高由基频的频率值决定，基频的高低除了与嗓音有关外，还与发声时的气流有很大关系。在发声过程中，声门下压力的变化可以反映在发音时气流的速度等方面，通过对语音气流信号和参数进行研究，我们能够更深入地理解语音韵律的产生。因此，本节将结合声学参数，对语音发声时的气流信号进行分析，研究汉语普通话在不同声调情况下的言语气流特征。

一、总体参数相关分析

信号采集完成后，将对信号进行标记。信号的标记按照前文的标记方法进行，所有信号按照不同参数进行分类，参数共分为 8 类，分别是平均声压级、基频平均值、发音时长、呼气时长、最大呼气速度、平均呼气速度、呼出气流量和空气动力学阻力。所有参数均为音节的元音部分的参数，其中的信号包括单元音[a]、[i]、[ə]、[u]，以及这 4 个元音与其他声母构成的所有音节。声母按照研究需要分为三大类，根据发音方法的不同和阻塞程度的不同选择了塞音、擦音和鼻音，按照发音部位的不同又可以将这三类辅音分为双唇、舌尖前、唇齿、舌尖中、舌尖后、舌面和舌根。然后按照阴平、阳平、上声和去声4个声调分别组合搭配，每类参数的样本各有240个（其中单元音样本有16个，与不同辅音组合的元音样本有224个，共240个音节）。在进行参数分析时，分别提取6名发音人的参数，然后按照不同音节对参数求平均值。

本部分实验参数提取过程中，只标记了音节中的元音部分，在不考虑协同发音影响的情况下，以基频曲线为标准提取参数。在对基频信号的研究中，通常结合嗓音研究与音高变化相关的声门信号，包括开商和速度商的变化与音高之间的关系。在发音的整个过程中，声带通过肺部呼出的气流产生振动，在此过程中，声带的振动将空气的动能转化为声音能量，气流在此过程中起着很大的作用。在前人的研究中，研究者采用声道实验证实了声门下压力对语音的基频有一定的影响，虽然这种影响较小，但是在增加声门下压力的时候基频会升高（Flanagan et al., 1975）。在实验中，单独加大声门下压力会引起最大声振动的声门面积以近似平方根的幅度增大（Flanagan et al., 1975）。后来在对有音高障碍的人进行手术时，发现音高的调节与声门下压力有一定的关系，声门下压力增加时声带的振动频率会有所提高。声门下压力除了与音高有关外，还与音强有一定的关系（Isshiki et al., 1988）。音强是声音强弱的物理量，主要表现为声压级的大小，音强的调节主要是通过声带的闭合和声门下气流的积聚进行的，其强弱与声门下压力的大小有直接关系。

在以往的研究中，言语空气动力学的主要参数为声门下压力，声门下压力是肺部气流产生的气压到达声门时，在声门下积聚气流产生的压力，与呼出气流量的大小和声门闭合的程度有关。但是对声门下压力的测量为介入性的，而且对被试有一定的伤害，主要是采用喉部穿刺的方法，将压力传感器置于声门下方，采集发音时的声门下压力大小。由于声门气流速度与声门下压力成正比，口中呼出的气流与声门气流的强弱也成正比，我们可以通过非介入的方法，通过采集与声门下压力有关的气流参数来研究气流对声门信号的影响。

因此，本部分通过对气流参数与基频参数进行分析，来研究气流与音高的关系。在与气流相关的参数中，呼气时长、最大呼吸速度、平均呼气速度、呼出气流量和空气动力学阻力等为重要参数。本部分主要探讨各参数之间的关系，且以研究基频与气流参数的关系为主。在参数提取之前，为了避免影响统计结果，先除去不符合实际的信号，如音高曲线差别大的信号和发音时中途有吸气的信号。

本节主要采用SPSS 19.0统计学软件中的双变量相关分析，对平均声压级、基频平均值、发音时长、呼气时长、最大呼气速度、平均呼气速度、呼出气流量和空气动力学阻力这 8 个参数进行分析。通过统计各参数间的相关系数,可观察各参数间的关系程度和方向,相关系数选择 Pearson 相关系数,显著性检验方式为双侧检验,并在结果中标记出显著相关性的位置。Pearson 相关系数是用来衡量变量间线性关系的,而适合本部分研究的变量类型为定距变量,因为这 8 个参数变量均为数值型而且没有 0 值的定距变量。

提取的各个变量数值均保留小数点后两位小数,除空气动力学阻力以外,其余参数均为正值。统计时计算各参数的平均值和标准差,结果如表 7-1 所示。

表 7-1 基频参数与气流参数描述性统计量（N=240）

参数	M	SD
平均声压级/dB	83.24	3.11
基频平均值/Hz	153.73	27.05
发音时长/s	0.62	0.22
呼气时长/s	0.63	0.21
最大呼气速度/（L/s）	0.63	0.44
平均呼气速度/（L/s）	0.21	0.11
呼出气流量/L	0.12	0.06
空气动力学阻力/（ds/cm^5）	−7.35	6.29

从平均值和标准差可以看出,平均声压级为 83.24 dB,符合正常发音的范围。通常情况下,正常男性的基频在 130 Hz 左右,正常女性的基频在 250 Hz 左右,正常儿童发音时的基频在 340 Hz 左右（林焘,王理嘉,2013）。本节发音人均为男性,基频平均值为 153.73 Hz,符合正常男性的基频标准。发音时长和呼气时长两个参数的平均值较为接近,由于音节的发音时长差异不大,并且参数是除辅音以外的部分,呼气时长和发音时长的平均值相差 0.01 s。从呼气速度来看,最大呼气速度和平均呼气速度的差别很大,主要表现在不同的声调方面,在后面的部分将进行进一步研究。呼出气流量的大小与发音时长有关,与个体的肺活量也有着较微弱的关系,在每个元音时长差别不大的情况下,呼出气流量在 0.12 L 左右。空气动力学阻力表示气流在声道中受阻力大小的程度,从平均值可以看出,元音在发音过程中由于气流通道完全打开,气流较为通畅,除了与发音器官的摩擦之外,其受到的阻力很小。

从标准差数据来看,基频平均值的标准差达到 27.05,其次是空气动力学阻力（6.29）,而较小的是呼出气流量（0.06）和平均呼气速度（0.11）。这说明基频平均值和空气动力学阻力的波动较大，而呼出气流量和平均呼气速度的波动较小。从提取参数的音节来看，造成基频平均值和空气动力学阻力波动较大的原因与声调的音高有直接关系。

在汉语普通话的 4 个声调中，从声学表现来看，阴平基频曲线的变化情况有上升和降升两种类型，而且阴平降升型的基频曲线位置比上声高。在普通话中，同一调类的音节无论结构如何，其调型段的基频变化具有大体相同的模式，但是不同的调类，这种模式则相互间有所区别（林茂灿，颜景助，1992）。造成普通话不同调类基频变化差异的主要原因是声带振动快慢的差异，同时这也造成了呼出气流参数的差异。从所有参数的变化程度来看，不同声调的基频变化范围虽然大，但是对呼出气流量的影响较小，而对平均声压级的大小也有一定的影响。

为进一步研究声调和气流参数间的影响以及影响的程度，对参数变量进行双相关分析，分为系列 1 和系列 2，对两系列参数进行两两分析，表 7-2 为总体参数的相关性统计结果。

从表 7-2 中的数据可知，与基频平均值具有显著相关的分别是平均声压级、平均呼气速度、呼出气流量和空气动力学阻力。平均声压级与基频平均值呈正相关，相关系数为 0.43，平均呼气速度、呼出气流量、空气动力学阻力与基频平均值均呈负相关，相关系数分别是–0.34、–0.35 和–0.16。

表 7-2　总体参数相关性统计结果（N=240）

参数		平均声压级	基频平均值	发音时长	呼气时长	最大呼气速度	平均呼气速度	呼出气流量	空气动力学阻力
平均声压级	r	1	0.43**	0.04	0.12	0.07	0.21**	0.13*	0.27**
	p（双侧）		0	0.51	0.06	0.31	0	0.04	0
基频平均值	r	0.43**	1	0.08	0.08	0.08	0.34**	0.35**	0.16*
	p（双侧）	0		0.23	0.22	0.24	0	0	0.01
发音时长	r	0.04	0.08	1	0.98**	0.22**	0.35**	0.18*	0.19**
	p（双侧）	0.51	0.23		0	0	0	0	0
呼气时长	r	0.12	0.08	0.98**	1	0.23**	0.40**	0.14*	0.26**
	p（双侧）	0.06	0.22	0		0	0	0.03	0
最大呼气速度	r	0.07	0.08	0.22**	0.23**	1	0.50**	0.38**	0.42**
	p（双侧）	0.31	0.24	0	0		0	0	0
平均呼气速度	r	0.21**	0.34**	0.35**	0.40**	0.52**	1	0.81**	0.79**
	p（双侧）	0	0	0	0	0		0	0

续表

参数		平均声压级	基频平均值	发音时长	呼气时长	最大呼气速度	平均呼气速度	呼出气流量	空气动力学阻力
呼出气流量	r	0.13**	.13**	0.18**	0.14**	0.38**	0.81**	1	0.69**
	p（双侧）	0.04	0	0	0.03	0	0		0
空气动力学阻力	r	0.27**	.27**	.27**	.27**	0.42**	0.79**	0.69**	1
	p（双侧）	0	0.01	0	0	0	0	0	

呼气时长分别与发音时长、最大呼气速度、平均呼气速度、呼出气流量和空气动力学阻力具有显著相关。从相关系数来看，呼气时长与发音时长、呼出气流量呈正相关，与最大呼气速度、平均呼气速度和空气动力学阻力均呈负相关。

最大呼气速度分别与发音时长、呼气时长、平均呼气速度、呼出气流量和空气动力学阻力具有显著相关。最大呼气速度与发音时长和呼气时长均呈负相关，与平均呼气速度、呼出气流量和空气动力学阻力均呈正相关。

从平均呼气速度来看，其与所有变量均有相关性，并且与平均声压级、最大呼气速度、呼出气流量和空气动力学阻力均呈正相关，与基频平均值、发音时长和呼气时长均呈负相关。

呼出气流量与基频平均值呈负相关，与平均声压级、发音时长、呼气时长、最大呼气速度、平均呼气速度和空气动力学阻力均呈正相关。

空气动力学阻力与所有变量都具有相关性，与基频平均值、发音时长、呼气时长均呈负相关，与其他变量均呈正相关。

进行参数统计分析之后，按照相关系数的评判标准，对所有参数的相关性进行整理，剔除弱相关的部分，得出的结果如表7-3所示。

表7-3 总体参数相关程度表

参数	平均声压级	基频平均值	发音时长	呼气时长	最大呼气速度	平均呼气速度	呼出气流量	空气动力学阻力
平均声压级		低正相关						
基频平均值	低正相关					低负相关	低负相关	
发音时长				高正相关		低负相关		
呼气时长			高正相关			低负相关		
最大呼气速度						中正相关	低正相关	低正相关

第七章　言语空气动力学韵律研究

续表

参数	平均声压级	基频平均值	发音时长	呼气时长	最大呼气速度	平均呼气速度	呼出气流量	空气动力学阻力
平均呼气速度			低负相关	中负相关	中正相关		高正相关	中正相关
呼出气流量		中负相关			低正相关	高正相关		中正相关
空气动力学阻力					低正相关	中正相关	中正相关	

　　从总体参数的相关程度和方向进行分析，可得出如下结论。

　　声调的差异主要表现在音节元音部分的基频上，从基频平均值与其他参数变量的关系来看，基频的高低与平均呼气速度和呼出气流量的多少有一定关系。但从相关性来看，基频平均值与平均呼气速度和呼出气流量均呈负相关，说明一个变量的增大导致了另一个变量的减小。但是声音的高低取决于基频的变化，语音基频的高低变化取决于声带的振动速度，然而声带振动速度的快慢受多方面因素的影响，气流只是影响因素之一。声带振动快慢主要反映在嗓音信号上，嗓音的音高调节机制与声带的长短和厚度的调节有着密切的关系，声带肌的调节也很重要，环甲肌的收缩导致声带的拉长，从而增加了声带的张力；声带肌的收缩提高了声带的有效质量，使声带体部分的硬度上升，覆盖的硬度减小，从而说明了正常嗓音音高上升时声带肌的作用很大（尹基德，2010）。平均呼气速度为单位时间内通过发音器官直到口腔外气流量的多少，从发音的生理机制来看，声门下压力的大小主要与肺部呼出气流量的多少有关，呼出气流量越多，在声门下积聚的能量越大。当发元音或者浊音时，声带闭合使声门关闭，由肺部呼出的气流在此受阻，从而增加了声门下压力。当气流冲出声带时，声带开始振动，通过声带肌的调节从而产生不同的音高变化。清音则不同，发音时声门打开，气流通畅，气流的速度和强弱影响了辅音等清音能量的大小。

　　基频平均值与平均呼气速度和呼出气流量的负相关性表明，除了声带肌的自身调节之外，基频值还与呼出气流速度和呼出气流量有关。元音或者浊音在发音时与清音不同，在音节时长变化幅度不大的情况下，呼出气流量越大，则呼出气流速度越快，并且在较弱的程度上造成基频的降低；反之，则呼出气流速度越慢，并且在较弱的程度上造成基频的升高。

　　空气动力学阻力与呼出气流量和平均呼气速度的关系较紧密，呈中度正相关，但与最大呼气速度的相关性较弱。由于平均呼气速度是由对每一个时间点的气流量计算得出的,最大呼气速度是这段时间内速度的最大值,因此,空气动力学阻力主要与呼出气流量和气流速度有关,并且随着呼出气流量和气流速度的增大而增大。空气动力学阻力反映了气流在发音器官内受阻碍的程度,由于研究的对象为元音音节,所以空气动力学阻力参数值为负值。结合基频的平均值来看,随着呼出气流量和气流速度的增加,空气动力学阻力也加大,说明声门对气流的阻碍程度在增加,声门变窄时的呼出气流量越大,单位时间内的气流速度也就越快。这就更加说明了在元音的发音过程中,声带振动速度慢导致基频低,空气动力学阻力增大,从而使采集到的呼出气流量增大和气流速度加快。

基频升高的生理机制比较可靠,不仅与声门气流速度有关,还与声带肌的调节有关,但是对音高的降低还没有合理的解释。音高的降低除了与环甲肌的松弛、声带变短和声带的质量相对增加有关外,还常伴随着气嗓音和挤喉音等非正常嗓音发声类型的出现(尹基德,2010)。本部分虽然从一定程度上得出汉语普通话四声音高的降低与气流速度和呼出气流量的大小有关,但是二者影响的程度较弱,声门究竟是如何调节气流的,还需要进一步的研究。

二、四声参数线性回归分析

在前面部分的研究中,通过相关分析已经得出,音高的变化与气流速度和呼出气流量的大小有关,而且可以反映在空气动力学阻力方面。为了进一步研究气流参数与汉语普通话四声音高变化的关系,本部分将对基频平均值、呼出气流量、平均呼气速度和空气动力学阻力参数做多元线性回归分析。

在进行数据分析时,按照声调的不同将数据分为四类,分别是阴平、阳平、上声和去声调。使用 SPSS 19.0 统计软件中的线性回归分析,将因变量设置为基频平均值,将自变量(自变量是引起因变量发生变化的因素或条件)设置为平均呼气速度、呼出气流量和空气动力学阻力。在统计量设置选项中,分别选择回归系数为估计,可以输出回归系数及其标准差,以及 t 值和 p 值,并统计模型拟合度,输出模型拟合过程中进入和移出的变量表、R 和 R^2,以及标准差和方差统计表。选择描述性选项,从而使结果输出有效性、平均值和标准差等。统计结果如下。

1. 阴平调分析结果

将阴平基频平均值作为因变量,对阴平调进行分析,结果见表 7-4。

表 7-4　阴平调多元线性回归方差分析表

模型		平方和	df	MS	F	p
1	回归	6 134.79	3	2 044.93	15.92	0[a]
	残差	7 195.26	56	128.49		
	总计	13 330.04	59			
2	回归	6 093.94	2	3 046.97	24.00	0[b]
	残差	7 236.10	57	126.95		
	总计	13 330.04	59			
3	回归	6 028.13	1	6 048.13	48.17	0[c]
	残差	7 281.91	58	125.56		
	总计	13 330.04	59			

注：a. 预测变量：(常量)，阴平空气动力学阻力，阴平平均呼气速度，阴平呼出气流量；b. 预测变量：(常量)，阴平空气动力学阻力，阴平平均呼气速度，阴平呼出气流量；c. 预测变量：(常量)，阴平平均呼气速度

从模型汇总中得出 R^2 最大值为 0.46，模型的拟合优良度一般。从表 7-4 中可以看出，模型 1 的回归平方和为 6134.79，残差平方和为 7195.26，两者的值较为接近，说明该线性回归模型解释了总平方和的一半。其中，回归平方和表示变量中可以被回归模式所包含的自变量解释的部分，而残差平方和表示变量中没有被回归模式中所包含的自变量解释的部分。其中，模型 3（预测变量：平均呼气速度）的 F 值是回归均方和残差均方的比值，F 值越大说明分析效果越明显，最大值为 48.17，p 为 0，小于 0.05，表明回归具有统计学意义。

根据实验需要，回归分析方法选择向后（backward）的方法，即向后剔除法，将自变量全部纳入回归分析之后，建立全模型，然后根据设置的判断标准删除一个最不显著的自变量，再重复一次回归判断，每次剔除一个方差分析中 F 值最小的自变量，直至回归方程中均为符合判断依据的自变量为止。在建立回归模型时，为确定建立模型的有效性，对变量进行多重共线性检验和模型异方差检验，结合变量的相关性，最终确定回归方程，从而更准确地估计变量之间的关系。

从表 7-5 中的回归系数可以看出，用向后的方法排除到最后，只有平均呼气速度的 p 值等于 0，小于 0.05，具有显著性。因变量为阴平基频平均值，有效自变量阴平平均呼气速度的非标准化回归系数为 –99.16，对应的显著性检验的 t 值为 –6.94。

表 7-5　阴平调多元线性回归系数表

模型		非标准化系数		标准化系数	t	p
		B	SE	β		
1	（常量）	189.51	12.59		15.06	0
	阴平平均呼气速度/(L/s)	–93.72	27.60	0.64	–3.40	0
	阴平呼出气流量/L	36.09	64.00	0.11	0.56	0.58
	阴平空气动力学阻力/(ds/cm⁵)	–0.51	0.64	–0.15	0.80	0.43

续表

模型		非标准化系数		标准化系数	t	p
		B	SE	β		
2	（常量）	194.62	8.67		22.45	0
	阴平平均呼气速度/（L/s）	−87.03	24.78	−0.59	−3.51	0
	阴平空气动力学阻力/（ds/cm⁵）	−0.34	0.56	−0.10	−0.60	0.55
3	（常量）	199.39	3.46		57.59	0
	阴平平均呼气速度/（L/s）	−99.16	14.29	−0.67	−6.94	0

因此可以认为，自变量阴平平均呼气速度对因变量阴平基频平均值有显著影响，可得回归方程为：$y=199.39-99.16 \times x$（x=阴平平均呼气速度）。从构建的线性模型中我们可以得出，在普通话阴平调中，基频平均值与平均呼气速度呈负相关关系，平均呼气速度每增加 1 L/s，则基频平均值降低 99.16 Hz。

2. 阳平调分析结果

输出结果中，选择向后的方法，在移入和移除的变量中，首先排除了阳平呼出气流量的参数变量（F 值大于 0.1）。从模型汇总的 R^2 值中可以看出，模型 1 的 R^2 值最大，为 0.51，说明模型的拟合度较好（R^2 大于 0.5）。从表 7-6 中可以看出，因变量为阳平基频平均值，统计结果中回归平方和与残差平方和较为接近，模型 2 的 F 值最大，为 28.90，模型 1 和 2 的 p 均为 0，小于 0.05，表明回归具有统计学意义。

表 7-6　阳平调多元线性回归方差分析表

模型		平方和	df	MS	F	p
1	回归	9 333.68	3	3 111.23	19.88	0ᵃ
	残差	8 763.80	56	156.50		
	总计	18 097.49	59			
2	回归	9 111.78	2	4 555.89	28.90	0ᵇ
	残差	8 985.71	57	157.64		
	总计	18 097.49	59			

a. 预测变量：（常量），阳平空气动力学阻力，阳平呼出气流量，阳平平均呼气速度；b. 预测变量：（常量），阳平空气动力学阻力，阳平平均呼气速度，阳平呼出气流量

从表 7-7 中的回归系数可以看出，用向后的方法排除到最后，只有在模型 2 中阳平平均呼气速度的 p 值等于 0，小于 0.05，具有显著性；阳平空气动力学阻力的 p 值等于 0.06，大于 0.05，小于 0.1，具有较弱的显著性。

表 7-7 阳平调多元线性回归系数表

模型		非标准化系数 B	SE	标准化系数 β	t	p
1	（常量）	193.35	15.00		12.90	0
	阳平平均呼气速度/（L/s）	−176.60	37.57	−1.25	−4.70	0
	阳平呼出气流量/L	59.11	49.64	0.23	1.19	0.24
	阳平空气动力学阻力/（ds/cm^5）	2.14	1.26	0.40	1.70	0.10
2	（常量）	196.8	14.77		13.33	0
	阳平平均呼气速度/（L/s）	−154.68	32.87	−1.1	−4.71	0
	阳平空气动力学阻力/（ds/cm^5）	2.39	1.25	0.45	1.92	0.06

模型 2 中，因变量阳平基频平均值对有效自变量阳平平均呼气速度的非标准化回归系数为–154.68，相对应的显著性检验 t 值为–4.71。因变量阳平基频平均值对有效自变量阳平空气动力学阻力的非标准化回归系数为 2.39，相对应的显著性检验 t 值为 1.92。因此，可以通过这两个自变量建立回归方程：$y=196.8–154.68\times x_1+2.39\times x_2$（$x_1$=阳平平均呼气速度，$x_2$=阳平空气动力学阻力）。

从线性模型中我们可以得出，在普通话的阳平调中，基频平均值与平均呼气速度呈负相关关系，与空气动力学阻力呈正相关关系。阳平调中，平均呼气速度每增加 1 L/s，则基频平均值降低 154.68 Hz，空气动力学阻力每增加 1 ds/cm^5，则基频平均值增加 2.39 Hz，但是这种效果较弱。

3. 上声调分析结果

上声调的参数同样采用向后的分析方法，输出结果中，所有变量均符合模型检验，拟合方程有意义（F 值对应的显著性小于 0.05）。上声调的三个自变量同样是平均呼气速度、呼出气流量和空气动力学阻力。采用向后的方法，在模型检验过程中，依次按照进入回归模型的顺序进行剔除，由于三个自变量均符合模型检验，其均未被排除并进入拟合方程。模型汇总数据显示，R^2 值为 0.52（统计表略），说明模型的拟合度较好（R^2 大于 0.5）。以上声基频平均值为因变量进行分析，从表 7-8 中可以看出，回归平方和与残差平方和较为接近，模型 1 中的数据是三个自变量向后排除后的最优化数据，F 值为 23.80，p 值为 0，小于 0.05，表明回归具有统计学意义。

表 7-8 上声调多元线性回归方差分析表

模型		平方和	df	MS	F	p
1	回归	5483.60	3	1827.87	23.80	0[a]
	残差	4300.11	56	76.79		
	总计	9783.71	59			

a. 预测变量（常量）：上声空气动力学阻力，上声平均呼气速度，上声呼出气流量

从表 7-9 中的回归系数可以看出，其中因变量为上声基频平均值，采用向后的方法排除到最后，三个自变量均进入回归方程。其中，上声平均呼气速度的 p 值等于 0，小于 0.05，具有较强显著性。上声呼出气流量的 p 值等于 0.02，小于 0.05，具有显著性。上声空气动力学阻力的 p 值等于 0，小于 0.05，具有显著性。因变量上声基频平均值对有效自变量上声平均呼气速度的非标准化回归系数为–230，相对应的显著性检验 t 值为–4.83。因变量上声基频平均值对有效自变量上声呼出气流量的非标准化回归系数为 186.07，相对应的显著性检验 t 值为 2.43。因变量上声基频平均值对有效自变量上声空气动力学阻力的非标准化回归系数为 0.82，相对应的显著性检验 t 值为 3.52。

表 7-9 上声调多元线性回归系数表

模型		非标准化系数 B	非标准化系数 SE	标准化系数 β	t	p
1	（常量）	148.49	5.43		27.35	0
	上声平均呼气速度/（L/s）	–230	47.61	–2.04	–4.83	0
	上声呼出气流量 /L	186.07	76.44	1.05	2.43	0.02
	上声空气动力学阻力/（ds/cm^5）	0.82	0.23	0.51	3.52	0

因此，可以通过这三个进入方程的自变量建立回归方程：y=148.49–230×x_1+186.07×x_2+0.82×x_3（x_1=上声平均呼气速度，x_2=上声呼出气流量，x_3=上声空气动力学阻力）。

从线性模型中我们可以得出，在普通话的上声调中，基频平均值与平均呼气速度呈负相关关系，与呼出气流量和空气动力学阻力呈正相关关系。在普通话的上声调中，平均呼气速度每增加 1 L/s，基频平均值降低 230 Hz；呼出气流量每增加 1 L，基频平均值提升 186.07 Hz；空气动力学阻力每增加 1 ds/cm^5，基频平均值提升 0.82 Hz。

4. 去声调分析结果

在去声调的输出结果中，同样采用向后的方法，在移入和移除的变量中，首先排除了去声平均呼气速度变量，然后又进一步移去了去声空气动力学阻力变量，两者的 F 值均大于 0.1。从模型汇总的判定系数 R^2 值中，模型 1 为 0.27，模型 2 为 0.26，模型 3 为 0.25，R^2 最大的是模型 1，说明模型的拟合度一般（R^2 小于 0.5）。

以去声基频平均值为因变量，从表 7-10 中可以看出，残差平方和与回归平方和的差值较大。残差平方和越小，自变量与因变量之间的相关性越好，而三个模型中的残差平方和都较大，因此三个模型的变量间相关性较差。模型 3 的 F 值最大，为 48.17，模型 1、2 和 3 的 p 值均为 0，三者均小于 0.05，表明回归具有统计学意义。

表 7-10 去声调多元线性回归方差分析表

模型		平方和	df	MS	F	p
1	回归	6 134.79	3	2 044.93	15.92	0 [a]
	残差	7 195.26	56	128.49		
	总计	13 330.04	59			
2	回归	6 093.94	2	3 046.97	24.00	0 [b]
	残差	7 236.10	57	126.95		
	总计	13 330.04	59			
3	回归	5 105.73	1	6 048.13	48.17	0 [c]
	残差	15 542.53	58	125.56		
	总计	20 648.26	59			

a. 预测变量：（常量），去声空气动力学阻力，去声呼出气流量，去声平均呼气速度；b. 预测变量：（常量），去声空气动力学阻力，去声呼出气流量；c. 预测变量：（常量），去声呼出气流量

以去声基频平均值为因变量，从表 7-11 中可以看出，用向后的方法排除到最后，在三个自变量参数中，只有去声呼出气流量进入回归方程，其余的变量被移去。例如，在模型 1 中，去声平均呼气速度的 p 值等于 0.33，大于 0.1，不具有显著性；去声呼出气流量的 p 值等于 0.02，小于 0.05，具有显著性。去声空气动力学阻力的 p 值等于 0.21，大于 0.1，不具有显著性。在排除后的最终模型（即模型 3）中，去声呼出气流量的 p 值等于 0，小于 0.05，具有显著性。因变量去声平均基频值对有效自变量去声呼出气流量的非标准化回归系数为 –215.82，相对应的显著性检验 t 值为 –4.37。可以通过自变量建立回归方程：$y=186.45-215.82 \times x$（x=去声呼出气流量）。从线性模型中我们可以得出，在普通话的去声调中，基频平均值与呼出气流量呈负相关关系，呼出气流量每增加 1 L，基频平均值降低 215.82 Hz。

表 7-11 去声调多元线性回归系数表

模型		非标准化系数 B	SE	标准化系数 β	t	p
1	（常量）	200.96	12.05		16.67	0
	去声平均呼气速度/（L/s）	–44.89	46.06	–0.26	–0.98	0.33
	去声呼出气流量/L	–213.52	88.81	–0.49	–2.40	0.02
	去声空气动力学阻力/（ds/cm⁵）	0.70	0.55	0.28	1.28	0.21

续表

模型		非标准化系数		标准化系数	t	p
		B	SE	β		
2	（常量）	193.27	9.11		21.22	0
	去声呼出气流量/L	−262.19	73.41	−0.60	−3.57	0
	阴平空气动力学阻力/（ds/cm^5）	0.36	0.42	0.15	0.86	0.40
3	（常量）	186.45	4.39		42.47	0
	去声呼出气流量/L	−215.82	49.44	−0.50	−4.37	0

三、综合分析

从基频和气流参数的分析来看，汉语普通话声调的差异除了表现在基频的变化方面以外，还受到发音过程中气流的影响。基频的变化与声门开合、声带的振动快慢有直接关系，最主要的是嗓音参数。嗓音参数的变化与声门下压力、气流速度和呼出气流量的大小有关。开商和速度商是嗓音的两个重要参数，开商是声带打开段与声带整个运动周期的比例，开商越大，说明声带打开程度越大；速度商是声门开启相和关闭相的比值，反映了声带开启与关闭时间的比值和声门开合的速度。孔江平（2001）在对汉语声调的基本嗓音进行研究时得出，随着基频的上升，开商呈上升趋势，而速度商呈下降趋势。可以看出，在汉语声调基频由低到高变化的过程中，基频是上升的过程，声带振动速度加快，声门开启的程度加大，并且声门关闭的时长大于开启时长。

元音发音时，声带的振动情况固然重要，直接影响到嗓音的发声情况。关于声带振动，在黏膜弹性空气动力学说中，Hirano（1981）提出，声门的振动不仅是左右两边的声带在做简单的横向运动，而且声门开闭时声带上下之间有相位差。声带的表层是松弛的，在发音的过程中，声带具有滑动性，并在气流的作用下产生振动。Hirano的黏膜弹性空气动力学说具有一定的科学性，不仅揭示了声带振动的本质，而且明确了声带振动过程中气流参与的重要性。结合气流参数来看，声带振动过程主要与气流的强弱和受阻碍程度有关。此外，根据声带振动的情况，最终嗓音大小还与呼出气流量的强弱和在口腔中形成的气流通路有关。嗓音变弱是由于气流通过口腔直至采集设备的过程中，气流速度越快，冲击力越强，加之发音器官中的通路变窄，从而对气流形成阻碍，使嗓音变弱；反之，气流速度越慢的，冲击力越弱，发音器官中的通路变宽，从而使气流不受阻碍，使嗓音变强。

通过对基频和气流参数的分析得出，汉语普通话音高的高低变化除了与基频的高低有关外，还与呼出气流量的大小和气流速度的快慢有关。在设备采集到的气流速度快的情况下，呼出气流量也较大，而且气流通路狭窄，空气动力学阻力也较大，基频值较低。若采集到的气流速度慢，呼出气流量也较小，此时的气流通路宽阔，空气动力学阻力较小，基频值较高。气流速度的快慢和呼出气流量的大小对音高的影响在四声中的表现不同，在汉语四声中，阴平、阳平和上声的基频高低与平均呼气速度有关，去声和上声的基频高低与呼出气流量有关。其中，阳平调基频由低到高，与气流速度有关；去声调基频由高到低，与呼出气流量的大小关系大，上声调的基频先降后升，与气流速度和呼出气流量都有关系。因此可以得出，基频值的高低主要与气流速度的快慢和呼出气流量的大小有关，在基频上升的过程中，受气流速度的影响较大；在基频下降的过程中，受呼出气流量的影响较大。

第三节　重音与气流信号

句子中的重音在我们交际的过程中起着重要作用，对于说话人来说，重音有强调语气的作用，同时也能表达"言外之意"的信息。对于听者来说，重音能够引起更多的注意力，还能使听者更充分地理解说话人的意思，并且有消除句子歧义的作用。在语音韵律研究中，语句重音是研究的一个重要部分，包括音节本身的重音，以及整个句子的语调（Xu，1999）。对重音的研究主要集中在对语音时长、基频和能量的研究上。感知实验也是重音研究的一种重要方法，听辨实验得出，音高是重音感知的重要因素（沈炯，1994）。

重音的强调作用主要是通过音高的变化和时长的延长来实现的。早期对句子音高和时长的研究，如在研究荷兰语音节重音时，认为在对句子中的词进行强调时，整个词的每一个音节的时长都有所增加，但是整个句子的重音有音高的变化，没有时长的增加（Eefting，1991）。汉语是有声调的语言，句子中的重音情况较无声调语言更复杂。

赵元任（Yuen Ren Chao）认为，汉语不同声调的重音表现与声调的情况不同，如上声的重音表现为基频的下降，还认为汉语的重音是在音域的扩大和持续时间的增加后使声音强度增加的（Chao，1965）。

研究者在分析语调和调域时也谈到了重音的问题，指出音域的下限向下加宽是表现词重音的主要手段，上限与语义的加强有关（沈炯，1985）。

对普通话连续变调的研究解决了多音节组合中韵律的变化形态问题。吴宗济通过研究认为，重读字调和短语语调会对句调和重音的音高产生影响，会出现移调的现象（吴宗济，2004b）。

从言语产生的生理信号角度对语句重音进行的研究较少，主要是对重音和嗓音信号关系的研究。尹基德（2010）从嗓音的角度对汉语普通话句重音进行了研究，通过声门阻抗信号分析，结合一系列声学参数对嗓音参数进行了综合研究，讨论了重音的嗓音发声特征，并且还探讨了重音嗓音发声的生理机制。该研究得出，在高音调的部分，女声的重音基频上升幅度大，在开商上升的过程中，速度商下降。男声的表现与女声不同，男声重音的高频能量上升幅度大，而女声是通过增加低频能量从而增强重音效果的。在低音调的部分，女声的基频有小幅度的下降，开商下降而速度商呈上升趋势，男声的开商和速度商均呈上升趋势。男女在低音调段的速度商上升，但是基频变化不大，表明个体是通过高频的能量上升来表现重音的。因此可以分析得出，语句重音的影响因素包括时长、基频、音强等方面，还与声带的振动情况有很大关系。音强的大小和声带振动的情况与发音过程中肺部呼出的气流也有很大关系。本部分将依据言语空气动力学相关的气流参数，来分析气流参数对重音的影响及其程度大小。

由于本部分研究中的发音人为 6 名（男女各 3 名），不考虑男女间的差异，从而排除了性别差异对基频的影响。通过之前对基频和气流参数的研究发现，气流参数和基频参数相关性较大的为上声调，上声调的基频变化有先降后升的特点，因此在本部分的实验中，都以上声调单音节例词"我"为研究对象。为了排除重音词受整个句调的影响，在分析时只选取重音词在句首位置的词，最后将重音词和非重音词分别进行对比，观察在相同因素和环境下参数方面的差异。

在参数处理方面，对 6 名发音人的所有参数的平均值和标准差进行计算，计算了重音和非重音的最大声压级等 11 个参数（表 7-12）。

表 7-12　重音与非重音部分参数平均值和标准差统计表

总体参数	M	SD
最大声压级/dB	86.64	0.80
平均声压级/dB	76.90	2.52
韵母平均声压级/dB	81.54	0.99
基频平均值/Hz	127.53	11.39
发音时长/s	0.23	0.07
呼气时长/s	0.25	0.09
最大呼气速度/（L/s）	0.51	0.11
平均呼气速度/（L/s）	0.23	0.02
呼出气流量/L	0.06	0.02
发音时平均气流速度/（L/s）	0.22	0.02
空气动力学阻力/（ds/cm^5）	−4.40	0.40

大部分参数的标准差较小,最大为基频平均值的标准差,为 11.39。这说明各参数与平均值的离散度均不大。在重音部分的参数只需要研究四个,分别是音强特征、时长特征、音高特征和气流特征。提取出的参数有 11 项,分别是最大声压级、平均声压级、韵母平均声压级、基频平均值、发音时长、呼气时长、最大呼气速度、平均呼气速度、呼出气流量、发音时平均气流速度和空气动力学阻力。在进行参数分析时,对重音和非重音进行对比分析。

一、重音的音强特征

音强的大小主要反映在语音产生时的能量方面,声音的强弱与人耳感觉到的响度不同,响度的大小取决于语音产生时的振幅,还与共鸣腔的大小有一定的关系。振幅的大小主要与发音时语音产生的能量有关,既有高频能量,也有低频能量。

设备采集到的语音能量与声音产生时空气粒子在空气中产生的压力的对数成正比,声压的对数即声压级。本部分主要分析最大声压级、整个音节部分的声压级和韵母部分的声压级。

从最大声压级的对比来看,研究的音节为上声,整体参数变化不大,都在 86 dB 左右,平均值为 86.64 dB,标准差为 0.80。这 5 组参数对应的是 5 个句子,位于句首位置的词不受前面音节的影响。最大声压级是某音节在时长范围内声压级最大时间点的值,反映了发音过程中音节产生的最大声压。图 7-5 中重音的最大声压级均大于非重音部分,差值的平均值为 1.10 dB。

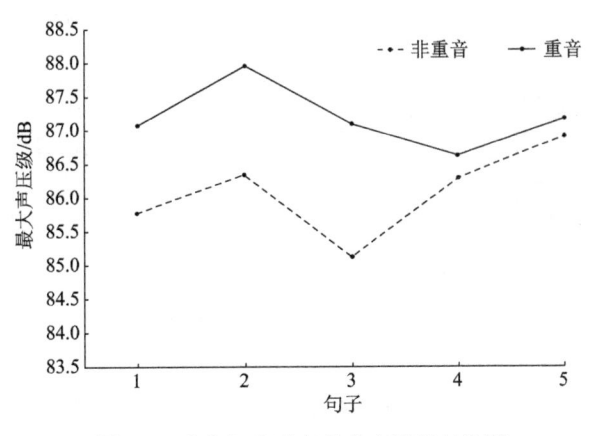

图 7-5 重音与非重音最大声压级对比图

平均声压级是整个音节各个时间点声压级的平均值,包括声母、韵母两个部分的声压级大小。平均声压级的各参数平均值为 76.90dB,标准差为 2.52,

与最大声压级相比，该参数与平均值的离散度稍大一些。重音和非重音平均声压级对比的 5 组数据中，除了第 3 和 4 组，其余组均表现为重音大于非重音（图 7-6）。

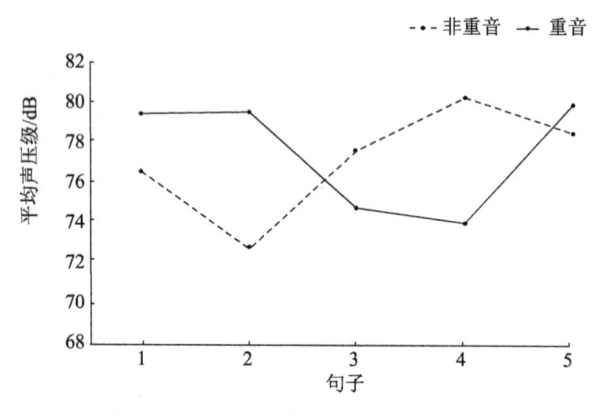

图 7-6 重音与非重音平均声压级对比图

从韵母部分的平均声压级参数来看，由于去除了声母辅音的影响，平均声压级值保留了元音部分。平均声压级各参数的平均值为 81.54 dB，标准差为 0.99，说明参数的离散度较小。除第 2 和 5 组之外，其余组均表现为重音大于非重音（图 7-7）。

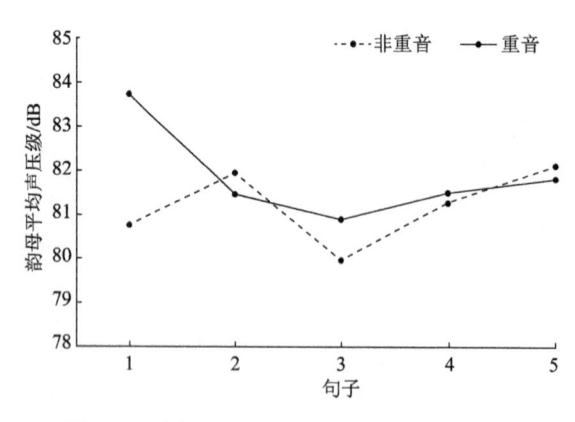

图 7-7 重音与非重音韵母平均声压级对比图

结合平均声压级和最大声压级可以得出，重音和非重音在音强方面的差异不是很明显，音节的声母、韵母部分情况不同。在平均声压级和韵母部分的平均声压级上，在 5 组数据中，重音和非重音的大小不一致。但是在最大声压级数据上的表现不同,结合声压部分的信号观察来看,主要是声母辅音的作用比较大,重音部分的辅音声压级值大于非重音。

二、重音的时长特征

重音时长部分的研究分为两部分时长:一部分是音节部分的发音时长;另一部分是呼出气流段的发音时长。发音时长不包括声母部分,只是韵母部分的时长,呼出气流的时长包括整个音节部分。通常普通话重音研究认为,普通话重读时的时长会拉长,调域扩大且调型完整,音强有所加强,但不是影响重音增强的主要原因(林焘,王理嘉,2013)。

呼气时长部分是整个音节部分的时长,是辅音声母和韵母单元音的时长之和。呼气时长平均值为 0.25 s,标准差为 0.09,表明每个参数值与平均值的离散度很小,参数变化不大。

关于呼气时长参数,从图 7-8 中可以看出,重音和非重音之间的差异明显,在 5 组数据中,重音与非重音的时长差值分别是 0.14 s、0.12 s、0.16 s、0.10 s、0.09 s,都在 0.09 s 及以上,并且在第 3 组数据中,重音呼气时长是非重音呼气时长的两倍左右。

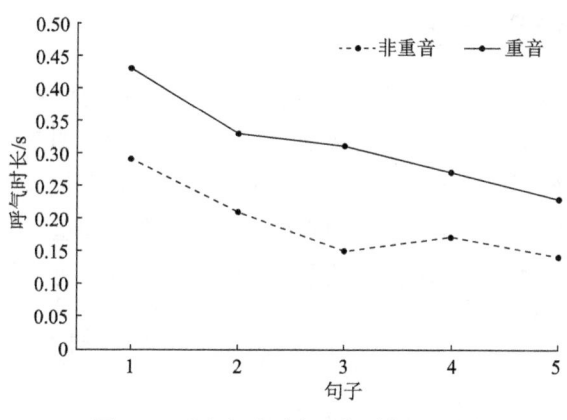

图 7-8 重音与非重音呼气时长对比图

因此,发音时长在重音和非重音之间的差异与前人的研究成果一致,表现为重音的发音时长长于非重音。将重音和非重音的发音时长分别求平均值,非重音发音时长的平均值为 0.19 s,重音发音时长的平均值为 0.31 s,两者之间相差 0.12 s。与整体参数的平均值 0.25 s 相差较大,因此说明重音发音时长大致为非重音发音时长的两倍(图 7-9)。

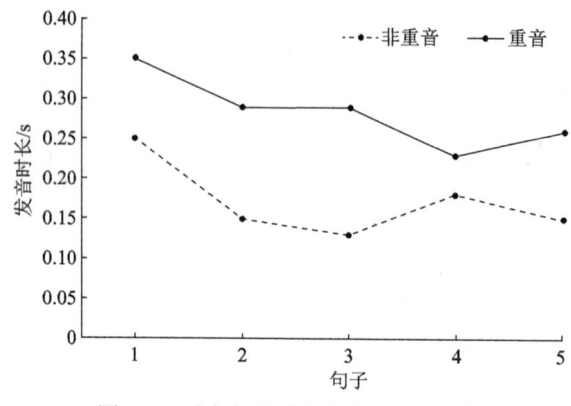

图 7-9 重音与非重音发音时长对比图

发音时长部分为韵母元音的时长，排除了辅音的影响，平均值为 0.23 s，标准差为 0.07，与呼气时长的标准差接近，参数离散度很小。从重音和非重音的对比来看，所有重音的发音时长均大于非重音，第 2 和 3 组数据中的重音发音时长几乎为非重音的两倍。对比整个音节的呼气时长参数来看，参数差值不大，说明重音在时长方面的差异主要是由于后接韵母时长的延长，虽然与声母辅音也有关系，但是关系不大。

三、重音的音高特征

仲晓波等（2001）对普通话韵律词重音知觉进行研究时得出，时长对韵律词的影响最大，其次是音高，再次是频谱倾斜，平均能量对韵律词重音知觉的贡献最小。在音强部分可以看出，音强对重音的影响不大，而时长的作用较为明显。为分析基频平均值对重音的影响，在图 7-10 中对重音和非重音的基频平均值进行对比，上升调（调值为 214）的基频平均值包括先降后升两个部分。

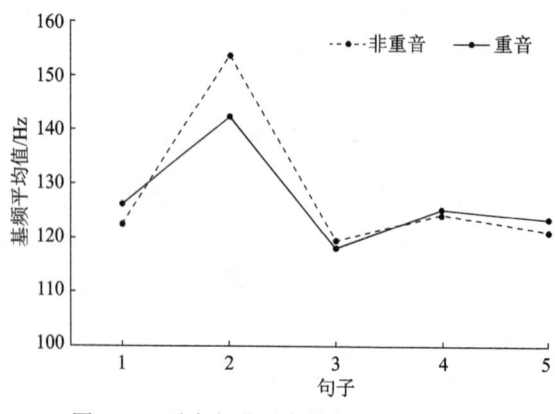

图 7-10 重音与非重音基频平均值对比图

所有样本的基频平均值的均值为 127.53，标准差为 11.39，样本的参数与平均值的离散度较大。对比重音和非重音可以看出，除第 2 和 3 组以外，其余组的重音值大于非重音值，因此表明重音受基频影响，但是这种影响不大。

四、重音的气流特征

声调与气流信号分析结果表明，基频的大小受气流参数影响，主要表现在气流速度和气流量两个参数方面，空气动力学阻力大小也与基频值有一定关系。本部分主要从气流速度、气流量和空气动力学阻力三个方面进行分析，比较重音音节和非重音音节在气流参数上的差异（图 7-11）。

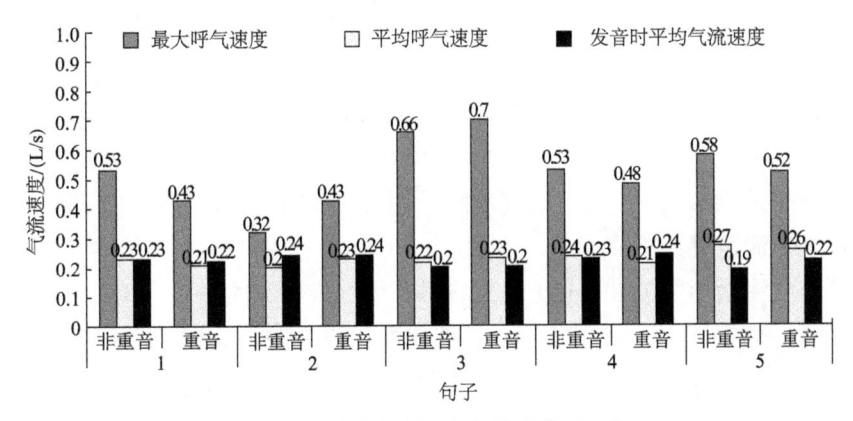

图 7-11　重音与非重音气流速度对比图

最大呼气速度、平均呼气速度和发音时平均气流速度这三个参数的平均值分别是 0.52 L/s、0.23 L/s 和 0.22 L/s，标准差分别为 0.11、0.02 和 0.012，标准差均小于 1，说明气流速度参数的变化幅度不大。在最大呼气速度上，第 1、4 和 5 组的非重音大于重音，在平均呼气速度上也有同样的表现。从元音部分的平均呼气速度来看，除第 1 组数据之外，其余组所有重音的平均呼气速度均快于或者等于非重音的速度。

因此，重音与非重音在气流速度方面的差别主要表现在元音部分，最大呼气速度和平均呼气速度受到辅音气流的影响，造成重音与非重音的差异不显著。这与元音和辅音的发音方法以及在音节中对重音的贡献程度有关。辅音在发音过程中，气流瞬时速度较快，时长非常短，尤其阻塞辅音还有较强的脉冲信号，但是在重音与非重音之间的差异不明显。

元音发音过程与辅音不同，气流较为平缓，持续时间较长，而且伴随着声带的振动，重音和非重音在气流参数方面的差异较明显，这与声带的振动情况有很紧密的联系。在元音发声过程中，声带的振动与声门肌的调节和声门开合的速度有关，在相同气量和声门下压力的情况下，声门开合速度越快，声门打开程度越小，气流速度就越快；相反，声门开合速度越慢，声门打开程度越大，在相同气量情况下的气流速度就越慢。

从 L-F 模型（Liljencrants-Fant model）中关于声门气流和声门信号的关系来看，声门信号是声门气流的微分形式，声门气流的加快速度达到高峰的时刻是声门打开速度最快的时刻。在声门打开速度快的时刻，语音能量会增加，男声的重音音强变化主要是依靠高频部分的能量来体现的，此时速度商也较大（尹基德，2010）。由于该部分的发音人均为男性，重音部分的能量主要靠高频能量体现，高频能量增加的同时，嗓音的速度商也随之增大，并且声门气流的速度也随之加快。

因此，从重音和非重音的气流速度分析中可以得出，重音音节的气流速度在发音时快于非重音的部分，主要表现在元音韵母的部分。重音音节在发音过程中，气流速度加快，同时声门的开合速度加快（速度商上升），语音高频能量增加。

在整个过程中，声门开合的速度除受声带肌作用之外，与声门下气流的压力和声门气流流速有直接关系。

呼出气流量参数（图 7-12）是发音过程中呼出气流的总量，为整个音节部分的气流量。参数的平均值为 0.06 L，标准差为 0.02，参数的离散度很小。从图 7-12 中可以看出，重音和非重音的呼出气流量差异明显，5 组数据中均表现为重音呼出气流量大于非重音。气流参数部分得出气流速度对重音的强弱有影响，呼出气流量与呼出时长、气流速度都有关系，在相同时间范围内，气流速度越快，呼出气流量越大。

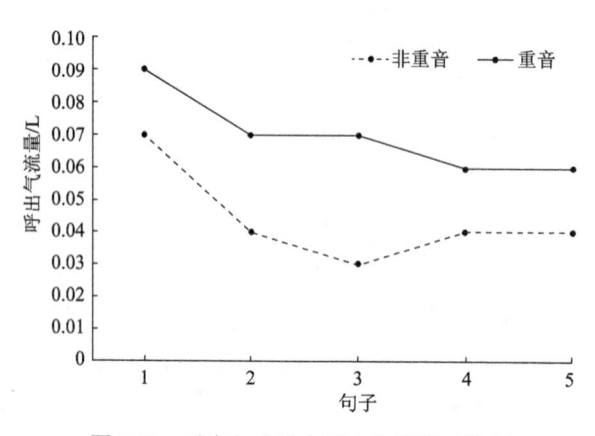

图 7-12 重音与非重音呼出气流量对比图

空气动力学阻力参数均为负值（为便于观察，将所有数值取绝对值后做图，见

图7-13），说明在发音过程中，气流在发音器官内受阻碍程度小，所有参数的平均值为–4.40 ds/cm^5，标准差为0.40，离散度较小。

空气动力学阻力参数为负值时的绝对值越大，在发音过程中受到的阻碍程度越小，从图7-13来看，第1、4和5组的数据中，重音受阻碍的程度大于非重音。由于发音过程中音节的空气动力学阻力参数值受气流量和气流速度的影响较大，与平均呼气速度和最大呼气速度的表现相同，第1、4和5组数据都表现为重音大于非重音速度、重音阻力小于非重音阻力。

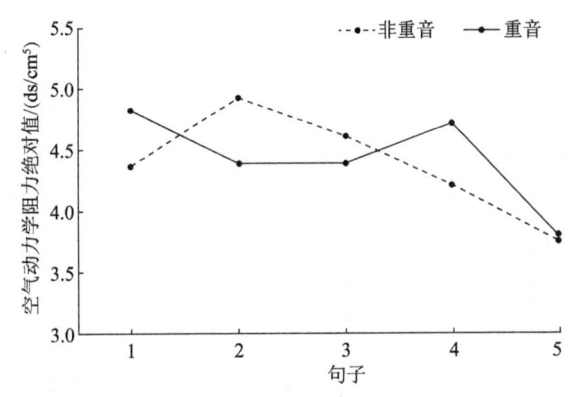

图7-13 重音与非重音空气动力学阻力对比图

本节发音人均为男性，参数为上声单音节句首音节重音和非重音参数，涵盖了基频上升和下降两个部分。提取的参数包括重音和非重音的音强、基频和气流三个部分的11个参数。通过对重音和非重音进行对比研究，对音强、时长、基频和气流信号的具体参数进行分析，发现在汉语普通话重音音节发音时，主要通过时长、气流量和气流速度来表现重音，能量和基频的作用不大。重音和非重音音节的气流参数存在差别，主要表现在韵母元音上。辅音在重音方面的表现主要与瞬时产生的最大呼气速度有关。重音在发音过程中的特征可被描述为发音时长延长、肺部呼出的气流量增加、气流速度加快、声门开合速度加快、语音的高频能量加强和空气动力学阻力减弱等特征。

第四节　诗词朗读的气流特征

语音韵律节奏可以划分为不同的韵律单元，汉语的韵律单元通常分为四级，从小到大依次是韵律词、韵律短语、呼吸群和韵律句子。呼吸群理论认为，人的语调感知通过呼吸群来产生，在发音时，气流由肺部呼出经过声门时，声门下压力逐步减小，从而造成了音高的下降（Liberman，1967）。研究者在对汉语韵律层级结构边界的声学进行分析时得出,汉语语句音高的下倾和重置都是由音域下限的移动实现的,低音线的重置和无声段的作用,可作为韵律短语和语调短语边界的声学线索(王蓓等,2004)。因此,对语调短语(呼吸群)边界的特征进行研究更有利于分析整个呼吸群单位的韵律特征。

目前,从生理角度对韵律特征进行研究主要集中在嗓音和呼吸信号两个方面。谭晶晶等(2008)利用呼吸带和多通道信号采集系统采集朗读时的呼吸信号,主要包括胸式呼吸和腹式呼吸两个部分,并结合语音特征来研究汉语的韵律特征。该研究得出呼吸重置的时长和呼吸幅度呈显著正相关关系,并且重置幅度比重置时长更能反映不同文体的差别,也更能反映不同呼吸级别的大小。尹基德(2010)在对汉语韵律的嗓音发声的研究中,专门对诗歌朗读嗓音韵律特征进行了研究。实验通过观察呼吸群边界的嗓音变化,把每个呼吸群开始和结束位置的音节单独切分出来作为研究对象,并通过对比开始组和结束组的嗓音特征差异,提取了基频、开商和速度商参数,研究了呼吸群边界的嗓音变化。研究发现呼吸群结束位置的边界基频下降,开商上升,速度商下降;声学方面分析发现声压级下降,高频能量减少。

本节将在前人研究成果的基础上,以诗词朗读语流为研究对象,结合声学参数研究朗读时的气流参数变化,以及朗读呼吸时的言语空气动力学特征。实验共分为两个部分:①以呼吸群为单位的实验,意在对比分析小令和近体诗的气流参数差异;②分析呼吸群的气流特征,研究诗词朗读中呼吸边界发音气流的生理特征和声学特征。

一、呼吸群及信号标记

在发音过程中,受人体生理情况的制约,人在朗读长篇文章的时候会有吸气、屏气和呼气的过程。在篇章的朗读过程中,呼气和吸气交替进行,从而影响了朗读时的韵律节奏。从语言节奏本身来看,语言的韵律节奏就是为便于表达和理解而产生的一种节奏模式。对语言韵律单元的划分,同时会受到语义结构和句法结构的制约。从语法层面来看,在句法结构中,可以通过韵律节奏来划分语法单位,韵律节奏单元和句法语义单元之间存在对应关系。但是并非所有的句法语义单元和韵律节奏单元都是相对应的,不能仅仅依靠句法单位来划分韵律单元。因此,不能将呼吸群简单地理解为一个语义群,但可以将其理解为一个语调段的基本单位,呼吸群可包含多个韵律词或者韵律短语。早期,Liberman(1967)提出"呼吸群"的概念,其通常是指按朗读时呼气和吸气切分出的单元,主要是依据吸气的位置进行切分的,一个呼吸群结束的位置也就是在朗读时停顿开始吸气的具体位置。

前面部分对诗词的标记方法进行了详细的介绍，按照研究内容的不同，主要分为两种：第一种标记方法主要用于以呼吸群为单位的研究，标记出每一个呼吸群，然后对比分析小令和近体诗的气流参数差异；第二种方法主要用于研究呼吸群气流的特征，研究在诗词朗读中呼吸边界发音气流的生理特征和声学特征。

在信号采集之前，为了保证信号采集的有效性，我们对发音人进行了简单的发音训练和肺活量测量。在 10 名男性发音人中筛选出肺活量较为接近的 3 名发音人作为信号采集对象。信号采集过程中，同时采集语音和气流信号，图 7-14 为信号采集界面，界面中为三通道信号，分别是语音基频曲线、语音声压级波形和语音气流速度波形。

基频和声压级是通过语音信号声学参数计算得出的，气流信号是口流和鼻流两个部分整体的气流速度信号，通过计算实际呼出气流量和时间得出，信号波形的每一个点对应的是该时刻的呼出气流量。从第三通道显示的语音气流速度波形来看，呼气部分为正值，吸气部分的负值没有显示。为了准确标记呼吸群的开始位置和结束位置，使用 Multi-Speech3700 软件打开采集到的原始信号，原始信号为三通道信号，分别是语音、气流和气压，不考虑气压部分，只显示了两个通道的信号。

如图 7-15 所示，从上至下第一通道是语音信号，第二通道为气流信号，两通道信号的横坐标都是时间，第一通道纵坐标是能量，第二通道纵坐标是气流速度。第二通道零线以上的正值表示呼气部分，零线以下的负值表示吸气部分。在近体诗的五言律诗《望岳》中，如图 7-14 和图 7-15 所示，每个呼吸群的界限都很明显，比较容易切分。图 7-14 中五言律诗分为四联八小句，每个小句的开始位置为呼气开始的位置，每个小句的结束位置为呼气结束、吸气开始的位置。因此，实验按照吸气开始和结束的位置来切分每首诗词的呼吸群，以吸气段为呼吸群间隔。在《望岳》中，按照呼吸间隔切分共有 8 个呼吸群，每一联中包含 2 个呼吸群，如第一联"岱宗夫如何，齐鲁青未了"中有两次完整的呼吸，可以切分为两个呼吸群。在标准朗读和自然语流的前提下，为了保证实验数据的一致性，让发音人在信号采集时尽量保持语速一致，并且呼气和吸气严格按照朗读时呼吸的实际情况，避免刻意屏气。由于近体诗结构较规整，在呼吸群边界研究部分只以近体诗为研究对象，标记过程中还将对呼吸群开始和结束位置的音节单独进行标记，呼气开始的音节起始位置为第一个音节声母辅音的起始位置，结束位置以后音节声母辅音开始和本音节韵母结束的位置为准；呼吸群结束的音节起始位置以前音节韵母结束和本音节声母起始位置为起点，以本音节韵母结束位置为终点。

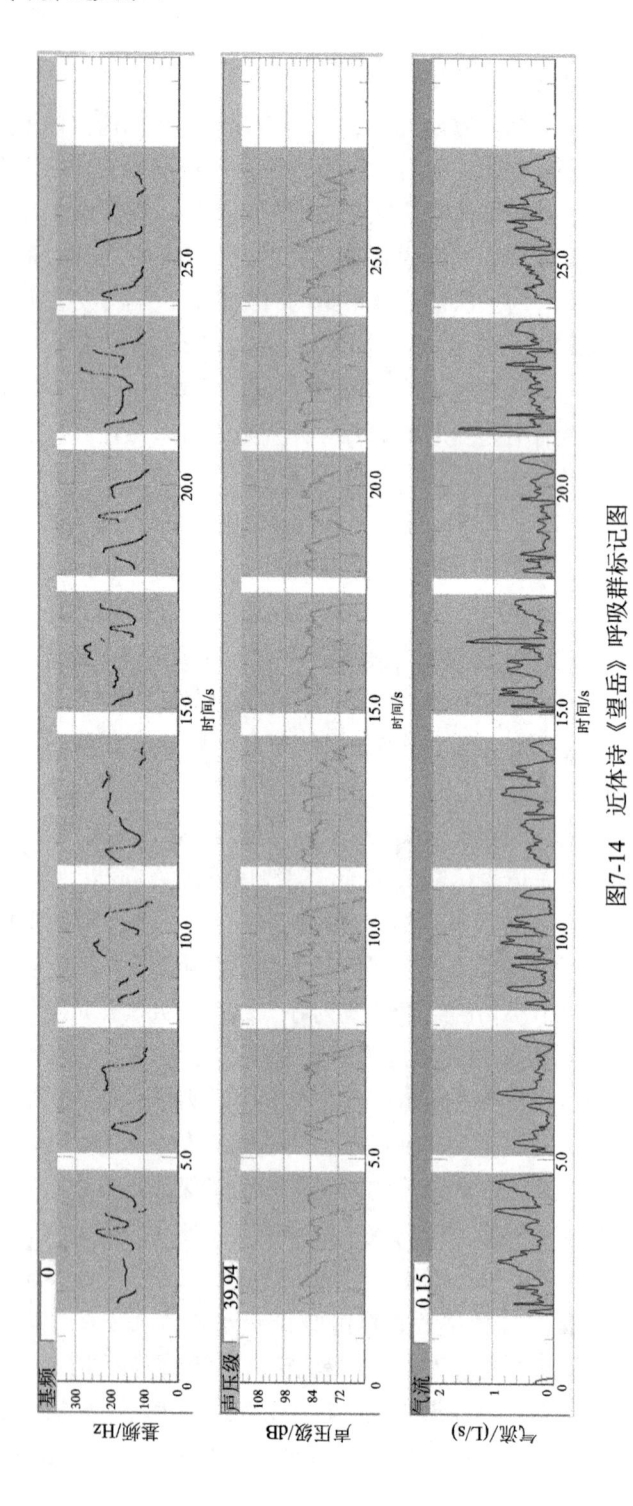

图7-14 近体诗《望岳》呼吸群标记图

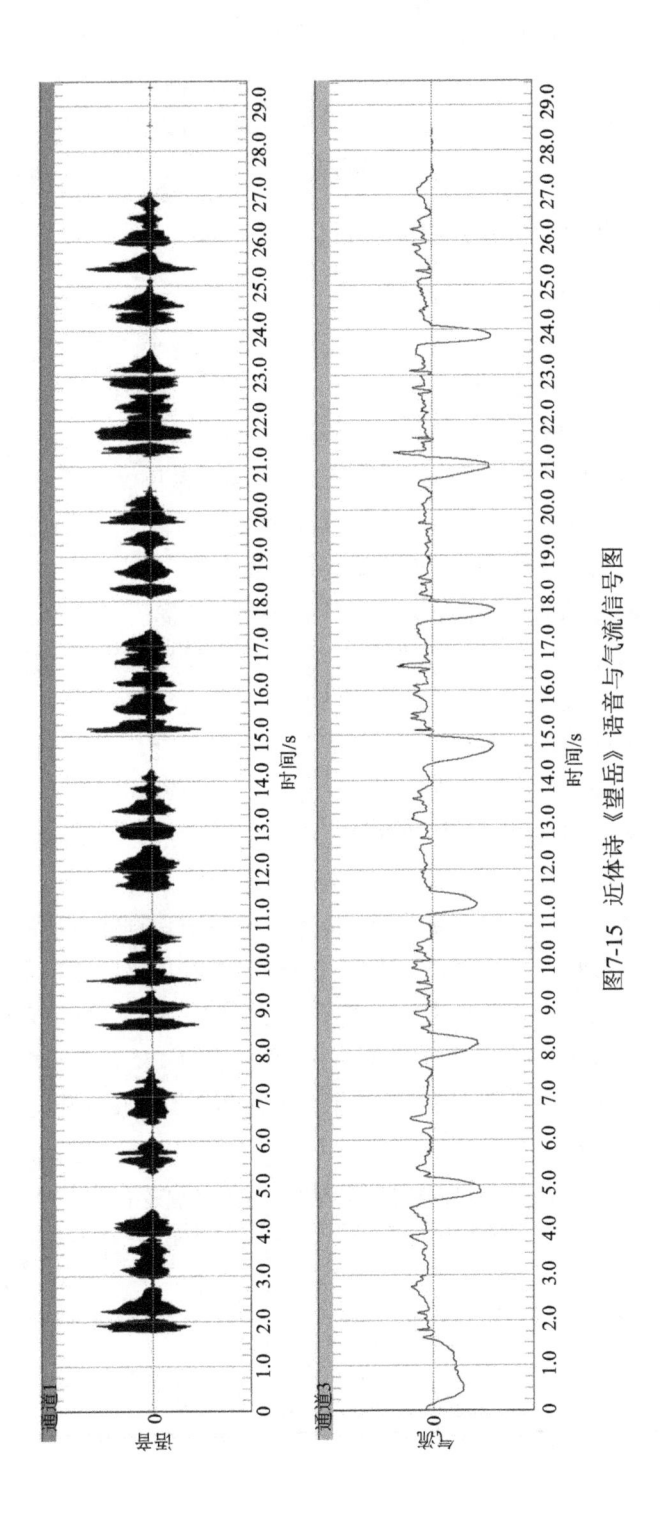

第七章　言语空气动力学韵律研究

图7-15　近体诗《望岳》语音与气流信号图

信号采集之后,按照研究内容将信号参数分为两部分:第一部分为呼吸群信号参数,包括小令和近体诗呼吸群参数;第二部分近体诗音节参数,包括呼吸群开始音节和结束音节参数。参数提取后,将所有发音人的参数求平均后,以所需参数按列存储,每行对应一个完整的呼吸群。

二、诗词朗读呼吸群的气流特征对比分析

诗词是古体诗、近体诗和格律词的统称,是中国汉民族的传统诗歌,已有三千多年的历史。诗词具有优美凝练的语句和情感丰富的意象,按照严格的韵律结构来表现个人的情感和思想。诗歌起源于先秦时期,鼎盛于唐代;词起源于隋唐时期,鼎盛于宋代,因此有唐诗宋词之说。古诗词承载着优秀传统文化、风物人情、文学情怀和哲学思想。早期的诗歌与乐曲是融为一体的,战国时期的《尚书·虞书》中就有"诗言志,歌咏言,声依咏,律和声"(李民,王健,2004)的记载。可见,古典诗词不仅承载着文化,还是语言表达的重要形式。

诗词具有严谨的韵律结构和规范的声调系统。刘勰的著作《文心雕龙·声律》中记载"左碍而寻右,末滞而讨前,则声转于吻,玲玲如振玉;辞靡于耳,累累如贯珠矣。是以声画妍蚩,寄在吟咏,吟咏滋味,流于字句"(刘勰,1958)。朗读诗词时,受声调的影响和格律的制约,平声高昂平直,仄声低沉婉转,平仄交替使用是诗词创作的特色,从而产生出了抑扬顿挫或铿锵有力的美感。在朗读过程中,呼吸的配合和气流的运用也非常重要,加之吸气的停顿或时长的拖延,使语调和声调完美结合,从而形成了诗词特有的节律。因此,在诗词朗读过程中,呼气和气流的变化对韵律有重要的影响。本部分将对诗词呼吸群的基频平均值、发音时长、呼气时长、吸气时长、平均呼气速度、呼出气流量、平均吸气速度、吸入气流量和空气动力学阻力这 9 个参数进行研究。近体诗(五言律诗、五言绝句和七言绝句)部分共有 80 个呼吸群,小令部分共有 135 个呼吸群。在参数统计时,使用 SPSS 19.0 统计软件对参数的平均值和标准差进行计算,如表 7-13 和表 7-14 所示。

表 7-13 近体诗呼吸群平均值与标准差数据表(n=80)

项目	基频平均值/Hz	发音时长/s	呼气时长/s	吸气时长/s	平均呼气速度/(L/s)	呼出气流量/L	平均吸气速度/(L/s)	吸入气流量/L	空气动力学阻力/(ds/cm^5)
缺失	0	0	0	0	0	0	0	0	0
M	156.40	1.96	2.92	0.15	0.37	1.09	0.36	0.05	−0.28
SD	13.87	0.31	0.42	0.07	0.06	0.25	0.22	0.04	0.49

表 7-14　小令呼吸群平均值与标准差数据表（*n*=135）

项目	基频平均值/Hz	发音时长/s	呼气时长/s	吸气时长/s	平均呼气速度/(L/s)	呼出气流量/L	平均吸气速度/(L/s)	吸入气流量/L	空气动力学阻力/(ds/cm⁵)
缺失	0	0	0	0	0	0	0	0	0
M	150.24	1.89	2.84	0.14	0.37	1.05	0.50	0.71	−2.75
SD	13.05	0.43	0.58	0.06	0.06	0.24	0.27	0.05	0.41

从近体诗和小令的平均值和标准差来看，平均值中，除平均吸气速度、吸入气流量和空气动力学阻力之外，在其余参数上均表现出近体诗大于小令。标准差的大小可以反映出每项参数内部各数值的离散度，基频平均值的标准差最大，主要是受声调的影响。其余参数的标准差都小于 1，说明参数离散度较小。从参数的标准差可以看出，在诗词朗读严整的韵律结构中，近体诗和小令存在差异，但是程度较小。从近体诗和小令各自的呼吸群参数来看，基频平均值的差异程度最大，其次是小令的呼气时长和近体诗的呼气时长、空气动力学阻力。根据对不同文体朗读时的呼吸信号来看，对呼吸节奏的研究得出不同文体的呼吸节奏具有明显的差异。从宏观上来看，近体诗和词等韵文的呼吸节奏比较简单，呼吸重置（开始吸气到开始呼气之间的时间，即图 7-15 中的吸气段）大致可以分为两级，具体到韵文内部呼吸情况有细微的不同（谭晶晶等，2008）。因此，通过对比近体诗和小令呼吸群数据的平均值和标准差，发现近体诗和小令之间的差别并不是很大，与呼吸研究的结论一致，但是这两种文体中各参数的分布情况和差别还有待于进一步研究，尤其是近体诗和小令呼吸群的气流、基频和时长参数的区别以及具体分布情况。鉴于此，为详细对比近体诗和小令呼吸群各参数的具体差异和频率分布范围，实验选取了近体诗和小令的所有参数，使用 SPSS 19.0 统计软件绘制出频率直方图，每个直方图对应一个参数，共有 9 组直方图。

通过绘制出的直方图观察各参数在等距区间内的出现次数（纵坐标中用频率表示）和分布的情况，从图 7-16 中可以看到，近体诗和小令的基频平均值集中在 140—160 Hz。

由于近体诗和小令的样本数量不同，基频频率域范围内出现的参数频率也不同，但是整体分布大致相同。

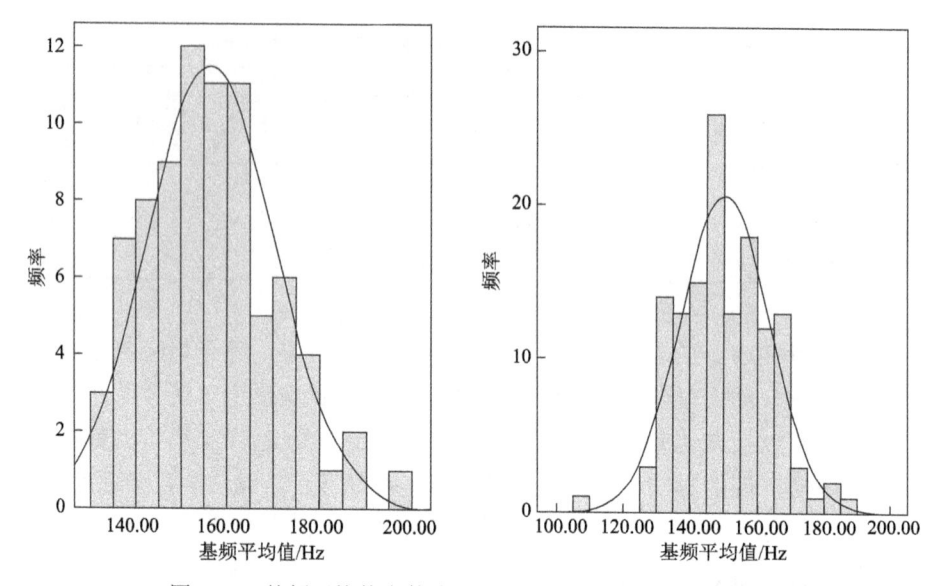

图 7-16　基频平均值参数分布图（左：近体诗；右：小令）

发音时长是指整个呼吸群的时长，从分布来看，小令较为集中，为 1.5—2.5 s，而近体诗多集中在 1.6—2.0 s，造成时长分布差异的主要原因是呼吸群内的音节个数。近体诗呼吸群内的音节个数固定，五言诗和七言诗分别是 5 个音节和 7 个音节。小令不同，因属不同词牌，每个呼吸群内的音节个数不一致，造成了分布范围较广泛的特点（图 7-17）。

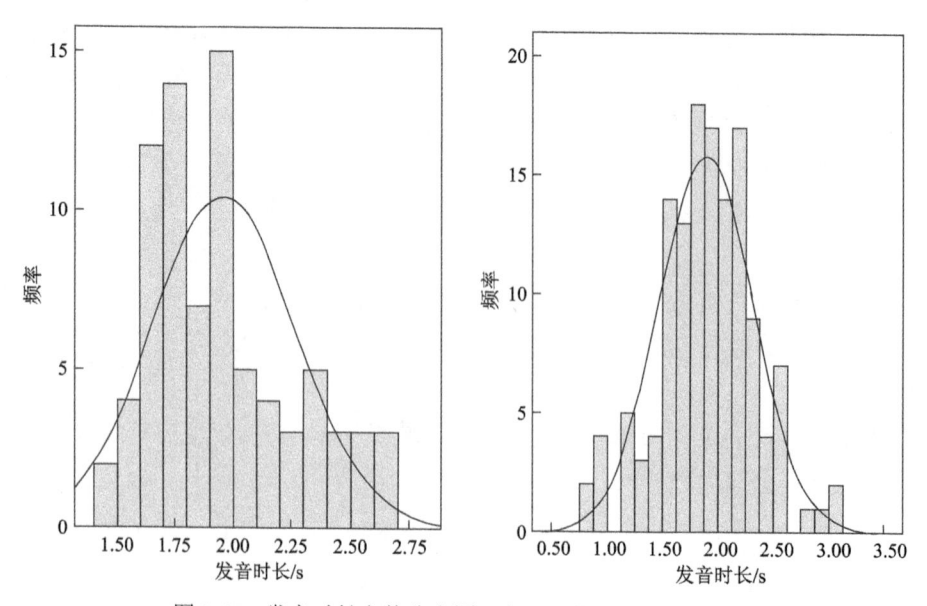

图 7-17　发音时长参数分布图（左：近体诗；右：小令）

呼吸群内部的吸气与朗读整个诗词时的吸气不同,从近体诗《望岳》的语音与气流信号图中可以看出,呼吸群之间有明显的吸气,并且呼吸群内也有较小的吸气。在进行诗词朗读时,五言诗和小令中较短的呼吸群可以通过一次大的吸气来完成,但是有的句子较长,无法在一次吸气之后读完,朗读过程中还需要气流的补充,这就形成了呼吸群中的小呼吸。对诗词呼吸信号的研究得出,只有在七言诗朗诵中存在小呼吸重置,小令朗诵中也存在大和小两级呼吸(谭晶晶等,2008)。在气流信号方面,呼吸群边界的吸气对应的是大呼吸,呼吸群内的吸气对应的是小呼吸。

呼气时长是呼吸群整个时长中呼出气流部分的时长,不包括吸气部分,其中吸气部分是朗读发音过程中较小的呼吸。从参数分布情况来看,近体诗的呼气时长主要集中在 2.50—3.00 s,有个别部分的呼气时长较长,分布在 4.00 s 和 4.60 s 左右,然而小令的呼气时长分布较广,在 2.2—4.0 s 都有分布。

与发音时长的情况类似,造成该现象的主要原因是呼吸群内包含的音节个数不同。吸气时长的情况与呼气时长不同,从分布的情况(图 7-18)可以判断朗读时小呼吸的次数和呼吸群内的停顿频率。

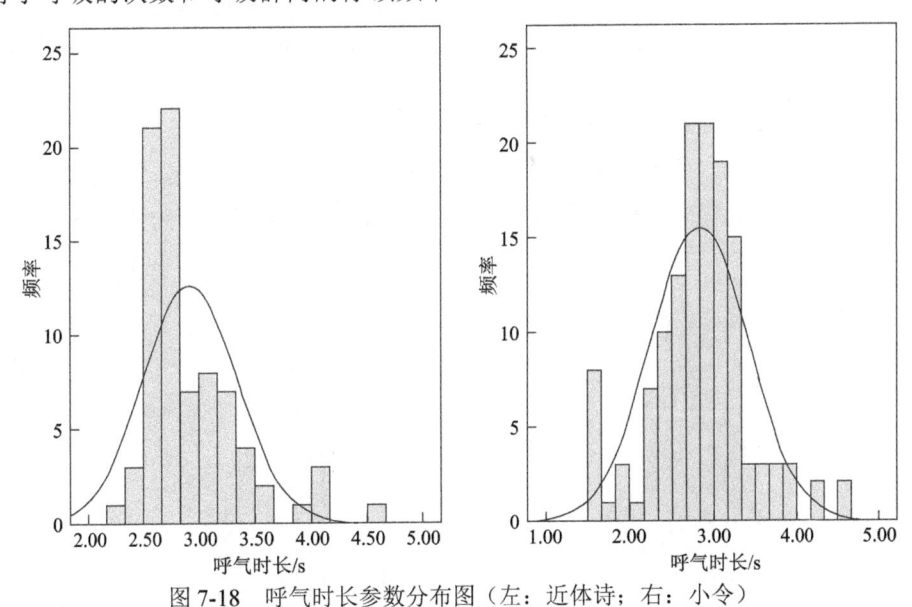

图 7-18 呼气时长参数分布图(左:近体诗;右:小令)

从图 7-19 所示的吸气时长分布可以看出,近体诗的吸气时长分布在 0.05—0.25 s,在 0.25—0.32 s 有少量分布。小令的分布范围为 0.05—0.30 s,主要集中在 0.10—0.20 s。近体诗的格律较严整,吸气时长的分布中有两个出现频率较高的时长,分别是在 0.06—0.08 和 0.14—0.16 s 两个位置,说明近体诗呼气群内的吸气可以分为两种情况。小令的情况则相对复杂,由于词牌不同,呼吸群时长分布不一致，在呼气群内吸气的不同情况也较多。后面的部分将结合吸入气流量和吸气速度参数，系统分析近体诗和小令呼吸群内吸气的情况。

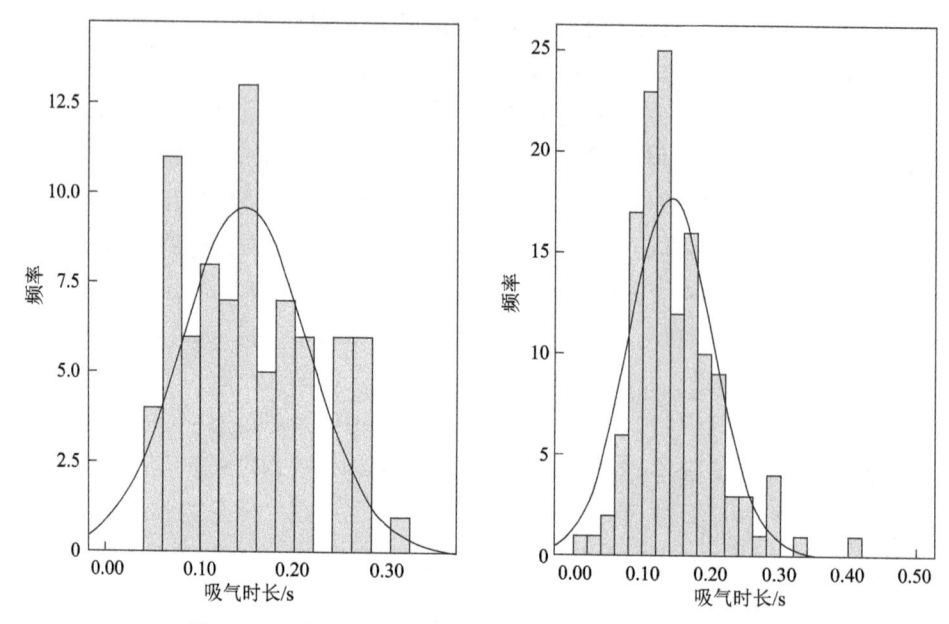

图 7-19　吸气时长参数分布图（左：近体诗；右：小令）

在气流参数中，气流速度是单位时间内气流量和时间的比值，平均吸气速度（图 7-20）是呼吸群内吸气速度的平均值，在平均吸气速度相同的情况下，吸气

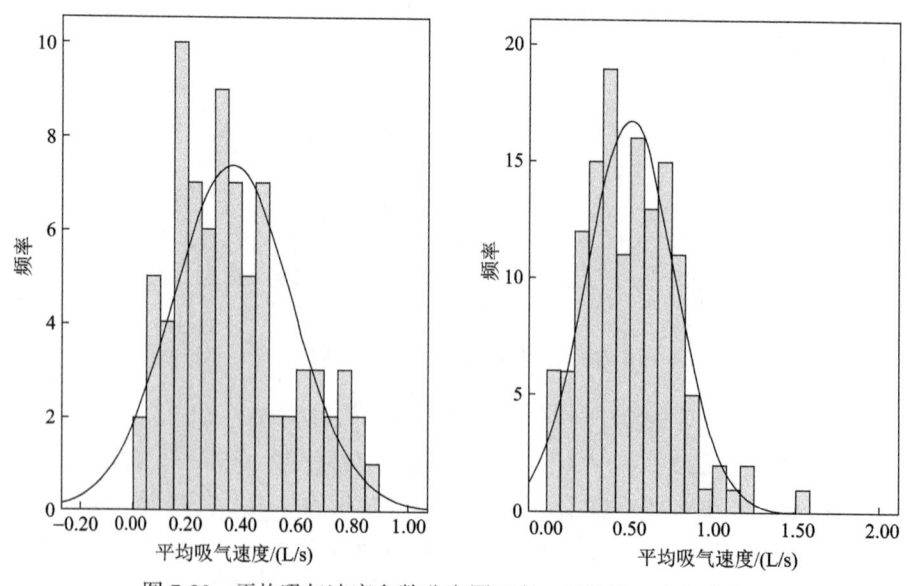

图 7-20　平均吸气速度参数分布图（左：近体诗；右：小令）

时长越大，吸入气流量越大；在吸气时长恒定的情况下，平均吸气速度越快，吸入气流量越大。

从参数分布情况来看，近体诗分布在 0—0.9 L/s 的范围，而小令的分布范围较大，在 0—1.50 L/s 都有分布。近体诗平均吸气速度出现频率最高的是 0.15—0.20 L/s 和 0.3—0.35 L/s，而小令的则是 0.32—0.40 L/s 和 0.58—0.66 L/s，并且近体诗的平均吸气速度分布在 0.30 L/s 左右，而小令的平均吸气速度在 0.50 L/s 左右，因此小令的吸气速度普遍快于近体诗的平均吸气速度。

从吸入气流量分布情况（图 7-21）来看，与平均吸气速度类似，小令的分布大于近体诗的分布。近体诗的吸入气流量的峰值在 0.01 L 和 0.04 L 的位置，而小令的集中在 0.05 L 左右，而且有大于 0.2 L 的分布。结合之前的吸气时长和平均吸气速度来看，近体诗呼吸群内的吸气情况大致分布在两个区间内，而小令的分布范围较大。因此，近体诗和小令由于文体不同，受诗词格律结构的制约和朗读时韵律的影响，呼吸群内吸气的情况有所差别。从吸气的三个参数的分布来看，小令的参数分布范围均大于近体诗，主要与呼吸群内包含的音节数量有关，近体诗为 5 个或 7 个音节，而小令则为 3—9 个音节。音节数量的不同造成了一次吸气完成朗读的程度不同，包含的音节越多，则呼吸群内吸气的次数越多，吸入气流量越大和吸气时长越长。平均吸气速度的快慢与韵律结构有直接关系，在一个呼吸群对应一小句的情况下，近体诗的平均吸气速度都较慢，在 0.30 L/s 左右，而小令的

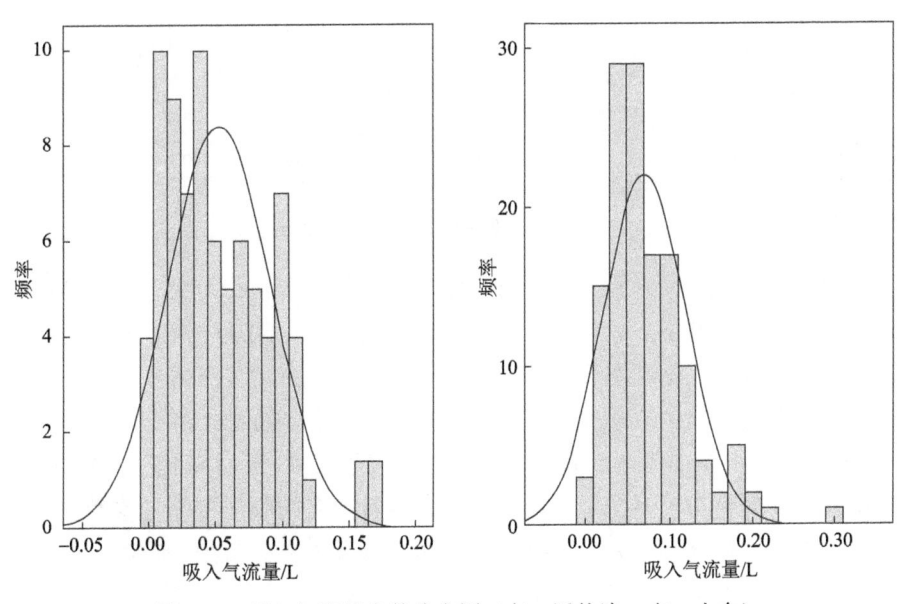

图 7-21 吸入气流量参数分布图（左：近体诗；右：小令）

平均吸气速度在 0.50 L/s 左右，大致呈正态分布。近体诗和小令的吸气时长参数大多分布在 0.30 s 以内，结合平均吸气速度和吸气时长，说明在整个朗读过程中，近体诗呼吸群内的吸气缓而慢，小令的吸气急而促。因此，从吸气参数的分布情况来看，近体诗和小令呼吸群气流信号的差异主要表现在吸气参数方面。

平均呼气速度和呼出气流量是诗词朗读过程中发音时的参数，从图 7-22 中的平均呼气速度来看，与平均吸气速度的情况不同，近体诗和小令的参数都大致呈正态分布，并且参数都分布在 0.20—0.60 L/s 范围内。除近体诗参数在 0.47 L/s 的位置有一个峰值之外，两者频率较高的参数都分布在 0.30—0.40 L/s，并且两者的部分参数在 0.50—0.60 L/s 有少量分布。

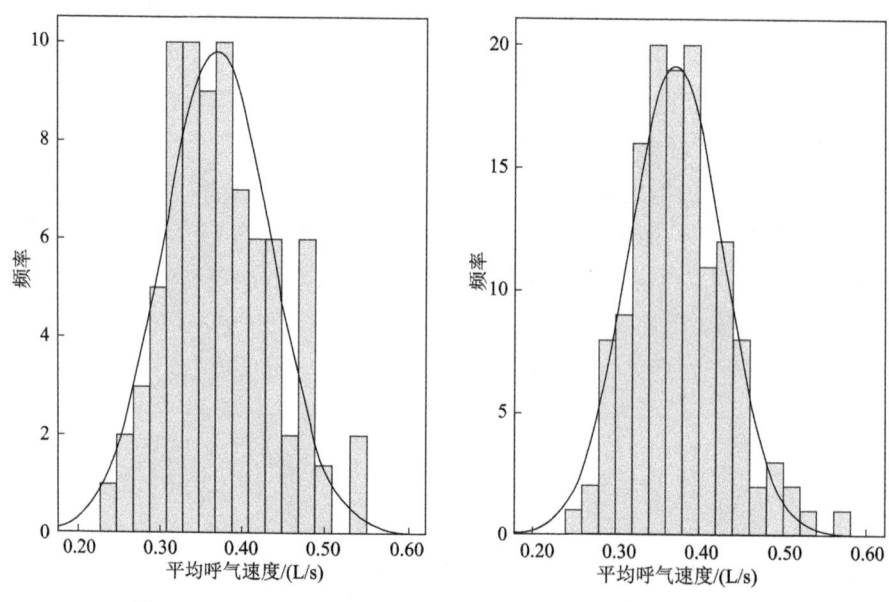

图 7-22 平均呼气速度参数分布图（左：近体诗；右：小令）

结合平均呼气速度来看，近体诗的呼出气流量大致呈正态分布（图 7-23），在 0.9—1 L 有一个峰值。小令的参数分布较为复杂，在 1.10 L 和 1.30 L 的位置有两个较大的峰值。两者平均呼气速度差别不大，但是呼气时长的差别造成了近体诗和小令呼出气流量参数的差异。由此可以看出，小令的呼吸群有两个典型的类别，主要是因为小令中包含 5 音节句和 7 音节句子较多。近体诗信号采集文本中，五言律诗和五言绝句较多，七言绝句较少，并且两者的呼出气流量参数在 1 L 左右的位置都有一个峰值，因此该峰值对应的是包含 5 个音节的呼吸群，小令中在 1.30 L 左右位置的峰值对应包含 7 个音节的呼吸群。

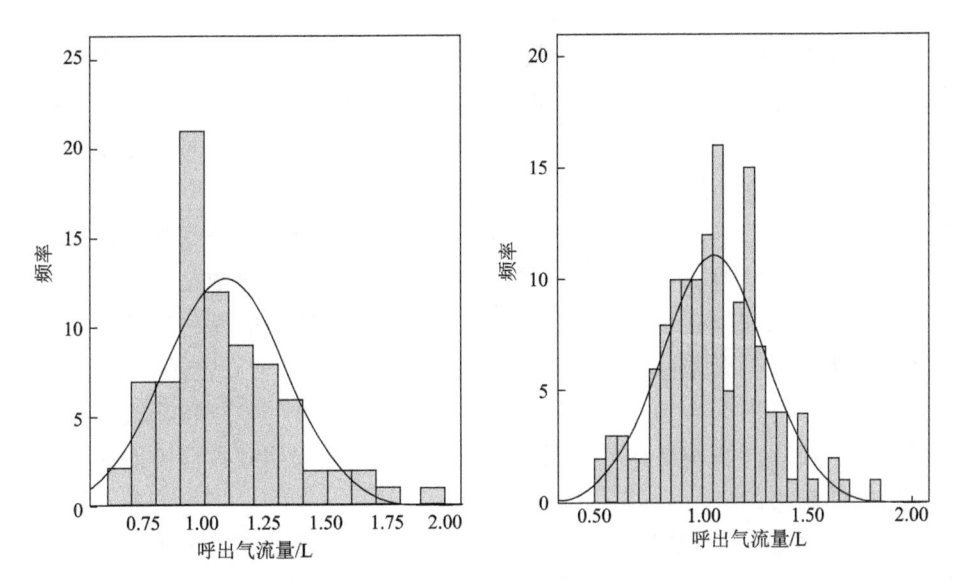

图 7-23　呼出气流量参数分布图（左：近体诗；右：小令）

前面的部分已经分析得出近体诗和小令呼吸群的吸气和呼气的相关参数,而空气动力学阻力参数可以反映出发音过程中气流受阻碍的程度。

从图 7-24 的参数分布来看,近体诗和小令的参数都集中在 -3.50— -2.00 ds/cm^5,说明发音时呼气群受阻碍程度的差别不大。

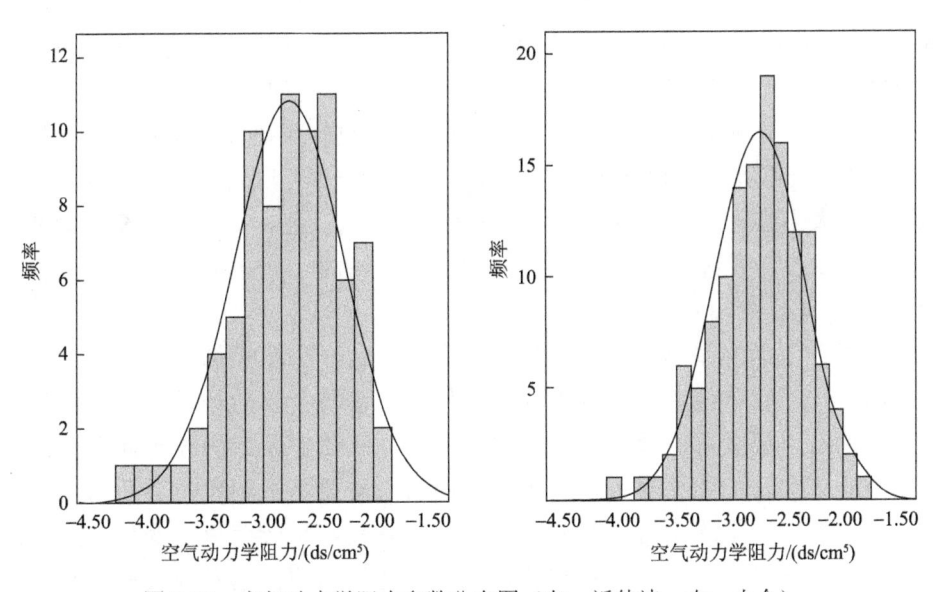

图 7-24　空气动力学阻力参数分布图（左：近体诗；右：小令）

181

综合近体诗和小令呼气群的参数来看，两者的基频平均值分布的范围较为集中，没有太大的差别，说明声调的差异对呼吸群韵律的影响不大。在发音和呼气时长参数方面，小令的分布范围较大，近体诗的分布较为集中，原因主要与呼吸群内包含的音节数量有关。

在呼吸群内的气流参数特征中，吸气的部分较为重要，小令和近体诗这两种文体之间的吸气参数存在差异。同时，呼吸群内的吸气参数是近体诗和小令两种不同文体在呼吸群参数方面表现出的主要区别。吸气时间的长短、吸气速度和吸气量的大小受呼吸群韵律的影响较大，小令的参数分布范围大于近体诗，并且小令呼吸群内的吸气特征表现较为急促，而近体诗的吸气特征较为缓慢，从而区别了在朗读两种文体时的韵律特征差异，而且表明呼吸群的韵律特征受生理条件的制约。

通过对呼出气流参数进行分析得出，在近体诗和小令的朗读过程中，呼吸群参数的差异主要受诗词中音节数量多少的影响。从朗读过程中呼气群气流受阻碍程度来看，近体诗和小令的整体差异不大。

三、近体诗朗读呼吸群边界的气流特征

韵律节奏在语言表达中起着重要作用，诗歌的节奏对思想情感的表达有着重要作用。古诗词中句子的平仄押韵是体现抑扬顿挫之美的重要表现手段之一，古诗词朗读过程中的节奏韵律受肺部呼出气流和呼吸调节的影响，有较长或者较短的吸气，因此有较长吸气的位置可作为判断一个呼吸群的显著标志。

前面的部分对诗词呼吸群的气流及相关参数进行了研究，从呼吸群的划分来看，近体诗和小令的呼吸群大多是以一小句为一个呼吸群。由于选取发音人的肺活量大小接近，其在朗读过程中的吸气情况大致相同。通过观察诗词朗读气流信号发现，五言诗和七言诗的小句为一个呼吸群，小令中的一个呼吸群包含5—9个音节。

呼吸群作为韵律单元，是诗词韵律层级中的一个重要部分，也是韵律结构中的较大一级单位。呼气群内的吸气停顿不仅与音节的数量有关，而且与韵律结构有重要关系。曹剑芬（2005）指出，汉语普通话的停延伸缩和高低变化是研究韵律的主要对象，其中的"停延"主要是指韵律边界后的停顿现象，而"伸缩"是韵律边界前后的音节或者音素延长或缩短的变化。后来的研究认为，韵律边界后一个音节的声母时长会随着韵律边界等级的提高而延长。呼吸群是语流中等级较高的韵律单元，呼吸群的划分与发音时的气流、

第七章 言语空气动力学韵律研究

呼吸有紧密联系。因此，对呼吸群韵律边界的研究对于研究普通话韵律特性有重要作用。

由于近体诗的结构较为规则，实验以近体诗为研究对象，选取了五言律诗、五言绝句和七言绝句各 5 首。如图 7-4 所示，信号标记时，按照气流信号将每个呼吸群边界的音节标出，包括呼吸群起始位置的音节和结束位置的音节两个部分。例如，五言绝句中有两联四小句，根据气流信号划分出 4 个呼吸群，因此共标记开始位置的 4 个音节和结束位置的 4 个音节。标记的音节包括声韵母两个部分，起始位置的音节以声母辅音开始位置为准，结束点以后接音节的声母起始点为准。呼吸群结束位置的音节起点则参照前音节的韵母，以后面呼吸群大的吸气起始位置为结束点。

信号标记之后主要提取气流和时长参数，诗歌朗读受声调平仄影响，主要表现在声调的高低方面，并且音高的基频受气流量和气流速度影响。因此，实验参数中只保留了气流和时长参数，主要包括呼吸群起始和结束音节的呼气时长、平均呼气速度、呼出气流量和空气动力学阻力 4 个参数。由于起始和结束音节的吸气很微弱，几乎为 0，不考虑吸气参数。15 首近体诗中共有 80 个呼吸群，因此起始和结束也各有 80 个音节。对发音人的参数进行整理，剔除有问题的信号，最后将参数求平均值，按照起始音节和结束音节分别进行排列。

将呼吸群边界音节的参数提取之后进行统计分析，如表 7-15 所示，分别是呼吸群边界起始音节和结束音节的呼气时长、呼出气流量、平均呼气速度和空气动力学阻力参数。起始和结束的音节样本各有 80 个，从平均值来看，结束音节的所有参数均大于起始音节。从标准差来看，除了起始音节的空气动力学阻力参数以外，其他参数都小于 1，说明整体参数的离散程度较小。从极大值和极小值来看，呼气时长和呼出气流量的结束音节均大于起始音节的参数，而平均呼气速度和空气动力学阻力参数的表现不同，说明有个别值为起始音节参数大于结束音节，主要是由参数不稳定造成的。在对整个呼吸群的研究中，所有呼吸群呼气时长的平均值是 2.92 s，呼出气流量是 1.09 L，平均呼气速度是 0.37 L/s，空气动力学阻力是 –2.77 ds/cm^5。在呼吸群参数中，平均呼气速度和空气动力学阻力为呼吸群内各部分参数的平均值，呼吸群参数为呼气段各部分的平均值，而呼气时长和呼出气流量为呼吸群内所有音节的总量，还需进行计算。

表 7-15　呼吸群边界起始和结束音节参数检验表（n=80）

项目	起始音节呼气时长/s	结束音节呼气时长/s	起始音节呼出气流量/L	结束音节呼出气流量/L	起始音节平均呼气速度/(L/s)	结束音节平均呼气速度/(L/s)	起始音节空气动力学阻力/(ds/cm^5)	结束音节空气动力学阻力/(ds/cm^5)
M	0.37	0.81	0.13	0.38	0.34	0.41	−3.20	−2.65
SD	0.07	0.19	0.06	0.13	0.11	0.11	1.03	−0.74
MAX	0.53	1.20	0.27	0.65	0.66	0.64	−1.30	−1.44
MIN	0.22	0.48	0.05	0.09	0.16	0.17	−5.76	−4.40

按照五言诗的呼气群（每个呼吸群包含 5 个音节），每个音节的呼气时长和呼出气流量为总呼吸群的参数除以 5，每个音节呼气时长为 0.59 s，呼出气流量为 0.22 L。对起始音节和结束音节的参数与呼吸群总参数进行系统对比，起始音节的呼气时长平均值（0.37 s）小于呼气群平均值（0.59 s），结束音节的呼气时长平均值（0.81 s）大于呼气群平均值（0.59 s）；起始音节的呼出气流量平均值（0.13 L）小于呼气群平均值（0.22 L），结束音节的呼出气流量平均值（0.38 L）大于呼气群平均值（0.22 L）；起始音节的平均呼气速度平均值（0.34 L/s）小于呼气群平均值（0.37 L/s），结束音节的平均呼气速度平均值（0.41 L/s）大于呼气群平均值（0.37 L/s）；起始音节的空气动力学阻力平均值（−3.20 ds/cm^5）小于呼气群平均值（−2.93 ds/cm^5），结束音节的空气动力学阻力平均值（−2.65 ds/cm^5）大于呼气群平均值（−2.93 ds/cm^5）。因此，从参数的平均值来看，呼气群的气流信号从起始到结束的位置呈上升趋势，尤其在呼气时长和呼出气流量的表现上非常突出，结束音节的参数为起始音节参数的两倍以上。为了进一步研究各参数从呼气群起始至结束的分布和变化程度，使用 SPSS 软件对呼气群起始和结束的参数变量进行分析，绘制了 4 个气流参数的箱形图（box-plot）。

在参数分析的过程中，首先对所有提取的参数进行检验，发现部分异常值是在信号标记错误时出现的，通过重新标记并提取参数，剔除了起始音节和结束音节参数中的异常值。从图 7-25 呼气时长参数来看，起始音节和结束音节的参数分布较均匀，无异常值出现，起始音节的参数集中在 0.38 s，结束音节的参数集中于 0.79 s，数据呈正态分布。呼吸群音节部分，呼气时长从起始位置到结束位置，整体呈加长趋势。起始音节参数的上四分位数与结束音节参数的下四分位数的距离较大，并且没有交叉部分，说明呼吸群从起始到结束的呼气时长加长幅度较大。

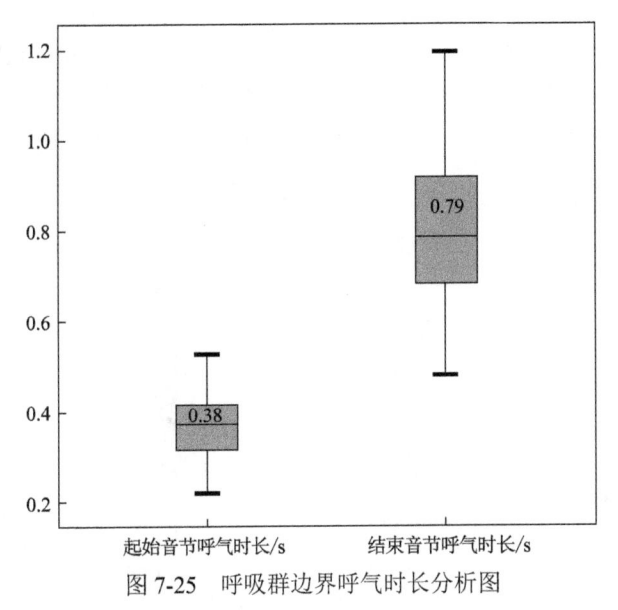

图 7-25　呼吸群边界呼气时长分析图

从图 7-26 中的呼出气流量参数来看,呼吸群起始音节和结束音节的参数分布较均匀,均无异常值出现,起始音节的参数集中在 0.11 L,结束音节的参数集中在 0.32 L。数据的分布与呼气时长参数类似,呈正态分布,呼吸群音节呼气时长从起始位置到结束位置呈加长趋势,从起始到结束的参数上升幅度较大。

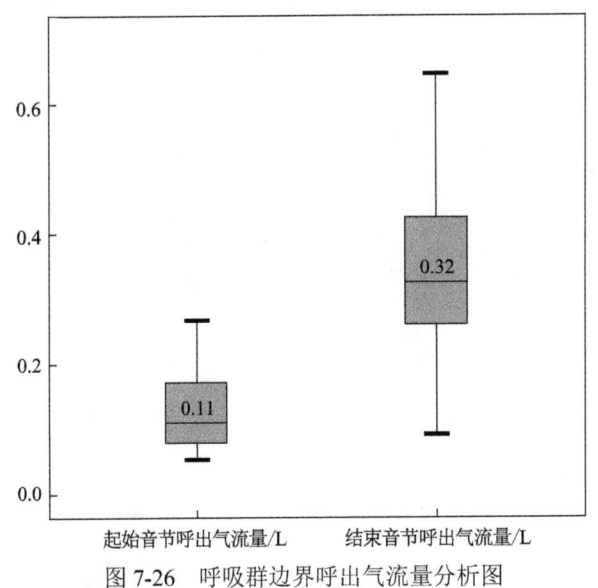

图 7-26　呼吸群边界呼出气流量分析图

平均呼气速度(图 7-27)的分布与呼气时长和呼出气流量不同,呼吸群起始音节和结束音节的参数分布较均匀,无异常值出现。起始音节的参数集中在 0.32 L/s,结束音节的参数集中在 0.40 L/s。整体数据基本呈正态分布，并且从呼吸群起始位置到结束位置呈现出上升趋势，但是起始音节参数中上四分位数与结束音节参数的下四分位数有很大一部分相交叉，说明从起始到结束的平均呼气速度加快幅度较小。

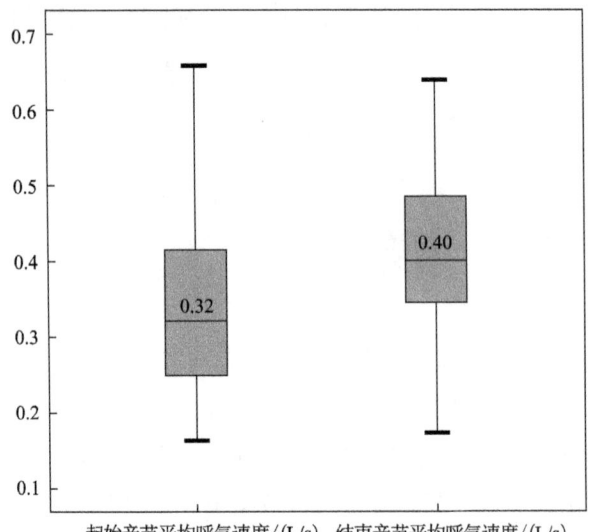

图 7-27 呼吸群边界平均呼气速度分析图

在空气动力学阻力参数中，呼吸群起始音节和结束音节的参数分布较均匀，无异常值出现（图 7-28）。起始音节参数的最小值和四分位数的距离较大，说

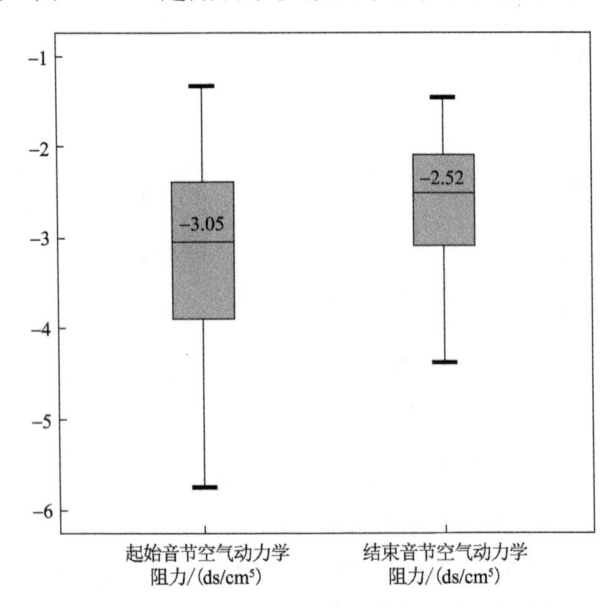

图 7-28 呼吸群边界空气动力阻力分析图

明参数的分布范围较大。起始音节的参数集中在–3.05 ds/cm^5,结束音节的参数集中在–2.52 ds/cm^5,数据整体呈正态分布,从呼吸群起始位置到结束位置呈上升趋势,起始音节的上四分位数超过了结束音节的中位数,同样结束音节的下四分位数超过了起始音节的中位数,其中大部分参数相同,从起始位置到结束位置的参数上升幅度很小。

对呼吸群边界的气流参数进行分析得出,呼气时长、呼出气流量、平均气流速度和空气动力学阻力参数均呈上升趋势。其中上升幅度最大的是呼气时长和呼出气流量,其次是平均气流速度,最小的是空气动力学阻力。结合前面部分对不同音高的气流参数结果可以得出,基频的高低与气流速度的快慢和气流量的大小有关。在基频的上升过程中,受气流速度的影响较大,而在基频下降的过程中,受气流量的影响较大。因此,通过呼吸群边界的气流量和平均呼气速度可以推测出,从呼气群的起始位置至结束位置的过程中,基频呈下降趋势,与对呼吸群边界嗓音的研究结果一致(尹基德,2010),同时也证明了呼吸群边界的语调会表现出明显的音高下降现象。

呼吸群边界气流参数的下降趋势与发音的生理机理有关,充分反映了诗词朗读过程中呼吸节奏的生理机制。在朗读过程中,一次完整的吸气停顿之后,呼吸群单元内的发音主要靠呼吸群起始前的大幅度吸气完成,其间也有少量且微弱的吸气过程。在呼吸群起始位置,声门下压力增大,经过口腔的气流量较小和气流速度较慢;在发音起始至结束的过程中,声门下压力逐渐减小,伴随着音高的下降,气流量增大、气流速度加快,尤其是在呼吸群结束的时刻,气流量和气流速度等相关参数上升至最大。总之,诗词朗读时的呼吸节奏受个体发音时生理机制的制约,呼气群起始时随着基频的下降、声门下压力的降低,在呼吸群的结束位置气流参数均上升,气流量和气流速度达到最大值。

第五节 本 章 小 结

本章主要以发音过程中的气流和韵律特征为研究对象,研究声调、重音和诗词朗读呼吸群与气流信号之间的关系以及气流特征。通过对基频和气流参数的分析得出,元音在发音过程中声带的振动情况和嗓音频率的高低主要与气流参数有关,尤其是气流的强弱和口腔内形成的气流通道对其影响较大。气流由肺部呼出,流经发音器官到口腔外部的过程中,发音器官通路越窄,气流越强。在此过程中,发音器官对气流形成阻碍,使得嗓音变弱。在气流较弱的情况下,发音器官中的气流通路较宽,对气流的阻碍程度较小,使得嗓音变大。

对音高和基频关系研究得出，汉语普通话元音音高除与基频频率有关外，还与发音气流有关，主要表现在发音过程中的气流量和气流速度方面。在气流量和气流速度对音高的影响中，不同声调的影响情况也有区别，其中阴平、阳平和上声的基频高低与平均呼气速度有关，而去声和上声的基频高低主要与呼出气流量有关。在基频频率升高的过程中，主要受气流速度的影响较大；在基频频率下降的过程中，主要与呼出气流量的大小有关。

对重音和非重音部分的研究中，对音强、时长、基频和气流信号的实验参数进行了分析，发现汉语普通话音节的重音主要通过发音时的时长、气流量和气流速度来表现，能量和基频的作用不大。句子中的重音和非重音音节在气流参数方面的差别主要表现在韵母元音方面，在辅音方面的表现主要是最大呼气速度的变化。对重音的发音特征可以总结为：发音时间延长，气流速度快，气流量大，声门开合速度快，语音的高频能量较高，在发音器官内受阻碍的程度较小。

诗歌朗读的气流特征部分主要对比分析了近体诗和小令在气流参数方面的差异，以及近体诗呼吸群边界参数的变化情况。近体诗和小令的基频平均值的分布较为集中，没有太大的差别。小令的发音时长和吸气时长参数分布范围较大，这主要与呼吸群内包含的音节数量的多少有关。在呼吸群内部，吸气部分较为重要。近体诗和小令两种文体之间存在差异，吸气参数是两者之间的主要区别，小令呼吸群内的吸气较为急促，而近体诗较为缓慢。呼出气流主要受音节数量的影响，近体诗和小令的差别不大。诗词朗读时的呼吸节奏主要受发音时人体的机理机制制约，呼吸群起始位置的声门下压力增大，气流量较小和气流速度较慢；在发音起始至结束的过程中，声门下压力呈逐渐减小的趋势。伴随着基频的下降，气流量增大和气流速度加快，尤其是在呼吸群结束位置，气流量和气流速度等相关参数上升至最大。

本章研究得出了汉语普通话在发音过程中气流的变化特征与韵律之间的相互影响，结合声学参数从生理角度研究了声调、重音和呼吸群的言语空气动力学特征，得出基频受气流的影响程度、气流信号对重音表达的影响以及呼吸群边界的气流特征。在后续的工作中，还将进一步通过实验研究韵律单元的空气动力学特征，从而将研究成果更好地应用于语音合成与识别之中。

第八章
普通话语音实验及分析示例

　　使用气流气压设备进行语音实验的过程与通常的语音实验相似,都是以实际语音为研究对象:通过采集语音信号,提取相关参数,然后再对参数进行统计分析,根据统计结果得出相应的语言学结论。在气流气压实验过程中,采集的信号除语音信号之外,还包括气流信号和气压信号。参数提取的标准不同,研究者可以按照研究的需要设置相应的参数,从而探究发音过程中的气流和气压等语音生理现象,更好地解释语言学问题。

　　本章以发音气流气压实验的实例介绍为主,以普通话辅音送气和普通话爆发音 VOT 分析这两个实验为例,介绍了基于气流信号的普通话语音实验,目的是通过具体实例为研究人员提供参考和借鉴。

第一节　基于气流信号的普通话辅音送气研究

一、引言

发音气流在汉语普通话辅音发音过程中起着重要的作用,主要表现在发音方法方面。因发音方法不同,普通话辅音有送气与不送气的对立特征。通常认为,塞音和塞擦音送气对立明显,擦音、鼻音和边音不具有送气的区别特征。以往对辅音发音气流研究得较少。本书采用实验语音学研究方法,以普通话辅音声母为研究对象,使用气流气压计采集发音气流和语音信号,通过发音气流参数分析,分析不同发音方法的辅音在发音过程中的气流参数,得出普通话辅音的气流特征。

二、实验概况

(一)实验材料

实验材料为汉语普通话的 21 个辅音声母。其中包括:塞音 b[p]、p[pʰ]、d[t]、t[tʰ]、g[k]、k[kʰ];塞擦音 z[ts]、c[tsʰ]、zh[tʂ]、ch[tʂʰ]、j[tɕ]、q[tɕʰ];擦音 f[f]、s[s]、sh[ʂ]、x[ɕ]、h[x]、r[ʐ];鼻音 m[m]、n[n];边音 l[l]。由于研究内容不考虑后接元音的逆向协同发音影响,本书选择 4 个具有代表性的元音组合构成音节。声母后的单元音韵母分别是前低展唇元音 a[a]、后高圆唇元音 u[u]、后半高不圆唇元音 e[ə]和前高展唇元音 i[i]。

(二)信号采集和标记

实验信号的采集设备为 PAS6600 手持设备,为了确保气压信号的准确度,采集时将气压入口管置于发音人口中,并保持面罩与脸部贴紧以保证面罩不漏气,然后在简单的发音训练之后进行信号采集。为保证数据的可靠性,在采集时要求发音人按照例词表的顺序,每个音读 5 遍。

可以采用 PAS6600 分析气流气压信号和语音信号,PAS6600 可提取气流和气压的相关参数。

在信号标记过程中,主要是标出音节中的辅音部分。辅音的开始点位置是成阻开始位置,结束点位置是后接元音起始位置。

（三）发音人和采集环境

为了保证数据质量，选择 5 男 5 女作为发音人，年龄为 20—30 岁，均为在校学生，普通话标准。普通话水平均为一级乙等，发音正常，无任何听力障碍。信号采集环境选择隔音效果较好的语音录音室。在信号采集之前，向发音合作人对实验流程进行介绍，从而保证信号采集工作的顺利完成。为保证样本的数量和数据的可靠性，采集时要求发音人按照例词表的顺序每个音读 5 遍。

三、实验参数设置

在实验之前，根据研究目的，在信号采集时设置相应的参数。尤其是在参数设置过程中，考虑到实验需要，选择最有效的参数，本书主要提取了辅音的 3 个主要气流参数：呼气时长、平均呼气速度和呼出气流量。

四、送气与不送气对立分析

汉语普通话中，辅音发音方法中送气与不送气的对立是区别意义的重要因素，其中送气音在除阻之后有一个明显的送气过程，在语音波形图上表现为送气段，并且除阻时的瞬时气流速度也较快。为了直观地说明送气音和不送气音的气流特征，本书提取了普通话中具有对立特征的塞音和塞擦音参数。

表 8-1 中，每种参数的上行为送气音参数，下行为不送气音参数。从表 8-1 中的数据我们可以看出，送气音参数均大于不送气音，送气音与不送气音的特征明显。在呼气时长参数中，送气音和不送气音的时长范围很接近，但是由于送气段的存在，送气音的参数平均值为 0.23 s，不送气音的参数平均值为 0.18 s，标准差相同。从呼气时长参数中可以看出，送气音的送气特征明显，个体通过延长送气时长来控制发音的送气段。

表 8-1　送气和不送气音参数表

实验参数	MIN	MAX	M	SD
呼气时长/s	0.12	0.38	0.23	0.06
	0.07	0.31	0.18	0.06
平均呼气速度/（L/s）	0.28	1.20	0.74	0.23
	0.07	0.33	0.18	0.07
呼出气流量/L	0.06	0.27	0.17	0.06
	0.01	0.07	0.04	0.02

平均呼气速度参数主要是指辅音除阻时除阻段气流的平均速度,气流速度越快,说明发声气流越强,是辅音爆发成声的必要条件。塞音和塞擦音都属于爆破辅音,有完整的成阻和除阻的过程。塞擦音与塞音不同,在除阻爆破之后,发音器官不完全闭塞,有类似擦音的部分,气流在口腔的缝隙内摩擦流出,形成先阻塞后摩擦的塞擦音。从表 8-1 中的参数来看,送气音平均呼气速度远快于不送气音,送气音参数的变化范围也较大。在平均呼气速度的平均值中,送气音为 0.74 L/s,不送气音为 0.18 L/s,虽然都为爆破辅音,但是送气音在爆破时的气流速度更快。送气音参数标准差比不送气音大,说明送气音参数的离散度较大,而不送气音的离散度较小。因此,气流速度参数表明送气塞音和塞擦音在爆破时的气流速度较快,受发音部位影响,表现出不同部位的辅音具有较大的差异。为了保证送气段的产生,送气音需要在口腔内积聚更多的气流,在发音爆破时,高速爆发的气流是完成送气过程的必要因素。

送气音呼出气流量参数的表现与平均呼气速度的表现相同,该参数的范围、平均值和标准差都较大,更加说明送气音在发音过程中在口腔内积聚的气流较多,为发音送气提供了必要条件。不送气音在发音过程中有其特殊方式。成阻开始时便有气压产生,此时没有气流从口腔及鼻腔流出,气压随着口腔内气流的聚集而逐渐增大,气压逐渐增大的过程即我们通常所说的持阻阶段。当气流聚集到一定程度,气压达到发音所需的气压值时,除阻开始,此时气压和气流瞬时达到最大值,气流从口腔爆发而出,气压随之骤然下降,但气流变化幅度并不大。气流在口腔中积聚的过程中,气流量也逐渐增大,在爆破时产生了较大量的强气流,从而形成送气音,较小量的弱气流则产生了不送气音。

五、综合分析

在普通话中,塞音和塞擦音有送气与不送气的对立,但是擦音、鼻音和边音送气与否,不具有区别意义的作用。擦音是发音部位不完全闭塞时,在发音过程中,气流在口腔中的狭缝中摩擦成声而成。气流在擦音的发音中有着重要作用,关于擦音送气的研究较少。由于擦音、鼻音和边音没有送气对立,本部分主要对这三类辅音与塞音和塞擦音进行综合比较,以进一步分析这三类辅音的气流特征。

(一)呼气时长

呼气时长参数在塞音和塞擦音部分表现为送气音大于不送气音,具有音位对立的特征。送气是一种重要的发音方法,普通话中将塞音和塞擦音按送气不同分为两类。擦音、鼻音和边音的送气虽然不具有区别意义的作用,但是仍具有自身独特的气流特征。

从图 8-1 中的参数趋势可以看出，各参数中，擦音 s[s]、sh[ʂ]、x[ɕ]的时长接近送气塞擦音部分，约在 0.25 s 附近的位置，从而说明塞擦音摩擦段的送气时长特征在送气音中的摩擦特征更明显，主要受发音部位的影响，s[s]、sh[ʂ]、x[ɕ]发音部位的气流缝隙较小。其余擦音主要受发音生理和发音部位的影响较大。擦音、鼻音和边音虽然也具有明显的送气时长，但是比送气塞音和塞擦音短。送气辅音与不送气辅音形成对立，需要在除阻后保证较长的送气段，从而构成送气音的送气特征。

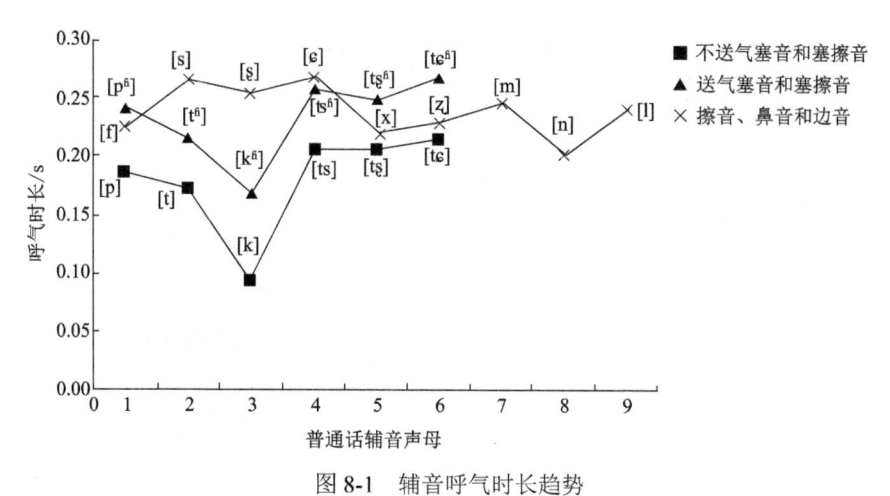

图 8-1　辅音呼气时长趋势

（二）平均呼气速度

呼气时长特征代表了发音时气流持续的时间长短，除阻后的气流速度可以反映发音过程中气流的强弱。辅音在解除阻碍后的气流越强，单位时间内呼出的气流量越多，呼出气流的速度就越快。

从除阻后的平均呼气速度来看，r[ʐ]、m[m]、n[n]、l[l]的平均呼气速度接近不送气塞音和塞擦音，主要分布在 0.2 L/s 附近。在发音过程中，送气塞音在除阻后的气流强度最大，其次是送气塞擦音和擦音。受发音部位的影响，擦音在发音过程中为了摩擦成声，需要较强的气流来完成发音动作。有的学者认为辅音 r 是浊擦音，有的学者认为它是浊通音，还有的学者认为它是半元音。r 的发音气流参数与其余擦音不同，接近不送气塞音、不送气塞擦音、鼻音和边音。因此，将 r[ʐ]看作介于元音和辅音之间的浊通音也符合发音实际。

图 8-2 中的平均呼气速度参数更加可以说明，r[ʐ]在发音过程中虽然发音部位彼此靠拢，在发音器官内形成可使气流通过的缝隙，但是气流在发音过程中的速

度较慢，并且气流强度较弱，摩擦程度较小。

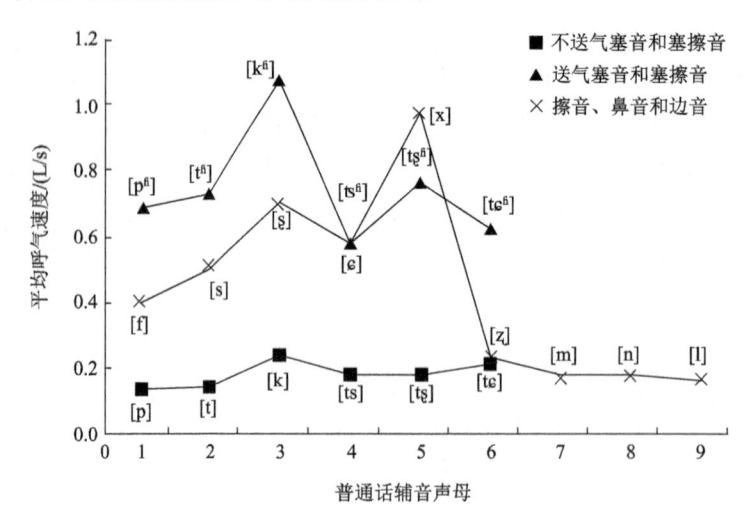

图 8-2 辅音平均呼气速度趋势

（三）呼出气流量

因平均呼气速度受呼出气流量和呼气时长影响，普通话辅音呼出气流量参数的趋势与平均呼气速度相似。除辅音 r 以外，擦音呼出气流量的大小按发音部位不同，与送气塞音和塞擦音基本保持一致。通常认为送气音与不送气音的区别主要表现在呼出气流量大小的差别，送气音的呼出气流量较大，不送气音的较小。擦音、鼻音和边音虽然没有送气的对立特征，送气量大小的表现却不相同。

从图 8-3 的曲线图中可以看出，在发音部位从前到后的过程中，不送气塞音和塞擦音的呼出气流量逐渐增大，但是受发音部位的影响较小。

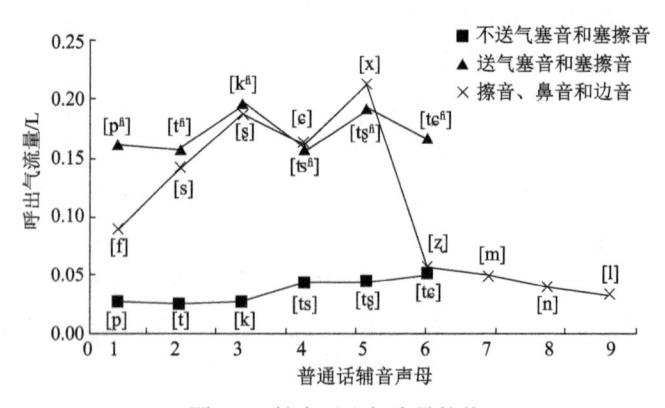

图 8-3 辅音呼出气流量趋势

送气音的呼出气流量集中在 0.15—0.2 L 的范围，除擦音 sh[ʂ]、x[ɕ]、h[x]外，其余擦音的呼出气流量均介于送气音和不送气音之间。辅音 r 的表现与平均呼气速度的表现相同，与其余擦音的表现不同，发音时的呼出气流量较小。因此，无论送气音还是不送气音，在除阻后均有气流呼出，塞音和塞擦音的送气音与不送气音的呼出气流量具有明显的区别，擦音的参数分布呈现出不同的情况，鼻音和边音的参数分布情况接近不送气音。

六、小结

通常我们认为辅音送气和不送气的区别是除阻后有无气流呼出，或认为送气音在发音过程中的气流较显著。通过辅音气流参数可以总结出普通话辅音的发音气流特征，包括：①塞音和塞擦音送气的对立特征明显，表现在呼气时长、平均呼气速度和呼出气流量方面；②送气音和不送气音在气流参数的表现上是相对的，不送气音并非没有气流呼出，只是相对其他类型辅音较少；③擦音的气流特征表现不一致，受发音部位的影响较明显；④辅音 r 的气流特征表现出与擦音不同的性质，接近不送气塞音和塞擦音、鼻音、边音，说明普通话辅音 r 具有通音的性质；⑤辅音在发音过程中，发音部位的不同同样会对发音方法造成影响，主要表现在发音器官对气流的阻碍方式上。

第二节　基于气流信号的普通话爆发音 VOT 分析

一、引言

VOT 即浊音起始时间，也称嗓音起始时间，最早是由 Lisker 和 Abramson 于 1964 年在一篇对跨语言学习者辅音研究的文章中提出的，表示的是辅音从解除阻碍开始到元音出现的时间，在语图上表现为冲直条到后面浊横杠的距离，是阻塞辅音的一个重要声学特征。VOT 的长短不仅取决于发音方法，也受其他方面因素的影响。国内在对吴语浊塞音进行研究时，通过测量语音波形图的方法得出 VOT 数据，以语音波形图上噪声波出现的位置为起点，以元音周期波的出现为 VOT 的终点（沈钟伟，王士元，1995）。

爆发音是气流在口腔中受到阻碍，然后气流冲破阻碍爆发而出的辅音。爆发音具有与其他类型辅音不同的特点，其发音时长短，发音时发音部位完全闭塞。汉语普通话辅音中，塞音和塞擦音是典型的爆发音，发音过程中成阻特征明显。爆发音在发音过程中，发音部位对气流的调制起到了重要作用，呼出气流的强弱与成阻时长和阻碍程度有关，根据呼出气流的大小和方式可分为送气音和不送气音。

本部分的 VOT 提取方法与声学方法不同，主要通过爆发音的气流信号进行计算，在发音时实时采集气流信号，信号波形可以反映辅音成阻、除阻和元音开始的情况，通过气流信号计算得出的 VOT 值相对于声学分析更为直观和准确。本书着重考察 VOT 值的大小并与声学分析得出的数据进行对比，研究普通话中爆发音的 VOT 大小受发音部位的影响情况及程度。

二、实验设备及方法

（一）实验设备

本书使用的实验设备为言语气流气压计，使用的分析软件是与硬件配套的言语空气动力学软件 PAS6600。信号采集环境为隔声效果好的专业语音录音室，采样频率为 22 050 Hz，保存格式为 KayPENTAX 的 NSP 格式。

（二）发音人及发音词表

选择男女发音人各 2 名，均为在校学生，普通话标准，发音正常，普通话水平均在一级乙等以上，无吸烟史，听力正常。研究对象为普通话爆发音，按照辅音类型分塞音和塞擦音两类，其中塞音包括 b、p、d、t、g、k 6 个，塞擦音包括 z、c、zh、ch、j、q 6 个。按发音部位的不同分为六类：b、p 为双唇音，d、t 为舌面中音，g、k 为舌根音，z、c 为舌尖前音，zh、ch 为舌尖后音，j、q 为舌面音；按发音方法的不同分为两类：b、d、g、z、zh、j 为不送气音，p、t、k、c、ch、q 为送气音。后接元音选择 3 个极端元音 a、i、u 作为韵母，各辅音所选例字均把每个辅音与 3 个极端元音相结合，每个例词读 2 遍。

（三）实验方法

信号采集阶段使用的设备为 PAS6600 手持设备，在录音前让发音人将气压入口管含在口腔中央，并将气流面罩紧贴面部，指导其在发音过程中如何准确呼气与吸气，从而提高气压和气流信号的准确度。为便于后期参数提取工作，在录音过程中，发音人要按照发音字表顺序发音，每字间隔 2 s 左右。

图 8-4 和图 8-5 为音节 [pha] 的基频、声压、气流和气压信号图，在提取参数时标记位置为阴影部分，a 至 c 之间的时长为呼气时长，b 和 c 之间为发音时长，a 和 b 之间为 VOT 时长。从理论上来说，通过气流信号得出的 VOT 要比通过声学分析得出的更长，其中包括辅音除阻时的瞬时时间，而该时间在语图上很难判断。为验证时长的有效性，还提取了平均呼气速度、发声时的平均气流率和呼出气流量。

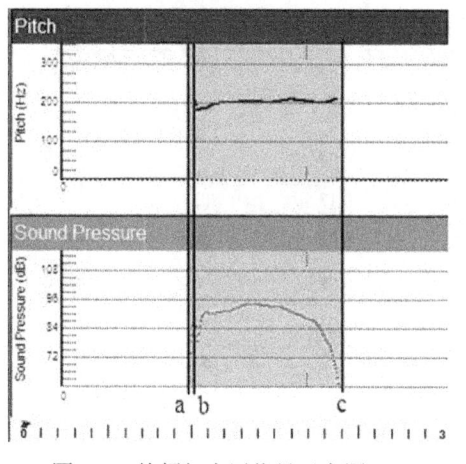

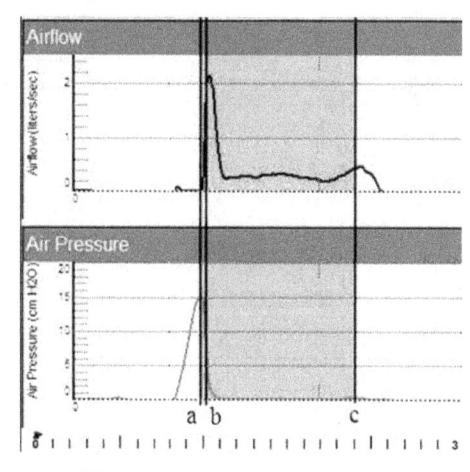

图 8-4　基频与声压信号示意图　　　　　图 8-5　气流与气压信号示意图

信号采集之后，选取 PAS6600 设备配套软件的发声效率模式，提取呼气时长和发音时长。其中，呼气时长提取了整个音节从辅音开始到元音结束的整个时间段，在该时间段只计算有气流呼出的部分，包括辅音和元音。发音时长选取从元音开始到元音结束的时间。两者之间的差值为辅音除阻后气流呼出至元音开始之间的时间，该段之间的时长为 VOT 时长，在语图上表现为冲直条开始至浊音横杠之间的时间。

三、VOT 数据分析

爆发音按照类型的不同进行划分，可分为塞音和塞擦音两个部分。通过软件提取 EAD 和 PHOT 两个参数，然后计算出 VOT 时长，将男女时长各求平均，按照发音部位的不同进行划分，同时比较性别差异。每个爆发音声母后接三个元音，每个音节读 2 遍，男女各 2 人，每个音有 24 个样本（男性和女性各 12 个）。

（一）塞音 VOT 数据分析

爆发音中有 6 个塞音，对男性和女性的数据分别进行统计，结果如表 8-2 和表 8-3 所示。从表 8-2 中可以看出，男性塞音的送气音 VOT 数据均大于不送气音，从发音部位来看，无论送气与否，发音部位越靠后，VOT 值越小。后接元音的平均时长变换范围不大，为 310—340 ms。VOT 值的大小与气流速度有很大关系，气流速度越快，VOT 值越小。气流量的大小变化也不大，不送气音的范围为 0.11—0.13 L，送气音的范围为 0.27—0.32 L。这说明，在后接元音时长和气流量基本一致的情况下，VOT 值的大小与发音部位和气流速度有关。

言语空气动力学技术及应用

表 8-2　塞音气流参数表（男）

辅音	发音部位	PHOT/s	EAD/s	MEAF/（L/s）	FVC/L	MADV/（L/s）	VOT/ms
b	双唇	0.34	0.37	0.32	0.12	0.32	30.00
d	舌尖中	0.31	0.33	0.33	0.11	0.33	20.00
g	舌根	0.31	0.32	0.39	0.13	0.38	13.33
p	双唇	0.31	0.38	0.82	0.32	0.67	73.33
t	舌尖中	0.33	0.38	0.73	0.28	0.67	46.67
k	舌根	0.31	0.34	0.79	0.27	0.76	26.67

注：PHOT 为发音时长，EAD 为呼气时长，MEAF 为平均呼气速度，FVC 为呼出气流量，MADV 为发声时的平均气流率，VOT 为嗓音起始时间，下同

表 8-3　塞音气流参数表（女）

辅音	发音部位	PHOT/s	EAD/s	MEAF/（L/s）	FVC/L	MADV/（L/s）	VOT/ms
b	双唇	0.67	0.71	0.15	0.11	0.14	40.00
d	舌尖中	0.67	0.72	0.14	0.10	0.13	50.00
g	舌根	0.68	0.73	0.16	0.12	0.16	46.67
p	双唇	0.73	0.83	0.27	0.23	0.22	103.33
t	舌尖中	0.70	0.78	0.30	0.23	0.23	80.00
k	舌根	0.68	0.75	0.25	0.19	0.21	65.00

表 8-3 为女性塞音的气流参数，其中女性的 VOT 平均值大于男性。从发音部位来看，女性的送气音与男性有同样的表现，不送气音中舌尖音的 VOT 值最大，其次是舌根音，最小为双唇音；后接元音时长也大于男性，范围为 670 — 730 ms；气流速度和 VOT 的关系与男性相同，通过观察平均气流速度可以看出这一点。发声时的平均气流率是后接元音部分的气流速度，平均气流速度是整个音节部分的平均速度，其受辅音声母的影响较大，在送气音中的表现较突出。

（二）塞擦音 VOT 数据分析

塞擦音 VOT 同样表现为送气音大于不送气音，而且受发音部位的影响较明显。与塞音不同的是，发音部位靠后的音的 VOT 值大于发音部位靠前的音。由于后接元音相同，元音时长与塞音基本一致，变化范围不大。VOT 同样受气流速度的影响，气流速度越快，VOT 值越小。同塞音相比可以看出，塞擦音的 VOT 值普遍大于塞音。男性和女性的塞擦音气流参数如表 8-4 和表 8-5 所示。

表 8-4　塞擦音气流参数表（男）

辅音	发音部位	PHOT/s	EAD/s	MEAF/（L/s）	FVC/L	MADV/（L/s）	VOT/ms
z	舌尖前	0.31	0.35	0.45	0.16	0.45	41.67
zh	舌尖后	0.33	0.36	0.38	0.14	0.39	35.00
j	舌面	0.33	0.37	0.50	0.19	0.48	43.33
c	舌尖前	0.30	0.35	0.72	0.25	0.67	56.67
ch	舌尖后	0.31	0.38	0.72	0.27	0.61	68.33
q	舌面	0.30	0.37	0.69	0.25	0.62	66.67

表 8-5　塞擦音气流参数表（女）

辅音	发音部位	PHOT/s	EAD/s	MEAF/（L/s）	FVC/L	MADV/（L/s）	VOT/ms
z	舌尖前	0.69	0.74	0.15	0.11	0.15	46.67
zh	舌尖后	0.77	0.84	0.17	0.14	0.16	71.67
j	舌面	0.65	0.74	0.14	0.10	0.14	91.67
c	舌尖前	0.75	0.86	0.27	0.24	0.21	110.00
ch	舌尖后	0.73	0.86	0.32	0.28	0.23	133.33
q	舌面	0.69	0.87	0.24	0.21	0.20	180.00

通过与男性塞擦音 VOT 比较来看，女性普遍大于男性，同样表现为发音部位越靠后的音的 VOT 值越大。不送气音的 VOT 男女差别最大，除舌尖前音 z 外，女性的 VOT 值大约是男性的两倍。男女相同音的呼出气流量较接近，送气音的范围为 0.21—0.28 L，不送气音的范围为 0.10—0.19 L，变化幅度均在 0.1 L 以内。因此，塞擦音的 VOT 除受发音部位影响之外，还受气流速度的影响。

（三）综合分析

对男、女发音人的数据求平均后，对塞音和塞擦音数据按照发音部位的不同进行统计，结果如表 8-6 所示，其中塞音和塞擦音各自按照送气音和不送气音分开。

表 8-6　爆发音气流参数表

辅音	发音部位	PHOT/s	EAD/s	MEAF/（L/s）	FVC/L	MADV/（L/s）	VOT/ms
b	双唇	0.50	0.54	0.24	0.11	0.23	35.00
d	舌尖中	0.49	0.52	0.24	0.10	0.23	34.50
g	舌根	0.49	0.52	0.28	0.12	0.27	30.00
p	双唇	0.52	0.61	0.55	0.27	0.45	88.33
t	舌尖中	0.52	0.58	0.52	0.25	0.45	63.33

续表

辅音	发音部位	PHOT/s	EAD/s	MEAF/(L/s)	FVC/L	MADV/(L/s)	VOT/ms
k	舌根	0.50	0.54	0.52	0.23	0.49	45.83
z	舌尖前	0.50	0.54	0.30	0.13	0.30	45.00
zh	舌尖后	0.55	0.60	0.28	0.14	0.28	53.33
j	舌面	0.49	0.56	0.32	0.14	0.31	67.50
c	舌尖前	0.52	0.61	0.50	0.24	0.44	83.33
ch	舌尖后	0.52	0.62	0.52	0.27	0.42	100.83
q	舌面	0.49	0.62	0.47	0.23	0.41	123.33

综合所有爆发音数据，每个声母后接元音相同，后接元音的时长比较接近，变化范围不大，为490—520 ms。其中不送气塞音的 VOT 值最小，双唇音与舌根音的差值为 5 ms，双唇音与舌尖中音的差值为 0.5 ms。与声学分析的结果有所差异，齐士钤和张家騄（1982）在研究汉语普通话辅音时长时得出，不送气塞音的辅音音长为发音部位越靠后，时长越长。石峰和廖荣蓉（1986）的研究得出，在汉语塞音时长中，舌根音的时长最长。本书研究得出的 VOT 与前者的结果不同，不送气塞音发音部位越靠后，VOT 值越小，而且得出的 VOT 比声学分析得出的 VOT 值要大，主要原因在于，VOT 时长在气流信号和声学信号上的表现不同，根据声学信号测量的 VOT 是从辅音除阻后到元音周期波开始之间的时长，不包括除阻时的时长；气流信号的 VOT 分析包括除阻段的时长，从而比声学分析得出的较大，表现出受发音部位的影响也不同。不送气舌根音和双唇音的 VOT 相差 5 ms，送气音相差 42.5 ms，表明送气音 VOT 受发音部位的影响较大。表 8-6 中男女平均后的气流速度差异较小，表明发音部位对 VOT 的影响不明显。

塞音和塞擦音受发音部位的表现相反，塞擦音的 VOT 与声学分析的结论一致，发音部位越靠后，VOT 值越大。塞擦音的 VOT 值均大于塞音，主要原因在于发音过程的差异，塞音除阻后紧接着元音，而塞擦音除阻后还有擦的过程，因此该时长要长于塞音。从图 8-6 中平均呼气速度、呼出气流量和发声时的平均气流率来看，塞音和塞擦音的趋势一致，均为送气音大于不送气音，VOT 值大小受平均呼气速度的影响较大。

图 8-6　爆发音气流参数趋势图

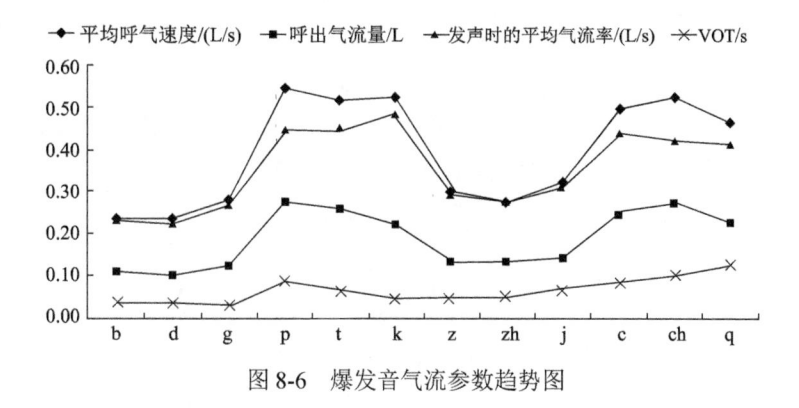

四、小结

对爆发音 VOT 的分析主要得出，VOT 值受发音方法的影响，表现为送气音大于不送气音。从 VOT 受发音部位的影响来看，塞音与塞擦音的表现不同，塞音为发音部位靠前的较大，而塞擦音为发音部位靠后的较大。女性 VOT 时长普遍长于男性，而且 VOT 值大小还受气流速度的影响较为显著。本书研究得出的有些结论与前人通过声学分析得出的结论有所差异，后续的研究将进一步采集信号，增加样本数量，对比研究声学和气流信号 VOT 时长差异的原因。

第九章
结　语

　　言语空气动力学研究主要通过使用实验设备采集发音过程中的语音、气流和气压信号，来研究发音过程中气流和气压信号参数特征。作为阐释言语发声生理和发声气流气压信号特征的一门学科，言语空气动力学对解释言语发声机理和语言声学研究结果具有重要理论价值。汉语普通话是有声调的语言，语音结构有其自身的特点，音节结构简单且界限分明。本书主要以汉语普通话为例，将其作为主要的研究对象，内容上从语音生理研究角度出发，结合言语空气动力学研究方法和前人的研究成果，借助气流气压信号和参数从单音节特征、音节内影响和语音韵律三个方面研究汉语普通话的言语空气动力学特征。

　　研究过程中，本书主要对普通话元音和辅音气流气压信号及参数进行了详细分析。研究得出了元音和辅音的发音气流特征，其中普通话元音在发音时，肺部气流在声道内不受阻碍，但是会受到元音舌位的影响。元音舌位的高低、前后和口腔内空间的大小，都会造成元音之间气流参数的差异。复合元音不是简单的元音与元音的组合，各个元音在音节中的表现不同，元音对音节发声气流的贡献程度也有区别。前响二合元音受前接元音的影响较大，后响二合元音受后接元音的影响较大。三合元音的情况较为特殊，音节首元音和中间位置元音对音节整体的影响较大。

塞音和塞擦音参数在不同类型的辅音之间具有明显的差别，同类型的辅音内部的差别主要表现在发音方法上，受发音部位的影响较小，气流和气压参数的差异不是很明显。空气动力学阻力和空气动力学功率两个参数可反映出不同类型辅音的受阻碍程度和气流呼出口腔时产生功率的大小，研究得出普通话辅音中塞音和塞擦音的个体差异较大。塞音在发音过程中气流受阻碍的程度最大，并且除阻时的爆发程度也最为强烈。

普通话辅音中擦音的气流和气压参数变化情况与塞音和塞擦音有所区别，因发音时气流的摩擦方式和摩擦程度不同，除辅音/ʐ/和/x/以外，擦音之间表现出较小的差异。擦音中/ʐ/和/x/的摩擦程度较小，并且气流受到的阻碍程度较小，从而导致较快的呼气速度和较大的呼出气流量。

在对普通话边音和鼻音的分析中，边音气流受到的阻碍程度较小，发音过程中的呼气速度较慢，从舌叶的两侧呼出摩擦成声，同时具备了阻塞辅音和擦音的发音特征。鼻音参数分析更加说明鼻音发音时虽然在发音器官内受阻碍，但是阻碍程度很小，呼气速度很慢。无论鼻音处于声母还是韵尾的位置，参数表现出的性质较接近元音，尤其在做韵尾时，受前接元音的影响，鼻音韵尾的空气动力学阻力成为负值，表现出只有元音才具有的特征。对气流气压参数和信号分析的结果更加说明，在由普通话鼻音和元音构成的音节结构中，元音较容易受到鼻音的鼻化影响，而鼻音做韵尾时会受到前接元音的影响，从而导致韵尾部位的鼻音产生弱化。

普通话单音节内气流和气压信号的相互影响及影响程度大小研究部分，主要分为二合元音内的相互影响、鼻音韵尾对韵母元音、辅音声母对韵母元音和韵母元音对辅音声母的影响等四个部分。研究得出二合元音/ai/和/ia/中元音间存在顺向协同影响，在/ei/和/ie/中存在逆向协同影响，在/ou/和/uo/中存在顺向协同影响，并且在呼气时长和平均呼气速度参数方面的影响程度较大，表现较显著。这主要与元音发音时的生理机制有关，主要受舌位高低和前后以及口腔内空间大小的影响。在由鼻音韵尾和单元音构成的韵母中，元音气流参数除受自身舌位高低的影响外，还受鼻音韵尾的鼻化影响，在呼出气流和受阻碍程度方面有不同的表现。从受前鼻音和后鼻音的影响来看，在元音的呼气速度和空气动力学阻力参数方面，后鼻音中的参数大于前鼻音中的参数。从前接元音参数受鼻音韵尾的影响程度来看，前鼻音对前接元音的鼻化程度大于后鼻音。

从气流气压信号角度对协同发音的分析，弥补了声学信号和其他生理信号方面的缺陷，尤其是双唇音部分。通过对协同影响的程度进行分析得出，鼻音韵尾前接元音表现为/ə/＞/a/＞/i/，主要与元音舌位的前后有关。舌位越靠后的元音与鼻音韵尾间的协同影响程度越大，这不仅与鼻音韵尾对前接元音的鼻化有关，还受元音对鼻音韵尾的弱化的影响。辅音声母对韵母元音的影响中，元音气流速度、呼出气流量和空气动力学阻力参数受前接辅音影响后呈明显的上升特征，既与元音自身因素，如舌位的高低、前后有关，还与前接辅音的发音部位有很大关系。后接元音和辅音发音方法对辅音声母气流参数的影响较大，且与成阻部位的前后有关，受发音部位的影响较小。

气流与韵律的关系特征研究部分，主要包括声调、重音和诗词朗读呼吸群与气流信号之间的关系，以及气流特征。对基频和气流参数的分析得出，元音发音时的声带振动情况和嗓音的大小、呼出气流的强弱、在口腔中形成的气流通路有关。元音音高的高低变化除了与基频的高低有关，还与气流的变化情况有关，主要表现在气流量的大小和气流速度方面。对重音和非重音的音强、时长、基频和气流信号的实验参数进行分析得出，汉语普通话的重音主要通过发音时长、气流量和气流速度来表现，能量和基频的作用不大。重音和非重音音节的气流参数差别在韵母元音方面的表现较明显，在辅音方面的表现主要是最大气流速度的变化。句重音的发音特征表现为发音时间延长、气流速度快、气流量大、声门开合速度快、语音的高频能量较高、在发音器官内受阻碍的程度较小。

诗词韵律研究部分，通过对比分析近体诗和小令在气流参数方面的差异，得出近体诗和小令的基频平均值的分布较为集中，没有太大的差异，说明在诗词朗读过程中的音域范围变化不大，这主要与普通话的朗读方式有关。吸气时长可以反映在朗读过程中换气时候的特征，小令的发音时长和吸气时长的参数分布范围较大，主要与呼吸群内包含的音节数量有关。呼吸群内的吸气部分较为重要，音节越多，朗读发音时吸气的可能性越大，近体诗和小令间存在明显的差异。吸气参数是近体诗和小令两种不同文体呼吸群参数的主要区别，受诗词节律的影响，在韵律单位方面，小令呼吸群内的吸气较为急促，而近体诗较为缓慢，表现出在朗读小令时的呼吸和换气情况比诗歌更为复杂，为了达到较好的艺术表现力，需要整体调配朗读过程中的呼吸节奏，从而达到字正腔圆、发音饱满且持久的效果。在呼出气流方面，其主要与汉语的音节特点有关，与朗读时呼吸的关系不大，在音节数量的影响下，近体诗和小令没有表现出较明显的差别。

汉语普通话空气动力学特征还有待更全面的研究，在以后的研究中，在语音层面可以更深入地研究鼻音韵尾受弱化影响的程度及其在气流参数方面的表现，还可以采用其他语音研究设备，如动态腭位仪、超声技术、三维动态捕捉设备等，研究元音受到辅音影响后的具体生理特征，从而细致地描述元音发音的舌叶运行方式。在韵律研究方面，可以结合声学信号和参数，进一步通过实验研究韵律单元的空气动力学特征。除对普通话进行研究之外，还可以对汉语方言和民族语进行研究。在对方言和民族语的研究中，同样可以借助言语气流气压设备对语音信号进行分析。例如，汉语方言语音中的入声字部分，入声字韵尾的阻塞辅音在语图上的声学表现不显著，难以通过语图确定入声塞尾的语音特征，但可以通过气流和气压信号明显看出韵尾部分辅音的成阻和除阻部分，从而有助于语音的辨别和分析。在民族语研究中，部分语音通过听音和记音很难判断，即使借助声学信号也难以确定其发音，如元音的松紧、吸气音和内爆音等，对这些特殊语音现象的气流和气压信号进行分析研究，更有助于对语音进行辨别和从发音生理角度对语音予以解释。

言语空气动力学研究还处于初步的探索阶段，还有很多值得继续研究和完善的地方。从发音过程中的语音、气流和气压信号等语音生理角度对语言进行研究，其研究成果可被应用于语音识别、语音合成、嗓音发声类型学等研究领域，为语言教学、病理语言学以及普通话发声生理参数模型的建立等提供数据方面的参考。

参考文献

鲍怀翘, 林茂灿, 2014. 实验语音学概要(增订版). 北京: 北京大学出版社
鲍怀翘, 郑玉玲, 2001. 普通话动态腭位图数据统计分析初探//新世纪的现代语音学——第五届全国现代语音学学术会议论文集. 北京: 清华大学出版社, 9-16
白金刚, 2013. 语音生成中口鼻腔气流压力检测设备的设计与实现. 天津大学硕士学位论文
蔡莲红, 孔江平, 2014. 现代汉语音典. 北京: 清华大学出版社
曹剑芬, 2005. 音段延长的不同类型及其韵律价值. 南京师范大学文学院学报, (4): 160-167
陈东帆, 韩兴乾, 高祥, 等, 2012. 人体声带的空气动力学建模. 机械设计与研究, 28(1): 80-82
陈曦, 徐洁洁, 陆美萍, 2006. 肺功能异常患者发声功能的空气动力学研究. 听力学及言语疾病杂志, 14(4): 254-256
陈肖霞, 1997. 普通话音段协同发音研究. 中国语文, (5): 345-350
初敏, 唐涤飞, 司宏岩, 等, 1997. 汉语音节音联感知特性研究. 声学学报, (2): 104-110
狄梦阳, 2012. 空鼻综合征鼻腔空气动力学研究. 北京协和医学院博士学位论文
傅德慧, 2012. 不同发声状态下嗓音疾病空气动力学研究. 天津医科大学硕士学位论文
郭蕾, 2011. 基于鼻流计的汉语普通话鼻音的声学分析. 西北民族大学硕士学位论文
何晓群, 刘文卿, 2011. 应用回归分析(第三版). 北京: 中国人民大学出版社
呼和, 周学文, 2013. 基于PAS的蒙古语标准话辅音气流气压研究. 中央民族大学学报(哲学社

会科学版), 40(2): 104-111

胡阿旭, 吕士良, 格根塔娜, 等, 2011. 蒙古语松紧元音的言语空气动力学研究. 清华大学学报(自然科学版), 51(9): 1167-1170

胡明, 2007. 低阻力型 Groningen 发音假体的空气动力学研究. 天津医科大学硕士学位论文

黄卫, 徐洁洁, 陈曦, 等, 2005. 功能性发声障碍的喉镜观察及声学、空气动力学研究. 听力学及言语疾病杂志, 13(3): 167-169

姜泗长, 顾瑞, 2005. 言语语言疾病学. 北京: 科学出版社

孔江平, 2001. 论语言发声. 北京: 中央民族大学出版社

李爱军, 2006. 情感句重音模式. 第七届中国语音学学术会议暨语音学前沿问题国际论坛, 中国北京

李民, 王健, 2004. 尚书译注. 上海: 上海古籍出版社

李英浩, 2011. 基于动态电子腭位的汉语普通话音段协同发音研究. 北京大学博士学位论文

林焘, 王理嘉, 2013. 语音学教程(增订版). 北京: 北京大学出版社

林茂灿, 颜景助, 1992. 普通话四音节词和短语中声调协同发音模式. 声学学报(中文版), (6): 456-467

林茂灿, 颜景助, 1994. 普通话带鼻尾零声母音节中的协同发音. 应用声学, (1): 12-20

刘俐李, 2007. 近八十年汉语韵律研究回望. 语文研究, (2): 5-12

刘勰, 1958. 文心雕龙注（下）. 范文澜注. 北京: 人民文学出版社

吕士良, 2012. 汉语普通话塞音及塞擦音的发声气流气压研究. 西北民族大学硕士学位论文

罗常培, 1956. 汉语音韵学导论. 北京: 中华书局

孟晓红, 2015. 上海话与普通话朗读语篇时韵律与呼吸的交互关系研究. 上海师范大学硕士学位论文

米悦, 林鹏, 杜建群, 等, 2010. 声带息肉与声带小结患者发声空气动力学研究. 听力学及言语疾病杂志, 18(2): 138-140

牛海军, 蒲放, 李德玉, 等, 2007. 普通话送气与不送气塞音的空气动力学和声学特征分析(英文)//中国计算技术与语言问题研究——第七届中文信息处理国际会议论文集, 中国中文信息学会, 620-625

潘晓声, 2011. 汉语普通话唇形协同发音及可视语音感知研究. 北京大学博士学位论文

齐士钤, 张家騄, 1982. 汉语普通话辅音音长分析. 声学学报, (1): 10-15

钱玄同, 刘复, 罗常培, 2009. 中国文法通论: 说文部首汉语音韵学导论. 长春: 时代文艺出版社

冉启斌, 2005. 汉语鼻音韵尾的实验研究. 南开语言学刊, (2): 37-44

沈炯, 1994. 汉语语调构造和语调类型. 方言, (3): 221-228

沈炯, 1985. 北京话声调的音域和语调//林焘, 王理嘉. 北京语音实验录. 北京: 北京大学出版社

沈晓楠, 林茂灿, 1992. 汉语普通话声调的协同发音. 当代语言学, (2): 26-32

沈钟伟, 王士元, 1995. 吴语浊塞音的研究——统计上的分析和理论上的考虑//徐云扬, 吴语研

究. 香港: 香港中文大学新亚书院

石锋, 廖荣容, 1986. 中美学生汉语塞音时值对比分析. 语言教学与研究, (4): 67-83

时秀娟, 张婧祎, 石锋, 2019. 影响普通话鼻音韵尾的几种因素——语音实验的证据. 中国语文, (5): 578-589

宋洁, 高志强, 吕威, 2012. 鼻腔空气动力学研究进展. 国际耳鼻咽喉头颈外科杂志, 36(4): 228-231

苏敏, 2017. 保安语音位的语音空气动力学研究. 西北民族大学硕士学位论文

谭晶晶, 李永宏, 孔江平, 2008. 汉语普通话不同问题朗读时的呼吸重置特性. 清华大学学报(自然科学版), (S1): 613-620

万明习, 程敬之, 杨丽红, 等, 1992. 声门发声效率的研究. 科学通报, (16): 1507-1509

万勤, 2016. 言语科学基础. 上海: 华东师范大学出版社

王蓓, 杨玉芳, 吕士楠, 2004. 汉语韵律层级结构边界的声学分析. 声学学报, (1): 29-36

王国民, 蒋莉萍, 2000. 气压气流技术对不同语系声音的评价. 听力学及言语疾病杂志, 8(3): 159-161

王洪君, 2008. 汉语非线性音系学: 汉语的音系格局与单音字(增订版). 北京: 北京大学出版社

王理嘉, 1989. 实验语音学与传统语音学. 语文建设, (1): 57-60

王文敏, 陈忠敏, 2012. 维吾尔语的内爆音. 民族语文, (6): 63-68

魏春生, 2009. 空气动力学检查在喉科中的应用进展. 听力学及言语疾病杂志, 17(6): 606-608

温波, 张学军, 吕明臣, 等, 2004. 腭裂语音中不送气辅音的声学特征. 吉林大学学报: 医学版, 30(5): 769-771

吴宗济, 1981. 实验语音学与语言学. 语文研究, (1): 14-19

吴宗济, 1996. 赵元任先生在汉语声调研究上的贡献. 清华大学学报(哲学社会科学版), (3): 60-65

吴宗济, 2004a. 汉语普通话辅音不送气/送气区别的实验研究//吴宗济语言学论文集. 北京: 商务印书馆, 31-65

吴宗济, 2004b. 普通话 CVCV 结构中不送气塞音协同发音的实验研究//吴宗济语言学论文集. 北京: 商务印书馆, 66-92

吴宗济, 2004c. 汉语普通话语调的基本调型//吴宗济语言学论文集. 北京: 商务印书馆, 181-200

吴宗济, 林茂灿, 1989. 实验语音学概要. 北京: 高等教育出版社

熊子瑜, 2003. 韵律单元边界特征的声学语音学研究. 语言文字应用, (2): 116-121

许洁萍, 初敏, 贺琳, 等, 2000. 汉语语句重音对音高和音长的影响. 声学学报, (7): 335-339

杨锋, 2015. 汉语普通话语篇朗读时的呼吸重置与韵律特征. 第十三届全国人机语音通讯学术会议, 中国天津

杨锋, 孔江平, 2017. 汉语普通话不同文体朗读时的胸腹呼吸特性. 清华大学学报(自然科学版), (2): 176-181

杨式麟, 1999. 喉发声功能的检查. 听力学及言语疾病杂志, (2): 50-54

杨顺安, 曹剑芬, 1984. 普通话二合元音的动态特性. 语言研究, (1): 15-22

杨文昌, 2007. 汉语的词重音与句重音. 现代语文旬刊, (10): 29-30

杨玉芳, 1997. 句法边界的韵律学表现. 声学学报, 22(5): 414-421

杨玉芳, 黄贤军, 高路, 2006. 韵律特征研究. 心理科学进展, 14(4): 546-550

殷治纲, 2011. 汉语普通话朗读语篇节奏研究. 中国社会科学院研究生院博士学位论文

尹基德, 2010. 汉语韵律的嗓音发声研究. 北京大学博士学位论文

曾婷, 2006. 湘乡方言[n]和[l]的气流与声学分析. 第七届中国语音学学术会议暨语音学前沿问题国际论坛, 中国北京

张碧茹, 龚坚, 郑亿庆, 等, 2010. 肌紧张性发声障碍患者发声空气动力学特点分析. 听力学及言语疾病杂志, 18(4): 344-346

张磊, 2012. 普通话音节中协同发音的声学研究. 华东师范大学博士学位论文

张彦, 2007. 句重音与句末语气词的时长和能量. 玉林师范学院学报, 28(2): 56-59

郑玉玲, 2008. 韵律词边界的协同发音问题——对语音合成自然度的思考. 清华大学学报(自然科学版), (S1): 645-651

郑玉玲, 刘佳, 2005. 普通话 N1C2(C#C)协同发音的声学模式. 第八届全国人机语音通讯学术会议, 中国北京

朱大年, 王庭槐, 2013. 生理学(第八版). 北京: 人民卫生出版社

朱晓农, 寸熙, 2006. 试论清浊音变圈——兼论吴、闽语内爆音不出于侗台底层. 民族语文, (3): 3-13

仲晓波, 王蓓, 杨玉芳, 等, 2001. 普通话韵律词重音知觉. 心理学报, 33(6): 481-488

Barney A, Shadle C H, Davies P O A L, 1999. Fluid flow in a dynamic mechanical model of the vocal folds and tract. I. Measurements and theory. The Journal of the Acoustical Society of America, 105(1): 444-455

Catford J C, 1977. Fundamental Problems in Phonetics. Bloomington: Indiana University Press

Catford J C, 2001. A Practical Introduction to Phonetics. Oxford: Oxford University Press

Chao Y R, 1965. A grammar of spoken Chinese. Journal of the American Oriental Society, 92(1): 136

Cheung Yuk-Man, 2004. An Aerodynamic Analysis of Intonation in Hong Kong Cantonese. Speech Prosody, 2004, Nara Japan, 621-624

Daniloff R G, Hammarberg R E, 1973. On defining coarticulation. Journal of Phonetics, 1(3): 239-248

Draper M H, Ladefoged P, Whitteridge D, 1959. Respiratory muscles in speech. Journal of Speech & Hearing Research, 2(1): 16-27

Eefting W, 1991. The effect of "information value" and "accentuation" on the duration of Dutch words, syllables, and segments. Journal of the Aeoustieal Society of America, 81(1): 412-424

Elder S A, Farabee T M, Demetz F W, 1982. Mechanisms of flow-excited cavity tones at low mach number. The Journal of the Acoustical Society of America, 69(S1): 117

Fant G, 1960. Acoustic Theory of Speech Prodution. Hague: de Gruyter Mouton

Fant G, Kruckenberg A, 2011. Analysis and synthesis of Swedish prosody with outlooks on production and perception. Fire Science & Technology, 19: 11-25

Fant G, Liljencrants J, Lin Q, 1985. A four-parameter model of glottal flow. STL-QPSR, 4: 1-13

Flanagan J L, Ishizaka K, Shipley K L, 1975. Synthesis of speech from a dynamic model of the vocal cords and vocal tract. Bell System Technical Journal, 54(3): 485-506

Fowler C, 1977. Timing Control in Speech Production. Bloomington: Indiana University Linguisties Club

Hardcastle W J, Laver J, 1997. The Handbook of Phonetic Sciences. Oxford: Blackwell

Hirano M, 1981. Clinical Examination of the Voice. New York: Springer Verlag

Isshiki N, 1964. Regulating mechanisms of vocal intensity variation. Journal of Speech and Hearing Research, 7(1): 17-29

Isshiki N, Taira T, Tanabe M, 1988. Surgical treatment for vocal pitch disorders//Fujimura O(Ed.), Vocal Physiology: Voice Production, Mechanisms and Functions(Vocal Fold Physiology, vol. 2, pp. 449-458). New York: Raven Press Ltd

Klatt D H, Stevens K N, Mead J, 1968. Studies of articulatory activity and airflow during speech. Annals of the New York Academy of Sciences, 155(1): 42-55

Kühnert B, Nolan F, 1999. The origin of coarticulation//Hardcastle W J, Hewlett N(Eds.), Coarticulation: Theory, Data and Techniques(pp. 1-30). Cambridge: Cambridge University Press

Ladefoged P, 2003. Phonetic Data Analysis: An Introduction to Fieldwork and Instrumental Techniques. Oxford: Blackwell

Lee Wai-Sum, 2001. A phonetic analysis of the er-huayun in Beijing mandarin. Proceedings of the 5th National Conference on Modern Phonetics, Beijing

Liberman P, 1967. Intonation, Perception, and Language. Cambridge: The MIT Press

Lindblom B, 1983. Economy of speech gestures//Cooper F S(Ed.), The Production of Speech(pp. 217-245). New York: Springer Verlag

Lisker L, Abramson A, 1964. A cross-language study of voicing in initial stops: Acoustical measurements. Word, 20: 384-422

Nagai K, Iwata S, Takasu A, et al., 1993. Aerodynamic study of esophageal speech. Practica Otologica Supplement, (S65): 164-170

Ohala J J, 1974a. A mathematical model of speech aerodynamics. Proceedings of the Speech Communication Seminar, Stockholm

Ohala J J, 1974b. Phonetic explanation in phonology//Bruck A, Fox R A, LaGaly M W(Eds.), Papers from the Parasession on Natural Phonology (pp. 251-274). Chicago: Chicago Linguistic Society

Ohala J J, 1983. The origin of sound patterns in vocal tract constraints//Cooper F S(Ed.), The

Production of Speech (pp. 189-216). NewYork: Springer Verlag

Ohman S E G, 1966. Coarticulation in VCV utterances: Spectrographic measurements. JASA, 39(1): 151-168

Perkell J, Matthies M, Lane H, et al., 1997. Speech motor control: Acoustic goals, saturation effects, auditory feedback and internal models. Speech Communication, 22(2): 227-250

Recasens D, Pallarès M D, 2000. A study of F1 coarticulation in VCV sequences. Journal of Speech Language & Hearing Research Jslhr, 43(2): 501-512

Recasens D, Pallarès M D, Fontdevila J, 1997. A model of lingual coarticulation based on articulatory constraints. Acoustical Society of America Journal, 102(1): 544-561

Reisberg D J, Smith B E, 1985. Aerodynamic assessment of prosthetic speech aids. Journal of Prosthetic Dentistry, 54(5): 686-690

Rothenberg M, 1977. Measurement of airflow in speech. Journal of Speech & Hearing Research, 20(1): 155-176

Stevens K N, 1971. Airflow and turbulence noise for fricative and stop consonants: Static considerations. Journal of the Acoustical Society of America, 50(4B): 1180

van den Berg, 1957. On the air resistance and the bernoulli effect of the human larynx. Journal of the Acoustical Society of America, 29(5): 625-626

Warren D W, DuBois A B, 1964. A pressure-flow technique for measuring velopharyngeal orifice area during continuous speech. The Cleft Palate Journal, 16: 52-71

Xu Y, 1999. Effects of tone and focus on the formation and alignment of f_0 contours. Journal of Phonetics, 27(1): 55-105

附录1
言语气流气压信号分析软件示例

1. 系统搭建的主要目的

人类语言的产生离不开气流的参与，研究发音时的气流和气压信号，并对两者进行量化研究，可以使我们更好地把握发音时气流量的多少和速度，以及气压值的大小，进而揭示言语产生过程中气流和气压的变化规律。

言语气流和气压信号是一种重要的生理信号，在人的发音过程中起着重要的作用。目前的分析软件不能很好地满足语言研究的需要，而且在信号标记方面的误差较大。本软件根据研究的实际需要，设定了基本的信号参数，并结合语音信号，通过 MATLAB 编程实现了基本功能。本软件将语音及气流和气压信号相结合，具有信号的读取和保存，基本参数的提取、分析和保存等功能。

1.1 背景

基于气流和气压的语音学研究，在国外起步较早，自 20 世纪 30 年代就有人专门从事声门和气流之间的关系研究。言语空气动力学研究进入中国是在 20 世纪 80 年代，是由瑞典皇家理工学院的方特教授介绍和引进的，该理论使得国内的语音学研究领域得到了拓展。在现今对言语科学的研究中，大部分的研究集中在言语声学层面，而对言语产生的生理机制和从生理到声学层面的转换原理的研究十分缺乏，除了应用方面的原因外，主要是言语生理研究有着相当大的难度和研究条件的限制，例如，生理参数采集的困难和研究方法上的局限。随着社会的发展和应用的需求，人们对言语科学的要求也越来越高，在言语声学层面也出现了一些研究上无法突破的瓶颈。研究技术的发展使得以前无法进行的研究成为可能。

国内最早将气流和气压信号研究与汉语研究相结合的是吴宗济（1987）先生，他的《汉语普通话辅音不送气/送气区别的实验研究》[①]文章属于中国最早期的气流气压实验研究之一，其主要观点是塞音不送气音和送气音在除阻之前都有一定的压力峰值，持阻前声门上压力的大小与持阻时间的长短成正比，所以，不送气音的气压更大，但不送气/送气辅音在气流量上没有显著的区别。塞擦音在声学分析中较易观察到的是先塞后擦，然后不送气塞擦音的流量峰值减弱时就接上元音，而送气的塞擦音在流量峰之后，还有比较长的一段微弱气流才接上元音。这篇文章以气流气压计的实验揭示了汉语普通话不送气/送气辅音的真正区别不在于气流量，而在于共振峰的不同，同时从理论上证明了塞擦音的生理机制。

自此之后，气流气压逐步被应用于语音学的研究，尤其是在汉语方言的研究中取得了一些成果。除此之外，气流气压计还被广泛地应用于医学研究领域，主要集中在对腭裂患者的语音治疗中，通过气流气压计的辅助，可以对腭裂患者术后的言语矫治给予很大的指导（温波，2004）。还有声门发声效率的研究（万明习，1992）、功能性发声障碍的研究（黄卫，2005）和肺功能异常患者发声功能的空气动力学研究（陈曦等，2006）等。

言语生理机制和生理模型的研究，对我们理解人类言语产生机制的原理有重要的理论和实际意义。言语生理产生机制的研究对于认识人类言语产生的原

[①] 原文为 1987 年 8 月在第 11 届国际语音科学会议上宣读的论文，引自：吴宗济，2004. 汉语普通话辅音不送气/送气区别的实验研究//吴宗济语言学论文集.北京：商务印书馆，31-65.

理有重要的理论意义，言语生理建模在通信的语音编码、语音参数合成、言语病理矫治、语言教学与学习、聋哑儿童的语言习得、虚拟主播等都有着广阔的应用前景。

人在发音时，气流由口鼻吸入，然后在完成气体交换后再通过肺动力将气体呼出，经过气管冲击声带，最后通过口腔呼出。言语气流和气压信号是指在上述过程中所产生的气流速度、气流量和气压值的大小，其中使声带产生振动所需的气流主要源自肺部。正常人在发声时，先吸入空气，然后将声带内收和拉紧，并控制呼吸。所产生声音的强度取决于呼气的声门下压力和声门的阻力，声调则决定于振动时声带的长度、张力、质量和位置。

通过对发音过程中的气流和气压信号进行研究，可以微观分析发音的气流模式和变化情况，从而补充语言学理论对言语生理的描述。

1.2 系统常用定义

言语空气动力学：该定义在之前的章节中已进行了阐述，主要与发音过程中的气流和气压大小有关。气流在言语产生过程中起着至关重要的作用，语音的产生离不开肺部气流的参与。由于人的发音器官具有一定的局限性，人必须通过各种方法对气流加以调节和控制才能产生我们所能听到的各种不同的声音。说话时，气流由说话人的肺部呼出，通过各个发音部位的调节，才可以产生人们所能听懂的声音。

气流气压计：现已被运用于语音学研究领域，主要用于分析发音过程中的气流和气压信号，提取相关参数进行语音发音研究。就目前来看，气流气压计大多被用于言语疾病诊断和言语生理研究，其测量方法集图像数据和听觉分析数据于一体，不仅可以为发音行为从最初诊断到整个治疗过程提供更为全面的认识，而且可以证实气流气压参与的言语生理过程。

言语气流信号：气流气压计采集到的发音过程中的气流以流速的大小显示出的变化曲线，可以通过采集到的气流计算得出气流的速度、呼气和吸气过程中的气流量。

言语气压信号：气流气压计通过压力传感器采集到的气压大小，以发音过程中产生的气流压力值大小显示出的变化曲线。1个标准大气压=101 325 N/m^2，气压的单位习惯上常用水银柱高度表示，换算后得出的气压单位为 cmH$_2$O。

呼吸：呼吸主要是指机体与外界环境之间进行气体交换的过程，呼吸的主要意义在于获取机体生命活动所必需的氧气，并排出代谢后剩余的产物二氧化碳。

通常将人的呼吸过程分为三个互相联系的环节，主要包括外呼吸、气体在血液中的运输和内呼吸。

呼吸道：通常将人的呼吸道分为上、下两个部分，鼻腔、口腔、喉腔合称上呼吸道，气管及其以后一分再分的管道合称下呼吸道，或称气管树。呼吸道不同部位的口径和内壁的几何形状是各不相同的，下呼吸道的管壁内横亘有平滑肌纤维，这些肌纤维的活动状况直接关系到下呼吸道的口径（尤其是缺乏软骨的膜性细支气管），进而关系到呼吸的气流阻力大小。

层流：从气流类型来看，通过声道的气流的运动方向和速度并非骤然变化，而是沿着声道的路径平稳流动的。气流在流动的过程中可分为几个层次，与声道内壁贴近的气流由于受到摩擦阻力，流速最小，靠近声道中心的部分阻力最小，流速最大，因而将这种分层流动的气流称为层流。

湍流：气流在流动中是不规则的，流动的方向已经不再是沿着声道确定的路径，而是以突发的速度变化叠加，这种气流类型称为湍流。

言语呼吸：言语呼吸与一般情况下的呼吸有所差别，通常说话时吸入的气体较一般情况下吸入的气体多，特别是长时间讲话和大声讲话时所需的气体更多。我们在朗诵诗歌、歌唱时都会有意识地吸入大量空气来增加气体的压力，以便达到发声的持续性。说话产生的声音是多种多样的，通过发声只能发出言语声音的一部分，其他声音还需通过各发音部位以及共鸣腔的调节来实现，还有一部分声音则需要改变发声时用气的方式、强度和持续时间长短才能产生。

肺活量：是指一次尽力吸气后，再尽力呼出的气体总量。肺活量=潮气量+补吸气量+补呼气量。潮气量指每次呼吸时吸入或呼出的气体量。补吸气量又叫吸气储备量，指平静吸气末，再尽力吸气时所能吸入的气体量。补呼气量又叫呼气储备量，指平静呼气末，再尽力呼气时所能呼出的气体量。肺活量是一次呼吸的最大通气量，在一定意义上可反映呼吸机能的潜在能力。成年男子肺活量约为 3500 ml，女子约为 2500 ml。[①]

2. 程序系统的结构

程序从开始至结束的整个结构流程如附图 1 所示。

---

① 肺活量数据来源于：陈国英，吴宣忠，李风兰，等，2002. 肺活量正常值的探讨//中国生理学会 2002 年生理学新进展研讨会和计算机实验信号处理技术讲习班资料汇编.

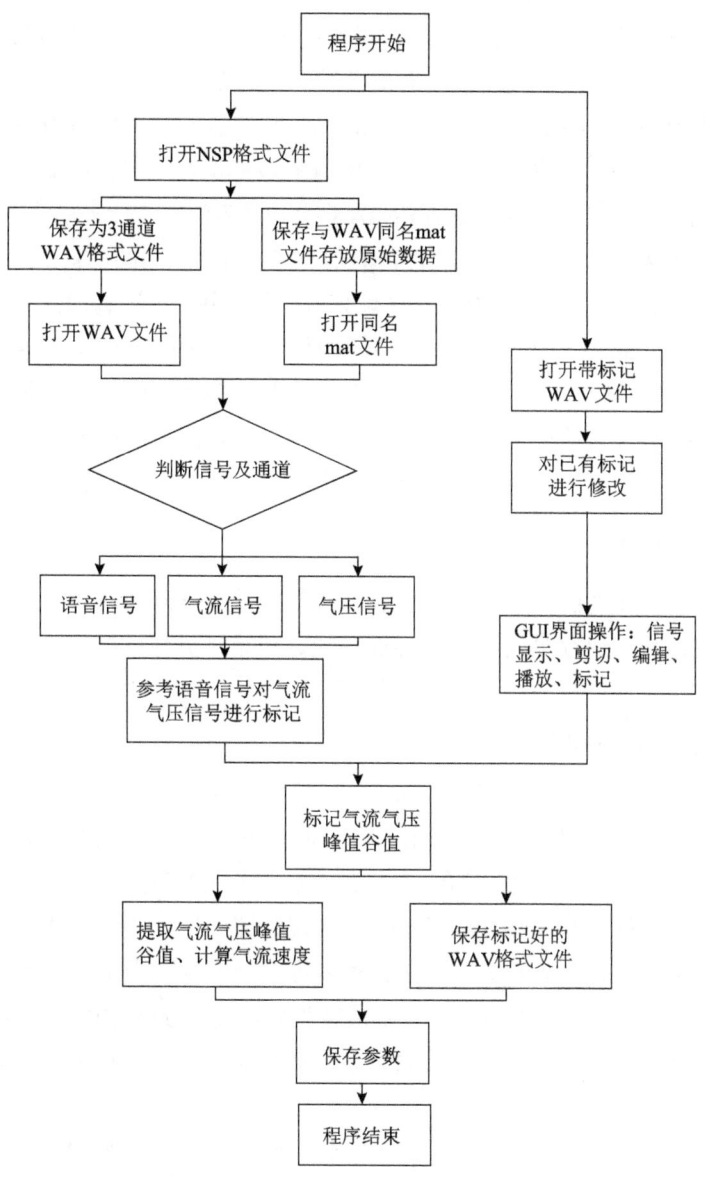

附录1 言语气流气压信号分析软件示例

附图1 系统结构流程图

3. 模块设计说明

3.1 程序描述

言语气流气压信号分析软件（Speech Air Flow and Pressure Signal Analysis Software）主要用于读取美国 KayPENTAX 公司的 NSP 格式的气流气压信号文件，

将 NSP 文件中的所有数据读出，然后保存在 WAV 文件中，其中 WAV 文件为三通道，分别为语音信号、气流信号和气压信号，之后对信号进行标注，主要标出气流和气压的峰值、谷值，分别为发音时气流和气压的最大值与最小值。还可根据选定的部分来计算气流速度，最后将所有的数据保存到 Excel 表格中。

本软件读取的文件为美国 KayPENTAX 公司的气流气压计采集的 NSP 格式文件，NSP 格式文件有专门的读取软件，但是不能实现对数据的批量处理。通过编写该软件，可以使有基础的用户有针对性地提取参数，并对参数进行分析和保存。

软件在 Matlab 环境下进行编写，采用图形用户界面（graphical user interface，GUI）框架结构编写，具有交互性强、操作简单的特点。使用者经简单的学习之后，可以熟练掌握软件操作。数据保存为表格形式，便于后期进一步的统计和分析。该软件可被应用于语音生理研究、语音教学和言语空气动力学研究。

3.2 功能模块

本软件的主要功能模块包括文件操作编辑模块、言语气流和气压信号的标注模块、参数计算和保存模块、操作界面模块、选定部分作图模块五个主要模块，具体如下。

1. 文件操作编辑模块

本模块分为两部分：一部分为 NSP 格式的编辑；另一部分为 WAV 格式的编辑。将 NSP 格式的文件打开后，通过 Matlab 的 fread（）函数将原始数据读出，其中数据结构体的前 1/3 部分为语音数据，第二个 1/3 部分为气流信号数据，最后一个 1/3 部分为气压信号数据。NSP 格式编辑部分使用 fread(fid，'int16')函数，将 NSP 文件按十六进制读出，放在三列多行的一个矩阵当中。在该矩阵中，三列内容分别为语音、气流和气压。然后根据需要，对信号进行播放、放大或缩小，对选定段进行另存等操作，也可将处理过的数据保存在三通道的 WAV 格式的文件中。

对 WAV 格式的文件同样可以进行基本的操作，读取文件时使用 wavread（）函数将已经保存好的数据读出，分别为语音、气流和气压信号；与此同时，读入与 WAV 音频格式文件同名的 mat 文件，用于后期参数的提取和保存。文件操作编辑模块输入处理输出（input process output，IPO）模块见附图 2。

2. 言语气流和气压信号的标注模块

本模块的输入信号为语音、气流和气压信号，使用鼠标对信号进行选定，标记出选定段的气流和气压信号的最大值和最小值，以及对应信号的波峰和波谷，最后将数据保存在带标记的 WAV 格式文件中，模块 IPO 见附图 3。

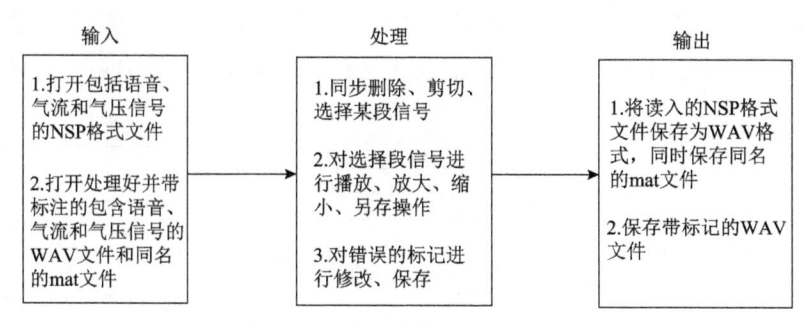

输入	处理	输出
1.打开包括语音、气流和气压信号的NSP格式文件 2.打开处理好并带标注的包含语音、气流和气压信号的WAV文件和同名的mat文件	1.同步删除、剪切、选择某段信号 2.对选择段信号进行播放、放大、缩小、另存操作 3.对错误的标记进行修改、保存	1.将读入的NSP格式文件保存为WAV格式，同时保存同名的mat文件 2.保存带标记的WAV文件

附图 2　文件操作编辑模块 IPO 图

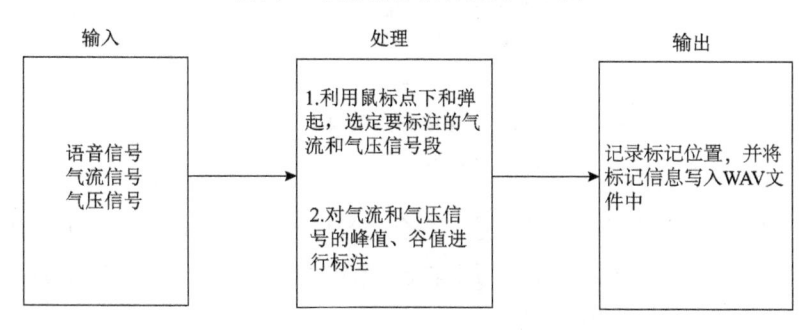

输入	处理	输出
语音信号 气流信号 气压信号	1.利用鼠标点下和弹起，选定要标注的气流和气压信号段 2.对气流和气压信号的峰值、谷值进行标注	记录标记位置，并将标记信息写入WAV文件中

附图 3　言语气流和气压信号的标注模块 IPO 图

3. 参数计算和保存模块

对已经标注好的气流和气压信号进行操作，根据语音信号的时长，计算出选定语音段的气流速度，提取气流和气压信号的最大值、最小值、气流速度，并将其保存到 Excel 表格之中，模块 IPO 见附图 4。

输入	处理	输出
已标注好的气流、气压和语音信号文件	1.根据已标注气流和气压的峰值与谷值的位置，从mat文件中读出相应位置的数据 2.根据选定段的位置，读出数据并求和，计算气流量和气流速度	1.气流和气压信号的峰值和谷值 2.选定段的气流量值和气流速度 3.总气流量

附图 4　参数计算和保存模块 IPO 图

4. 操作界面模块

操作界面主要是对保存好的 WAV 格式文件进行操作，对语音信号进行归一化处理，对气流和气压信号不进行归一化处理（因为气流和气压信号采样点对应的是具体的气压和气流值）。可以对语音、气流和气压信号进行放大、缩小、播放并另存选定部分的信号、播放及播放选定部分等操作，模块 IPO 见附图 5。

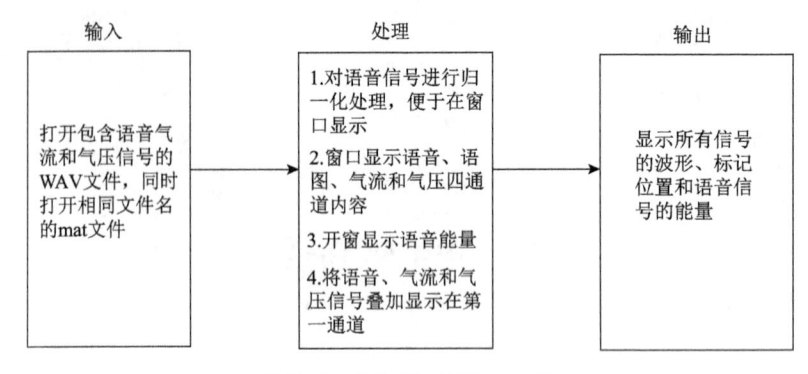

附图 5　操作界面模块 IPO 图

5. 选定部分作图模块

打开处理好的气流和气压信号，结合语音信号和标记的气流及气压信号，对气流和气压信号进行对比分析，可以输出语音对应的气流和气压信号图、语音能量图，模块 IPO 见附图 6。

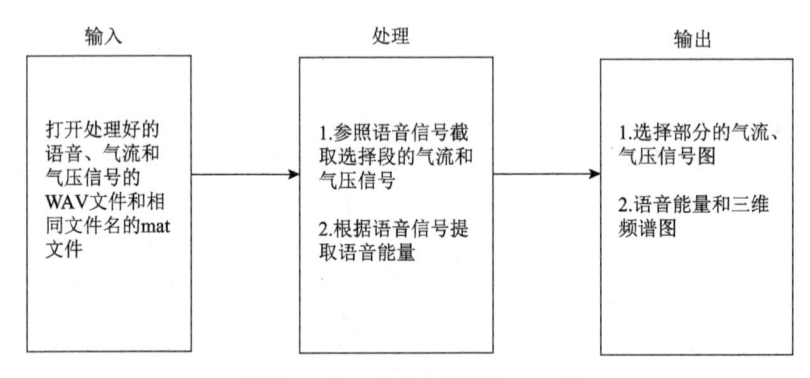

附图 6　选定部分作图模块 IPO 图

3.3　输入项

本系统处理的 NSP 信号的采样率为 22 050Hz，存放三通道信号的 WAV 文件格式为 Windows PCM WAV 格式。第一通道为语音声学信号，通过气流气压计的麦克风采集；第二通道为气流信号，使用气流气压计采集；第三通道为气压信号，使用气流气压计采集。如附图 7 所示，界面的第一行为语音信号，其次为语图、气流和气压信号。

附图 7 输入信号示例

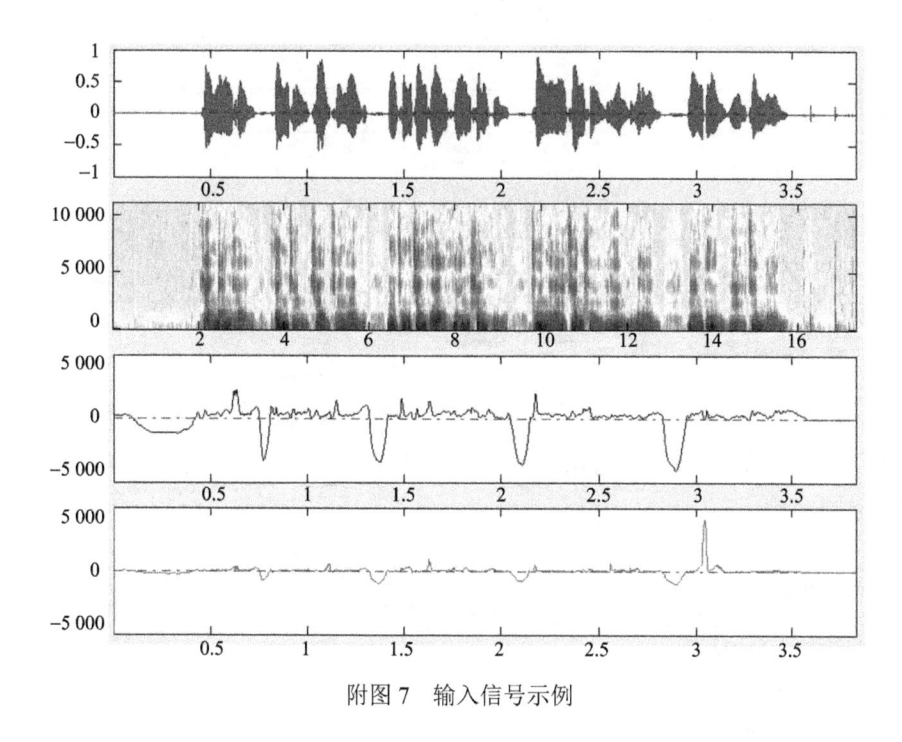

3.4 输出项

1. 编辑处理后的 WAV 格式文件

读入气流气压计采集的 NSP 格式文件,然后对信号进行剪辑,保存整个信号或选定部分信号为 WAV 格式,其采样率、通道数量、数据顺序和原始文件保持一致。

2. 参数*.xls 格式文件

对 WAV 文件进行标注和处理之后,提取的参数保存到 Excel 工作表中。文件的命名规则为参数名称与当前打开的 WAV 文件的文件名相合并,输出数据结构的名称与数据类型如附表 1 所示。

附表 1 输出数据结构表

列序号	名称	数据类型
1	文件名	char
2	语音时长	double float
3	气流最大值	double float
4	气流最小值	double float

续表

列序号	名称	数据类型
5	气压最大值	double float
6	气压最小值	double float
7	气流量	double float
8	气流速度	double float

3.5 数据结构

本系统的关键数据存放在 handles 结构体中，具体各个变量的数据类型和作用如附表 2 所示，例如，handles.Filename 的数据类型为 char 型，作用为放置文件名变量。

附表 2 系统主要变量数据结构表

变量名称	数据类型	作用
handles.Filename	char	文件名
handles.Pathname	char	文件路径
handles.alldata	double	总信号
handles.Wavdata	double	语音信号
handles.Airflowdata	double	气流信号
handles.Airpressuredata	double	气压信号
handles.wavlen_all	double	信号长度
handles.cpnt_left	double	光标左端
handles.cpnt_right	double	光标右端
handles.air_flow_peak	double	气流峰值
handles.air_flow_peak_num	double	气流峰值个数
handles.air_flow_valley	double	气流谷值
handles.air_flow_valley_num	double	气流谷值个数
handles.air_pressure_peak	double	气压峰值
handles.air_pressure_peak_num	double	气压峰值个数
handles.air_pressure_valley	double	气压谷值
handles.air_pressure_valley_num	double	气压谷值个数
handles.FS	double	采样频率
handles.Channels	char	通道数
handles.view_mark1	double	波形窗口左端起点
handles.view_mark2	int16	波形窗口右端起点

3.6 算法

1. 语音波形快速显示算法

气流气压计采集到的语音信号的采样率达 22 050Hz，数据量非常大，为了便于语音信号在窗口内能够快速显示，我们采用了快速显示波形的算法，对数据进行抽样显示。当前文件采样点大于 20 000（阈值可依情况而定），采用如下算法，否则按采样点显示。

```
if abs(handles.view_mark1-handles.view_mark2)>20 000
    xaxes_high=floor(linspace(handles.view_mark1,handles.view_mark2,20 000));
    axes(handles.axes1) %设定当前坐标轴是第 1 坐标轴
    hold off
    plot(xaxes_high,handles.alldata(xaxes_high,1),'color',[1 0 0.2]);%画语音波形图
    set(handles.axes1,'XLim',[handles.view_mark1 handles.view_mark2]);
    set(handles.axes1,'YLim',[-1 1]);
    hold on
    plot([handles.view_mark1 handles.view_mark2 ], [0 0] ,'k-.','color',[0.4 0.4 0.4])
    hold off
else       %两个标记点之间的点数<20 000，显示标记点之间的全部数据
    xaxes_low=floor(handles.view_mark1:handles.view_mark2);%未抽样的原始语音
    axes(handles.axes1) %设定当前坐标轴是第 1 坐标轴
    hold off
    plot(xaxes_low,handles.alldata(xaxes_low,1),'color',[1 0 0.2]);%画语音波形图
    set(handles.axes1,'XLim',[handles.view_mark1 handles.view_mark2]);
    set(handles.axes1,'YLim',[-1 1]);
    hold on
    plot([handles.view_mark1 handles.view_mark2 ], [0 0] ,'k-.','color',[0.4 0.4 0.4])        hold off
end
```

2. 气流和气压信号峰值与谷值检测算法

气流和气压信号峰值的检测算法采用最大值检测法，其谷值采用最小值检测法，先选定需进行标记的气流和气压信号部分，然后由起始采样点的值与其后采样点的值进行对比，最后取出最大值和最小值，并获取相对应的位置。如下为对气流信号峰值的检测。

```
mark_low=min(handles.cpnt_left,handles.cpnt_right);
mark_high=max(handles.cpnt_left,handles.cpnt_right);
air_flow=handles.alldata(:,2);
air_flow_mark=air_flow(mark_low:mark_high);
air_flow_peak=handles.air_flow_peak;
air_flow_peak_num=handles.air_flow_peak_num;
[value,index]=max(air_flow_mark);
air_flow_peak_position=handles.cpnt_left-1+ index;
air_flow_peak_value=value;
if air_flow_peak_num＞0
        for ii=1:air_flow_peak_num
            if air_flow_peak_position==air_flow_peak(ii,1)%如果在原位置增加，就直接返回
                return
            end
        end
end
air_flow_peak(air_flow_peak_num+1,1)=air_flow_peak_position;%
air_flow_peak(air_flow_peak_num+1,2)=air_flow_peak_value;
air_flow_peak2= sortrows(air_flow_peak,1);
air_flow_peak2_num=air_flow_peak_num+1;
handles.air_flow_peak=air_flow_peak2;
handles.air_flow_peak_num=air_flow_peak2_num;
refresh_mark_Callback(hObject, eventdata, handles)
```

3. NSP 格式读取算法

NSP 格式文件是美国 KayPENTAX 公司语音分析软件的保存格式，我们在读取该文件时，主要提取其数据的有效部分，文件头及其他信息需要去除。因此，我们通过 UltraEdit16.0 将 NSP 文件打开，该文件为十六进制文件，通过对比空文

件和包含信号的文件，我们发现，前八行数据为文件头等其他信息，文件储存的数据信息从第九行开始。通过进一步的分析得出，整个数据的前 1/3 部分为语音信号数据，第二个 1/3 部分为气流信号数据，最后一个 1/3 部分为气压信号数据。我们使用 fread(fid,'int16')函数，将 NSP 文件按十六进制读出，后期需要用到其中的数据时，只需要从矩阵中取出相应的列即可，具体算法如下。

```
[file,ext,isNative] = parseArgs(varargin{:});
fid=fopen(file);
Originaldata=fread(fid,'int16');%读出原始数据
[line,column]=size(Originaldata);%计算原始数据
wavdata=Originaldata(65:floor((line-64)/3));%从第 65 个数据开始取值，第一个 1/3 为语音信号数据
airflowdata=Originaldata(floor((line-64)/3)+1:2*floor((line-64)/3));%第二个 1/3 为气流信号数据
airpressuredata=Originaldata(2*floor((line-64)/3)+1:end);%最后一个 1/3 为气压信号数据
```

3.7 程序界面说明

程序的主界面如附图 8 所示，分为菜单部分、操作按钮部分和信号显示部分。界面共分为 4 个通道，从上到下分别为语音、语图、气流和气压信号。其中语音、气流和气压信号的横坐标按实际的采样点显示，语图信号的横坐标按时间显示。操作按钮部分可以分别对各通道信号进行操作，语音能量按钮用于显示语音能量值和语音波

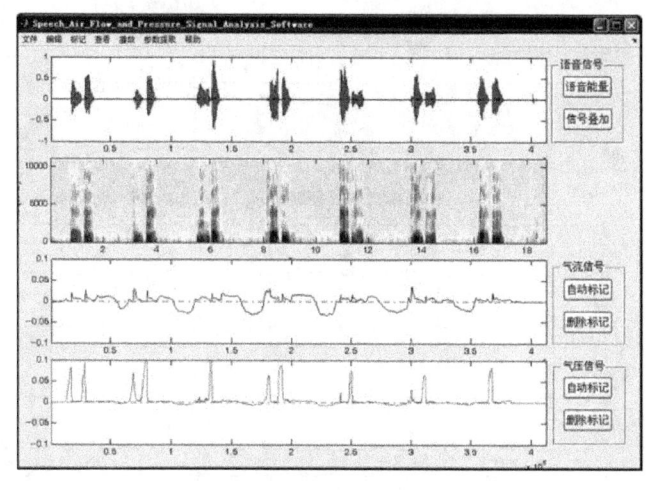

附图 8 系统界面示意图

形；信号叠加按钮用于显示三通道信号（语音、气流、气压）的叠加；自动标记按钮用于标记气流和气压信号的峰值与谷值；删除标记按钮用于删除选定部分的标记。

① 菜单操作

菜单操作主要有文件、编辑、标记、查看、播放、参数提取和帮助 7 个部分，具体如附图 9 所示。

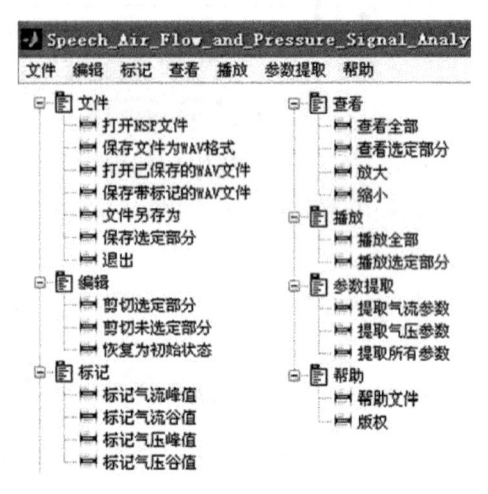

附图 9　系统菜单示意图

② 信号和标记显示区域

界面共分为 4 个通道，显示所有信号波形，从上到下依次是语音、语图、气流和气压信号，其中气流和气压已标记，如附图 10 所示。

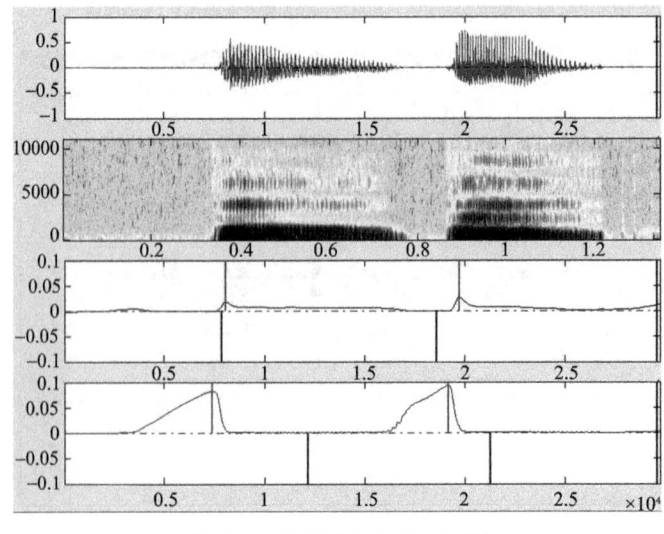

附图 10　信号和标记显示区域

③ 语音信号及能量显示区

能量显示区域主要用于显示语音信号及其能量的对比图，如附图11所示。

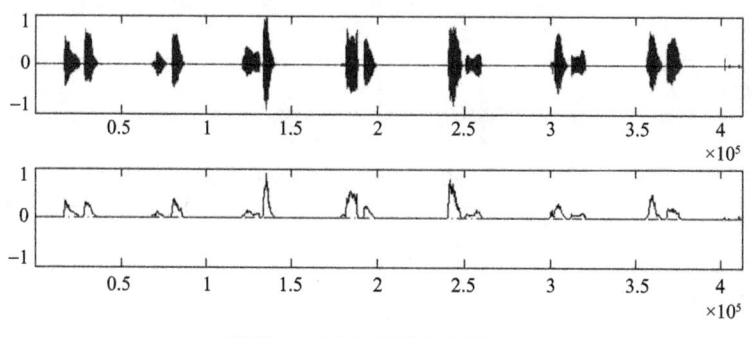

附图11 语音信号及能量显示

语音信号及能量经过归一化处理，横坐标为采样点的位置。能量提取的方法和具体代码如下。

```
wavlen_2=length(handles.alldata2(:,1));
handles.wavlen_2=wavlen_2;
pre_emphasis_signal_2=filter([1 -0.9375],1,handles.alldata2(:,1));
power2_2=abs(pre_emphasis_signal_2);
power_show1_2=zeros(wavlen_2,1);
power_show2_2=zeros(wavlen_2,1);
for i=1:wavlen_2-80
    power_show1_2(i)=sum(power2_2(i:i+79,1))/80;
end
for i=1:wavlen_2-240
    power_show2_2(i)=sum(power_show1_2(i:i+239,1))/240;
end
power_show_2=zeros(wavlen_2,1);
for i=1:wavlen_2-160
    power_show_2(i+160)=power_show2_2(i);
end
power_show_normalization_2 =max(abs(power_show_2));% 能量归一化
power_show_2=power_show_2/power_show_normalization_2*0.9;
handles.power_show_2=power_show_2;%语音能量
```

④ 信号叠加显示区

该显示区如附图 12 所示，主要是为了便于观察气流和气压与语音信号之间的对应关系，由此可以研究语音韵律以及发音时的气流和气压变化趋势。

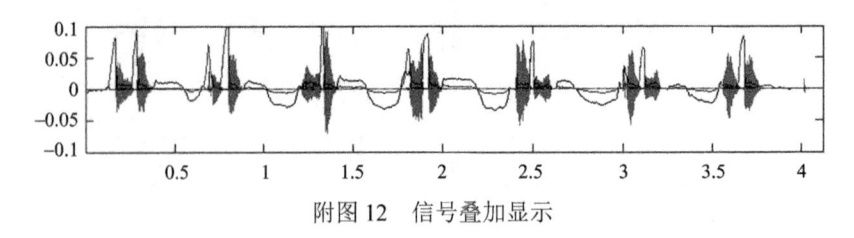

附图 12　信号叠加显示

其中波形为语音波形，深色曲线为气流信号曲线，浅色曲线为气压信号曲线，信号经归一化处理，横轴显示具体采样点。

⑤ 标记控制区

标记控制区内主要进行的操作为语音能量的显示、信号的叠加、气流信号的自动标记和删除、气压信号的自动标记和删除，如附图 13 所示。

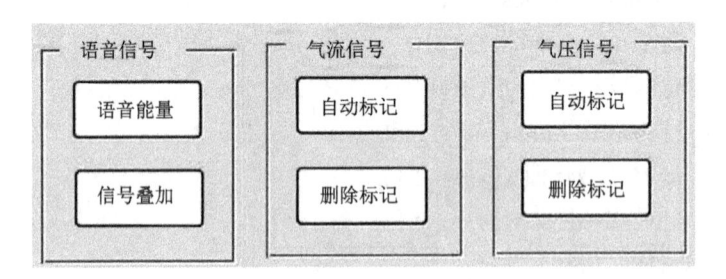

附图 13　标记控制区

3.8　软件操作具体步骤

对本软件的操作主要分为以下几个阶段。

第一阶段：打开 NSP 格式的气流气压信号文件，在对信号进行简单的处理之后，将文件以相同的文件名保存为 WAV 文件和 mat 文件。

第二阶段：打开已储存的 WAV 文件或者已标记好的 WAV 文件，对未标记的文件进行标记，对标记好的文件可以进行修改和另存。

第三阶段：标记好之后，选择参数提取菜单下对应的子菜单，按照实际需要提取气流或气压参数，将参数自动保存在 Excel 表格中，以便后续进行分析作图。

3.9　注释设计

本软件程序的源代码中的主要函数都添加了中文或英文注释，对函数的具体功能做了简单描述，GUI 界面的各个部分均和程序相对应。

关键的变量名和赋值语句都有相应注释，说明了变量的用途和主要功能。

在关键语句，如 for 循环语句块、if 判断语句块等后都添加了注释，详细说明了功能、步骤、算法描述等。

附录2
普通话发音例词

1. 单音节例词

【A】a(啊) ai(哀) an(安) ang(肮) ao(熬) [5个]

【B】ba(八) bai(百) ban(班) bang(帮) bao(包) bei(悲) ben(奔) beng(崩) bi(比) bian(边) biao(标) bie(别) bin(宾) bing(兵) bo(波) bu(不) [16个]

【C】ca(擦) cai(才) can(参) cang(仓) cao(操) ce(册) cen(参) ceng(层) cha(查) chai(柴) chan(产) chang(长) chao(抄) che(车) chen(晨) cheng(成) chi(吃) chong(充) chou(抽) chu(出) chuan(川) chuang(创) chui(吹) chun(春) chuo(绰) ci(词) cong(聪) cou(凑) cu(粗) cuan(窜) cui(崔) cun(村) cuo(错) [33个]

【D】da(大) dai(呆) dan(单) dang(当) dao(刀) de(德) dei(得) deng(灯) di(地) dian(点) diao(刁) die(跌) ding(丁) diu(丢) dong(冬) dou(斗) du(读) duan(端) dui(对) dun(吨) duo(多) [21个]

【E】e(鹅) ei(欸) en(恩) eng(鞥) er(儿) [5个]

【F】fa(发) fan(反) fang(方) fei(飞) fen(分) feng(风) fo(佛) fou(否) fu(夫) [9个]

231

【G】ga(伽) gai(该) gan(干) gang(刚) gao(高) ge(哥) gei(给) gen(根) geng(耕) gong(工) gou(沟) gu(姑) gua(瓜) guai(怪) guan(关) guang(光) gui(规) gun(棍) guo(国) [19个]

【H】ha(哈) hai(还) han(含) hang(航) hao(好) he(喝) hei(黑) hen(很) heng(横) hong(轰) hou(猴) hu(乎) hua(花) huai(怀) huan(欢) huang(荒) hui(灰) hun(昏) huo(火) [19个]

【J】ji(机) jia(家) jian(坚) jiang(江) jiao(交) jie(阶) jin(斤) jing(京) jiong(炯) jiu(究) ju(居) juan(卷) jue(决) jun(军) [14个]

【K】ka(卡) kai(开) kan(刊) kang(康) kao(考) ke(科) ken(肯) keng(坑) kong(空) kou(口) ku(苦) kua(夸) kuai(快) kuan(宽) kuang(狂) kui(亏) kun(困) kuo(阔) [18个]

【L】la(拉) lai(来) lan(兰) lang(狼) lao(劳) le(乐) lei(雷) leng(冷) li(离) lia(俩) lian(连) liang(良) liao(辽) lie(列) lin(林) ling(灵) liu(刘) long(龙) lou(楼) lu(路) lü(驴) luan(乱) lüe(略) lun(抡) luo(罗) [25个]

【M】ma(妈) mai(麦) man(满) mang(忙) mao(毛) me(么) mei(眉) men(门) meng(蒙) mi(迷) mian(棉) miao(苗) mie(灭) min(民) ming(明) miu(谬) mo(模) mou(某) mu(目) [19个]

【N】na(那) nai(奶) nan(南) nang(囊) nao(脑) ne(呢) nei(内) nen(嫩) neng(能) ni(你) nian(年) niang(娘) niao(鸟) nie(捏) nin(您) ning(宁) niu(牛) nong(农) nou(耨) nu(奴) nü(女) nuan(暖) nüe(虐) nuo(挪) [24个]

【O】o(哦) ou(欧) [2个]

【P】pa(趴) pai(拍) pan(盘) pang(旁) pao(跑) pei(培) pen(盆) peng(朋) pi(批) pian(偏) piao(飘) pie(撇) pin(拼) ping(平) po(坡) pou(剖) pu(扑) [17个]

【Q】qi(七) qia(恰) qian(千) qiang(枪) qiao(悄) qie(切) qin(亲) qing(青) qiong(穷) qiu(秋) qu(区) quan(全) que(缺) qun(群) [14个]

【R】ran(然) rang(让) rao(饶) re(热) ren(人) reng(扔) ri(日) rong(荣) rou(肉) ru(如) ruan(软) rui(锐) run(润) ruo(弱) [14个]

【S】sa(洒) sai(赛) san(三) sang(桑) sao(扫) se(色) sen(森) seng(僧) sha(杀) shai(晒) shan(山) shang(伤) shao(烧) she(舌) shen(深) sheng(生) shi(师) shou(手) shu(书) shua(刷) shuai(摔) shuan(拴) shui(水) shun(顺) shuo(说) si(思) song(松) sou(搜) su(苏) suan(算) sui(岁) sun(孙) suo(所) [33个]

【T】ta(它) tai(台) tan(贪) tang(糖) tao(桃) te(特) teng(疼) ti(题) tian(天) tiao(条) tie(铁) ting(听) tong(通) tou(头) tu(土) tuan(团) tui(推) tun(吞) tuo(脱) [19个]

【W】wa(挖) wai(外) wan(完) wang(王) wei(威) wen(温) weng(翁) wo(我)

wu(无) [9 个]

【X】xi(西) xia(下) xian(先) xiang(香) xiao(小) xie(写) xin(心) xing(星) xiong(胸) xiu(休) xu(须) xuan(宣) xue(学) xun(寻) [14 个]

【Y】ya(压) yan(烟) yang(央) yao(要) ye(业) yi(一) yin(音) ying(英) yong(用) you(优) yu(雨) yuan(元) yue(月) yun(云) [14 个]

【Z】za(杂) zai(载) zan(咱) zang(脏) zao(早) ze(责) zei(贼) zen(怎) zeng(增) zha(扎) zhai(摘) zhan(占) zhang(张) zhao(照) zhe(这) zhen(针) zheng(正) zhi(支) zhong(中) zhou(周) zhu(朱) zhua(抓) zhuan(专) zhuang(庄) zhui(追) zhun(准) zhuo(捉) zi(资) zong(宗) zou(走) zu(足) zuan(钻) zui(最) zun(尊) zuo(作) [35 个]

2. 协同发音例词

声母	汉语拼音	例词	汉语拼音	例词	汉语拼音	例词
b	bao bei	宝贝	pu bian	普遍	ming bai	明白
	fa bu	发布	dai biao	代表	te bie	特别
	na bian	那边	lao ban	老板	gai bian	改变
	kong bai	空白	hang ban	航班	jie ban	结伴
	qu bie	区别	xi bu	西部	zuo biao	坐标
	cang bai	苍白	sai bu	腮部	zhu ban	主板
	chong bai	崇拜	she bei	设备	ri bao	日报
	yi ban	一般	wo bi	握笔	yu bei	预备
	a ba	阿坝				
p	ben pao	奔跑	pin pu	频谱	men piao	门票
	fen pei	分配	da pei	搭配	tu pian	图片
	niu pi	牛皮	liu pai	流派	guang pan	光盘
	kong pa	恐怕	he ping	和平	jian pan	键盘
	qu pu	曲谱	xin pian	芯片	zuo pin	作品
	cao ping	草坪	sui pian	碎片	zheng pin	正品
	chu peng	触碰	shang pin	商品	ruan pan	软盘
	yi pi	一批	wo pu	卧铺	yu pian	鱼片
	a po	阿婆				
d	bei da	北大	pan duan	判断	mu di	目的
	fan duo	繁多	da dao	达到	te dian	特点
	nan dao	难道	liu dong	流动	guan dian	观点

233

续表

声母	汉语拼音	例词	汉语拼音	例词	汉语拼音	例词
d	ken ding	肯定	huo dong	活动	jue de	觉得
	qiang da	强大	xiang dui	相对	zeng da	增大
	cai dan	菜单	su du	速度	zhi dao	知道
	chang duan	长短	sheng dai	声带	re dian	热点
	yi ding	一定	wo dian	窝点	yu dao	遇到
t	bai tian	白天	pu tong	普通	mao tai	茅台
	fan tan	反弹	di tu	地图	tian tang	天堂
	ni tu	泥土	lun tan	论坛	gong tong	共同
	ke ti	课题	tu hua	画图	ju ti	具体
	qian tu	前途	xi tong	系统	zi tai	姿态
	can ting	餐厅	su tang	酥糖	zheng ti	整体
	chuan tong	传统	shen ti	身体	ru tong	如同
	yi tao	一套	wo tu	沃土	yu tu	语图
g	bao gui	宝贵	ping guo	苹果	mei gui	玫瑰
	feng ge	风格	da gai	大概	tong guo	通过
	neng gou	能够	ling gan	灵感	gai ge	改革
	ke guan	客观	huang gua	黄瓜	ji guan	机关
	qi guai	奇怪	xiu gai	修改	zuo gong	做工
	cu guang	粗犷	suo gu	锁骨	zhao gu	照顾
	chu guo	出国	shi ge	诗歌	ru guo	如果
	yi ge	一个	wu guan	无关	yu gao	预告
	a ge	阿哥				
k	bai ke	百科	pian ke	片刻	men kou	门口
	feng kuang	疯狂	duo kai	躲开	ting ke	听课
	ning ke	宁可	li ke	立刻	gai kuang	概况
	ke kao	可靠	hao kan	好看	jin kuai	尽快
	qing kuang	情况	xue ke	学科	zu kang	阻抗
	can kao	参考	si kao	思考	zhan kai	展开
	cha kong	插孔	shen ke	深刻	ren ke	认可
	yi kao	依靠	wo kou	倭寇	yu kuai	愉快
z	ban zi	板子	pai zi	牌子	min zu	民族
	fang zi	房子	dai zi	袋子	tu zi	兔子

附录 2　普通话发音例词

续表

声母	汉语拼音	例词	汉语拼音	例词	汉语拼音	例词
z	nei zang	内脏	li zi	例子	gong zi	工资
	kuai zi	筷子	he zi	盒子	jiang zuo	讲座
	qian zi	签字	xian zai	现在	zui zao	最早
	cao zuo	操作	sang zi	嗓子	zhi zuo	制作
	chong zi	虫子	sha zi	沙子	ri zi	日子
	yi zu	一组	wo zi	卧姿	yu zi	鱼子
c	bao cun	保存	ping ce	评测	mei ci	每次
	fu cong	服从	dan ci	单词	tui ci	推辞
	nei cun	内存	liang ci	两次	ge ci	歌词
	kan cuo	看错	hao cai	耗材	jian ce	检测
	qi ci	其次	xia ci	下次	zai ci	再次
	cong ci	从此	su cui	酥脆	zhu ce	注册
	chu cun	储存	shou ce	手册	ru ci	如此
	yi ci	依次	wo cang	窝藏	yu ce	预测
zh	bao zhu	宝珠	pi zhu	批注	min zhu	民主
	fu zhu	辅助	di zhu	地主	ting zhu	挺住
	nie zhu	捏住	li zhi	荔枝	gong zhu	公主
	kun zhu	困住	hu zhu	互助	jia zhu	夹住
	qing zhu	庆祝	xie zhu	协助	zan zhu	赞助
	cai zhu	财主	suo zhu	锁住	zheng zhi	政治
	chu zhi	处置	shi zhu	施主	rong zhu	熔铸
	yi zhi	一直	wo zhu	握住	yu zhong	榆中
ch	bao chi	保持	pai chi	排斥	mi chi	米尺
	fei chang	非常	dian chi	电池	tui chi	推迟
	nong chang	农场	la che	拉车	gong cheng	工程
	kai che	开车	he cheng	合成	jian chi	坚持
	qi chuang	起床	xie chi	挟持	zui chi	最迟
	cun chu	存储	si chou	丝绸	zhi chi	支持
	chai chu	拆除	shu chu	输出	ri chang	日常
	yi chang	宜昌	wo che	卧车	yu chi	鱼翅
j	bei jing	北京	ping jia	评价	mian ji	面积
	fang jia	放假	dong jing	动静	tong ji	统计

续表

声母	汉语拼音	例词	汉语拼音	例词	汉语拼音	例词
j	nan jing	南京	li jie	理解	gu ji	估计
	ke ji	科技	hui jia	回家	jia jie	嫁接
	qian jin	前进	xiang ji	相机	zui jin	最近
	cai ji	采集	si ji	四季	zhi jie	直接
	cheng ji	成绩	shi jian	时间	ruan jian	软件
	yi jing	已经	wo ju	莴苣	yu jing	预警
q	ban quan	版权	pi qiu	皮球	ming que	明确
	fu qi	福气	di qu	地区	tian qi	天气
	nian qing	年轻	lu qu	录取	ge qu	歌曲
	kong qi	空气	hou qin	后勤	jia qi	假期
	qin qie	亲切	xia qi	下棋	zao qi	早期
	cun qian	存钱	suo qu	索取	zheng que	正确
	chuan qi	传奇	shen qing	申请	ri qi	日期
	yi qi	仪器	wo quan	握拳	yu qi	玉器